JN048930
BO   BOOK
HARETABI
MIYAJIMA
HIROSHIMA
COMPLETE
MAP
【グルメカタログ＆
イベントカレンダー付き】
MAP
取り外せて
持ち運びに便利！

広島県広域図

島根県
邑南町
安芸高田市
三次市
北広島町
安芸太田町
世羅町
広島市
広島県
東広島市
廿日市市
広島タウン
P.6-7
P.3
P.4-5
P.9
宮島
大竹市
江田島市
熊野町
竹原市
呉市
呉
大崎上島町
岩国市
山口県
周防大島町
屋代島
愛媛県
今治市
松山市
P.95 cafe DUSTY ARTS
ヤマトフーズ P.51
晃祐堂化粧筆工房 P.53
熊野筆セレクトショップ本店 P.62
筆の里工房 P.63
P.53 WoodEgg お好み焼館
BAY 広島LECT店 P.9
灰ヶ峰 P.15
P.51 よしの味噌
メロンパン本店 P.19,113
下瀬美術館 P.20
Simose Art Garden Villa P.9
蘭島閣美術館 P.21
旬麺 晴れる家 P.115

岡山県
高梁市
神石高原町
吉備中央町
岡山市
総社市
矢掛町
井原市
府中市
倉敷
倉敷市
浅口市
笠岡市
福山市
尾道市
尾道
鞆の浦
P.13
P.14
P.10-11
P.12
阿伏兎観音（磐台寺観音堂）P.146
備後灘
燧灘
瀬戸内海
上島町
しまなみ海道
新居浜市
坂出市
広島市広域
P.6-7
天ぷら あきちゃん P.44
もち菓子のかしはら P.19,56
御菓子処 天光堂 本店 P.57
MON 舟入店 P.54
天ぷら まめすけ P.44
木村兄弟雑貨店 P.60
Chez Yamarai P.29
フランス菓子 ポワブリエール 舟入本店 P.59
P.95 広島市環境局中工場
P.67 広島市郷土資料館
P.28 ミルキー鉄男のかき小屋 宇品店
Minette P.61
新白島駅 P.95
グランドプリンスホテル広島
東区
西区
中区
広島市南区

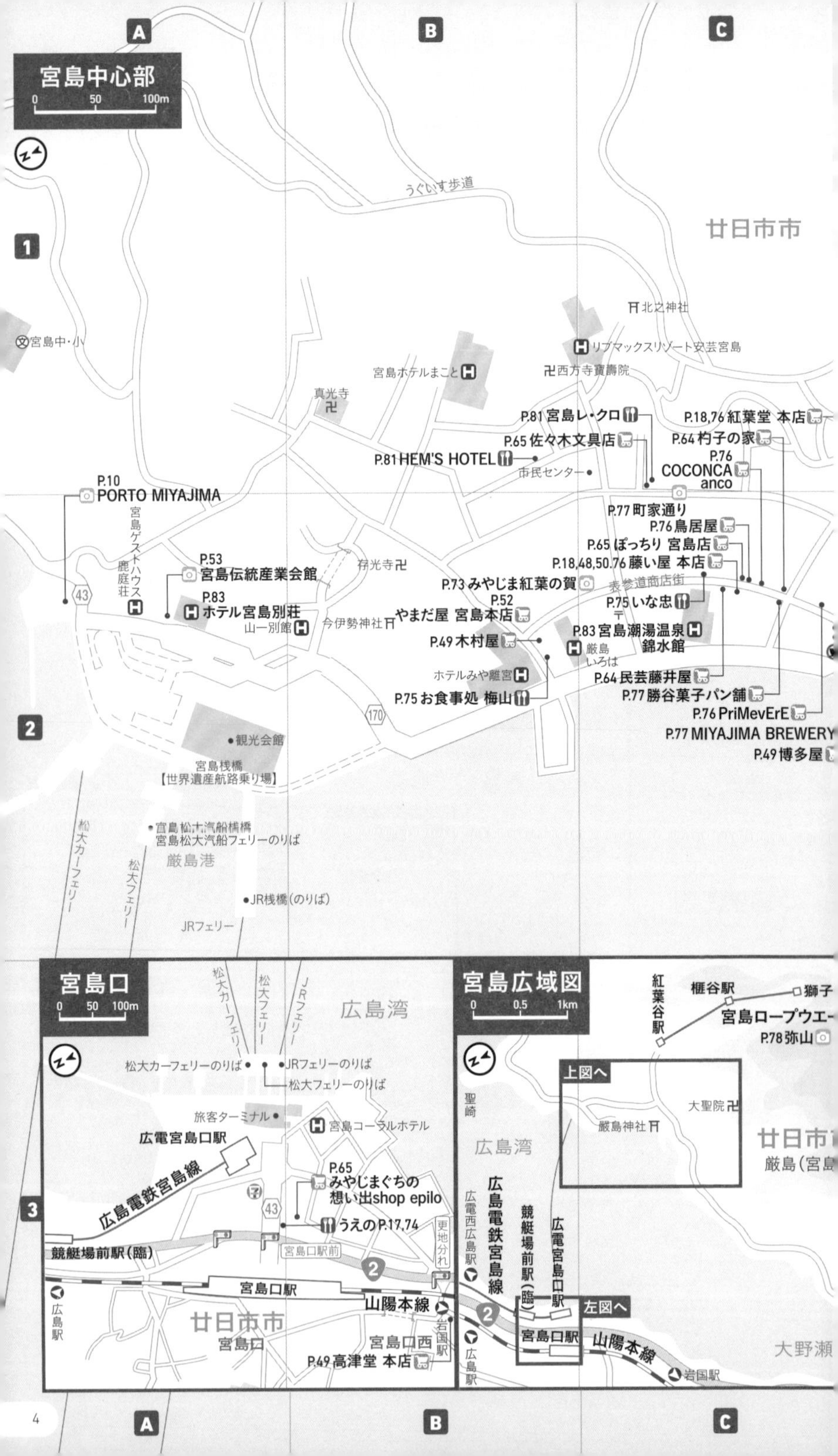

宮島中心部
0 50 100m
A
B
C
1
2
3
うぐいす歩道
廿日市市
北之神社
リブマックスリゾート安芸宮島
西方寺寶壽院
宮島中・小
宮島ホテルまこと
真光寺
P.81 宮島レ・クロ
P.18,76 紅葉堂 本店
P.65 佐々木文具店
P.64 杓子の家
P.81 HEM'S HOTEL
市民センター
P.76 COCONCA anco
P.10 PORTO MIYAJIMA
宮島ゲストハウス鹿庭荘
P.77 町家通り
P.76 鳥居屋
P.65 ぽっちり 宮島店
存光寺
P.18,48,50,76 藤い屋 本店
P.53 宮島伝統産業会館
P.73 みやじま紅葉の賀
表参道商店街
P.83 ホテル宮島別荘
P.52 やまだ屋 宮島本店
P.75 いな忠
山一別館
今伊勢神社
P.49 木村屋
P.83 宮島潮湯温泉 錦水館
厳島いろは
ホテルみや離宮
P.64 民芸藤井屋
P.75 お食事処 梅山
P.77 勝谷菓子パン舗
P.76 PriMevErE
P.77 MIYAJIMA BREWERY
P.49 博多屋
観光会館
宮島桟橋【世界遺産航路乗り場】
宮島松大汽船桟橋
宮島松大汽船フェリーのりば
松大カーフェリー
松大フェリー
厳島港
JR桟橋(のりば)
JRフェリー
宮島口
0 50 100m
広島湾
松大カーフェリーのりば
JRフェリーのりば
松大フェリーのりば
旅客ターミナル
宮島コーラルホテル
広電宮島口駅
広島電鉄宮島線
P.65 みやじまぐちの想い出shop epilo
うえの P.17,74
競艇場前駅(臨)
宮島口駅前
更地分れ
宮島口駅
山陽本線
広島駅
岩国駅
廿日市市
宮島口
宮島口西
P.49 高津堂 本店
宮島広域図
0 0.5 1km
紅葉谷駅
榧谷駅
獅子
宮島ロープウエー
P.78 弥山
上図へ
大聖院
厳島神社
聖崎
広島湾
廿日市
厳島(宮島
広電西広島駅
広島電鉄宮島線
競艇場前駅(臨)
広電宮島口駅
左図へ
宮島口駅
山陽本線
大野瀬
広島駅
岩国駅

D
E
F
紅葉谷川
四宮神社
岩惣
紅葉谷公園
1
厳島(宮島)
岩惣 P.82
宮島グランドホテル 有もと
光明院
P.80
社蠣祝
天心閣 P.80
社務所
宝物収蔵庫
徒歩約2分
白糸川
P.73 大本山 大聖院
三翁神社
お食事処 とりい P.77
わたなべ
仁王門
荒胡子神社
豊国神社 五重塔
宮島帆布 P.64
坂本菓子舗 P.48
嚴島神社 P.12,70
金乃比羅神社
ふじたや P.75
豊国神社(千畳閣) P.73
嚴島神社宝物館
2
大願寺 P.73
Cafe Lente P.81
宮島歴史民俗資料館
聚景荘
大鳥居
経塚
紅葉谷川
宮島水族館 みやじマリン
P.73 清盛神社
広島湾
国民宿舎 みやじま 杜の宿
大元神社
大元公園
大元川
3
大元隧道
D
E
F

広島タウン
0 100 200m
西区
広島市中区
横川駅
別院前
寺町
十日市町
土橋
舟入町
舟入本町
江波
城北
アストラムライン
県庁前
紙屋町西
紙屋町東
原爆ドーム前
本川町
立町
八丁堀
白島
家庭裁判所前
縮景園前
女学院前
本通
袋町
中電前
市役所前
鷹野橋
広島電鉄横川線
広島電鉄本線
広島電鉄白島線
広島電鉄宇品線
広島電鉄江波線
P.93 広島城
P.100 広島護国神社
P.8 エディオン ピースウイング広島
P.94 ひろしま美術館
P.92 うのまち珈琲店 広島店
P.9 HIROSHIMA GATE PARK
P.90 HIROSHIMA ORIZURU TOWER
P.100 勝鯉の森
P.13,88 原爆ドーム
P.42 ツバイG線
P.46 音楽喫茶ヲルガン座
P.33 つけ麺本舗 辛部 十日市店
P.50 御菓子所高木 十日市本店
P.25 お好み焼 長田屋
P.41 Caffe Ponte
P.17,29 かき船かなわ
P.93 MELANGE De SHUHARI 広島店
P.33 冷めん家 大手町店
P.32 麺屋 麻沙羅
P.86 平和記念公園
P.89 広島平和記念資料館
P.43 中村屋
P.18,92 Daguet
P.55 Wildman Bagel
P.32 汁なし担担麺専門 キング軒 大手町本店
P.37 ルーエぶらじる
P.9 甘党はち乃木
P.16,24 みっちゃん総本店 八丁堀本店
P.32 中華そば くにまつ
P.37 喫茶さえき
P.27 お好み焼き じゅにあ
P.19,42 ボラボラ 立町店
P.19,38,67 広島アンデルセン
黒田博樹投手メモリアルプレート
P.47 占いとパフェのお店Astro
P.27 お好み村
P.92 贈りモノ雑貨店 LISU LISU
広島オイスターバー MABUI
P.29 Park South Sandw
P.37 バターケーキの長崎堂 P.19,58
P.31 いちりん
P.36 てらにし珈琲店
P.55 河内ベーカリー
P.57 平安堂
P.67 福屋八丁堀
P.93 縮景園
宮島
広島港

東区
P.27 Masaru
P.59 ケーキハウスミニヨン
P.56 御菓子処 亀屋
P.48 にしき堂 光町本店
ホテルチューリッヒ東方2001
JR広島病院
広島東署
瀬戸内高校
山陽新幹線
山陽本線
ekieエキキタパーク
ホテル グランヴィア広島
マックスバリュ
広島ガーデンパレス
二葉通り
広島駅
ekie 右下へ
シェラトン グランドホテル広島
東蟹屋町
P.45 スペインバル GA
P.45 酒と辛味 のそのそ
広島赤焼えん 駅西本店 P.103
ekie P.96
アシトレマルシェ P.97
栄橋
JR広島駅 P.8
P.101 呉麺屋 カープロード店
P.102 バルタン本店
グランゲート広島 P.8
P.45 焼ジビエ 罠 狩場
カープ鳥 広島駅前スタジアム P.101
東区民文化センター
東区役所
岡山駅
River Cafe
P.103 欧風酒場 perezoso
福屋
広島駅
芸備線
P.27 ひろしまお好み物語 駅前ひろば
P.26 電光石火 駅前ひろば店
駅前大橋
Big Front ひろしま
猿猴橋町
叡啓大学
東横INN広島駅スタジアム前
パティスリー アルファ P.58
駅前大橋南詰
世界平和記念聖堂 P.93
エリザベト音楽大学
グランドインテリジェント
P.104 ランドーホテル広島 プレステージ
P.100 MAZDA Zoom-Zoom スタジアム 広島
海田市駅
荒神橋
駅前通り
Tea Garden Pul-Pul
的場町
大正橋
稲荷町
稲荷町
球場前(西)
銀山町
稲荷大橋
ムッシムパネン P.40
大正橋
Bistro&cafe l'ombre de ange P.47
シャモニーモンブラン本店 P.43
ハッケンモーツアルト中央通り店 P.51
松川町
酒肆なわない P.30
段原一丁目
平和橋
猿猴川
焼き餅専門店 parimo P.9
廣島つけ麺本舗 ばくだん屋 本店 P.33
東広島橋
元祖へんくつや 総本店(本店・新天地店) P.25
比治山町
Y-HOTEL P.105
段原中央
薬研堀 八昌 P.25
スーパーホテル広島 P.105
比治山下
広島市現代美術館 P.95
ちんちくりん 薬研堀本店 P.26
田中町
平和大通り
鶴見橋
広島段原ショッピングセンター
比治山トンネル
フジグラン 広島
広島電鉄皆実線
京橋川
比治山公園
南区
比治山橋
比治山橋
ekie
ekie DINING P.98
瀬戸内イタリアンMassa P.34
DASHIとSOBA 水車 P.35
酔心 P.98
むさし P.98
魚魚一 P.98
お好み焼き体験 広島駅 OKOSTA-オコスタ P.98
廣島ぶちうま通り P.99
みっちゃん総本店 P.99
くにまつ+武蔵坊 P.99
エキエバル P.99
鮨 広島 あじろや P.99
和久バル P.99
おみやげ館
しま商店 P.61,97
しま市場アバンセ P.97
廣島驛辨堂 P.99
広島大学医学部
広島大学病院
平野橋
広島市南区民文化センター
南区役所前
南区役所
出汐町
宇品通り
広島港

広島電鉄 路面電車 路線図

広島市内の観光に欠かせないのが、路面電車の「広電」。
広電がつなぐ観光名所を訪ねつつ、車窓の向こうに広がる広島の町並みも楽しもう。

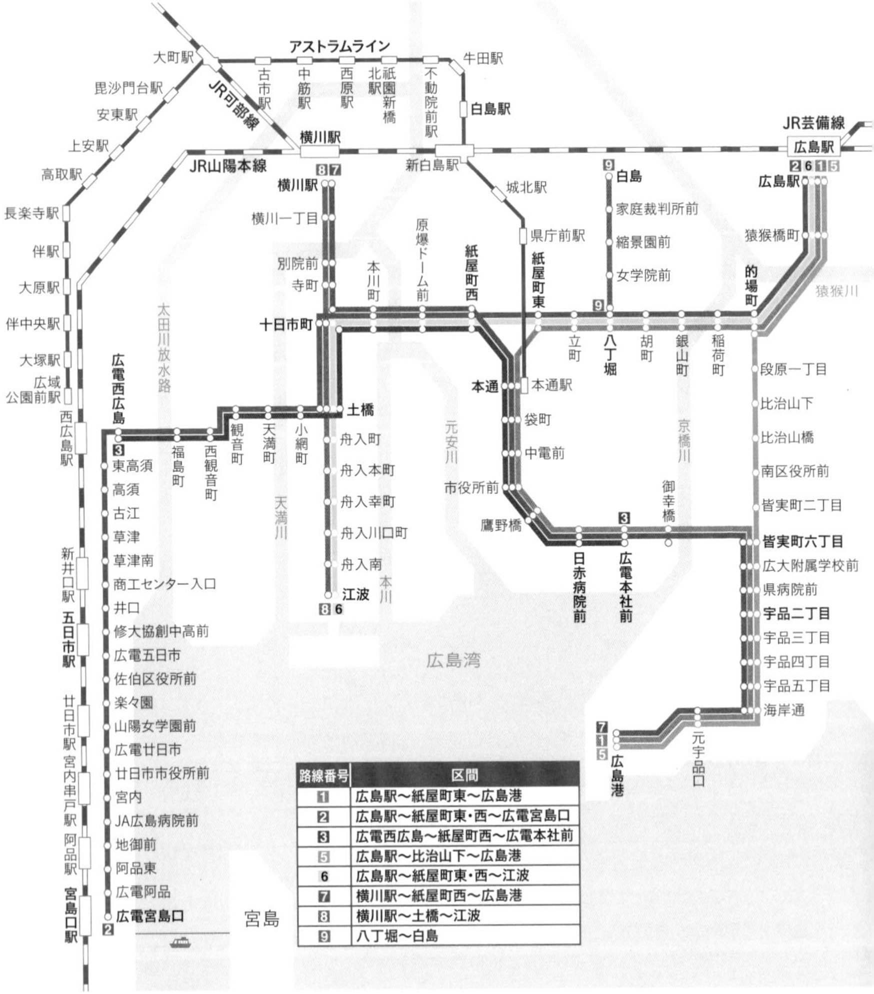

アストラムライン
大町駅 古市駅 中筋駅 西原駅 祇園新橋北駅 不動院前駅 牛田駅 白島駅
JR可部線
毘沙門台駅 安東駅 上安駅 高取駅 長楽寺駅 伴駅 大原駅 伴中央駅 大塚駅 広域公園前駅
JR山陽本線
横川駅 新白島駅 城北駅 県庁前駅 本通駅
JR芸備線 広島駅
西広島駅 新井口駅 五日市駅 廿日市駅 宮内串戸駅 阿品駅 宮島口駅

8 7 横川駅 横川一丁目 別院前 寺町 十日市町 本川町 原爆ドーム前 紙屋町西 紙屋町東 本通 袋町 中電前 市役所前 鷹野橋 日赤病院前 3 広電本社前 御幸橋
9 白島 家庭裁判所前 縮景園前 女学院前 9 八丁堀
立町 胡町 銀山町 稲荷町 的場町 猿猴橋町 2 6 1 5 広島駅
段原一丁目 比治山下 比治山橋 南区役所前 皆実町二丁目 皆実町六丁目 広大附属学校前 県病院前 宇品二丁目 宇品三丁目 宇品四丁目 宇品五丁目 海岸通 元宇品口 7 1 5 広島港
土橋 小網町 天満町 観音町 西観音町 福島町 広電西広島 3
舟入町 舟入本町 舟入幸町 舟入川口町 舟入南 江波 8 6
東高須 高須 古江 草津 草津南 商工センター入口 井口 修大協創中高前 広電五日市 佐伯区役所前 楽々園 山陽女学園前 広電廿日市 廿日市市役所前 宮内 JA広島病院前 地御前 阿品東 広電阿品 広電宮島口 2
太田川放水路 天満川 本川 元安川 京橋川 猿猴川 広島湾 宮島

路線番号	区間
1	広島駅～紙屋町東～広島港
2	広島駅～紙屋町東・西～広電宮島口
3	広電西広島～紙屋町西～広電本社前
5	広島駅～比治山下～広島港
6	広島駅～紙屋町東・西～江波
7	横川駅～紙屋町西～広島港
8	横川駅～土橋～江波
9	八丁堀～白島

運賃

市内線は220円の均一料金。白島線のみ160円均一で、市内線で降車する場合は別途60円が必要。宮島線は区間運賃制。運賃は降車時払いで、現金のほか交通系ICカードが利用可能。

乗り換え方法

現金の場合、最初の電車を降りるときに運賃を支払い、乗務員から「電車乗換券」を受け取ろう。乗換券を持って次の電車を利用し、降りるとき乗換券を運賃箱に入れればOK。

広電電車全線＋宮島松大汽船(宮島口～宮島航路)が1日乗り降り自由。宮島ロープウエーも特別割引運賃に。

広電電車全線が1日乗り降り自由。何度でも利用できるので、広島市内を観光するのにぴったり。

A
B
C
1
2
3
メロンパン本店 P.19,113
P.113 巴屋 片山店
本通
185
寺本町
31
二河公園
すこやかセンターくれ前
東中央
山手
島呉道路
呉トンネル
裁判所前
和庄
寺迫公園
呉IC
裁判所
市立体育館
呉市役所東
中央公園
呉市役所
P.112 田舎洋食 いせ屋
東三津田町
呉市
P.45 蔵本通り 屋台村
本町
和庄登町
蔵本通り
堺川公園
堺川
れんがどおり
西中央
今西通り
中通
二河川
フレスタ
珍来軒 P.114
三津田町
呉三津田高
P.113 びっくり堂
竹原駅
呉西消防署
呉市文化ホール
P.112 自由軒
八幡町
交番前
東愛宕町
呉共済病院
RED SUBMARINE
P.117
柑橘酒家 檸々 P.35
呉線
三和町
呉警察署
呉局
四ツ道路
三条島
清水ヶ丘高
西愛宕町
徒歩約5分
呉ステーションホテル
三条3
P.116 無垢 入船の宿
呉青山高
二河大橋
二河大橋東詰
呉駅前
呉阪急ホテル P.117
31
入船山記念館 P.110
めがね橋
三条
クレスト
くれ星製麺屋 P.115
呉医療センター 中国がんセンター
城
呉駅
コンフォートホテル呉
呉市立美術館 P.110
レクレ
SPA SOLANI 大和温泉
美術館通り P.21,110
入船山公園
宝町
242
海上自衛隊 呉教育隊
青山町
P.112 呉ハイカラ食堂
入船山公園 市民広場
丸子谷公園
川原石町
ゆめタウン呉
宝橋
幸町
かもめ橋
三条通り
P.109 てつのくじら館
呉線
海事歴史科学館前
呉艦船めぐり P.108
呉宮原高
海岸
31
P.109 大和ミュージアム
地方総監部前
海岸1
総監部前
マリンパーク 川原石
P.108 海上自衛隊 呉地方総監部 第1庁舎 (旧呉鎮守府庁舎)
宮原
クレイトンベイホテル P.117
487
原石港
築地町
P.111 歴史の見える丘
子規句碑前
ジャパンマリン ユナイテッド呉事業所
昭和町
呉港
P.108 海上自衛隊 呉基地係船堀
昭和埠頭
海上自衛隊
串山公園
呉
100
200m
P.111 港町珈琲店
船見町
潜水隊前
坪ノ内町
P.111 アレイからすこじま
澎湃館 P.109
貿易倉庫前
音戸の瀬戸

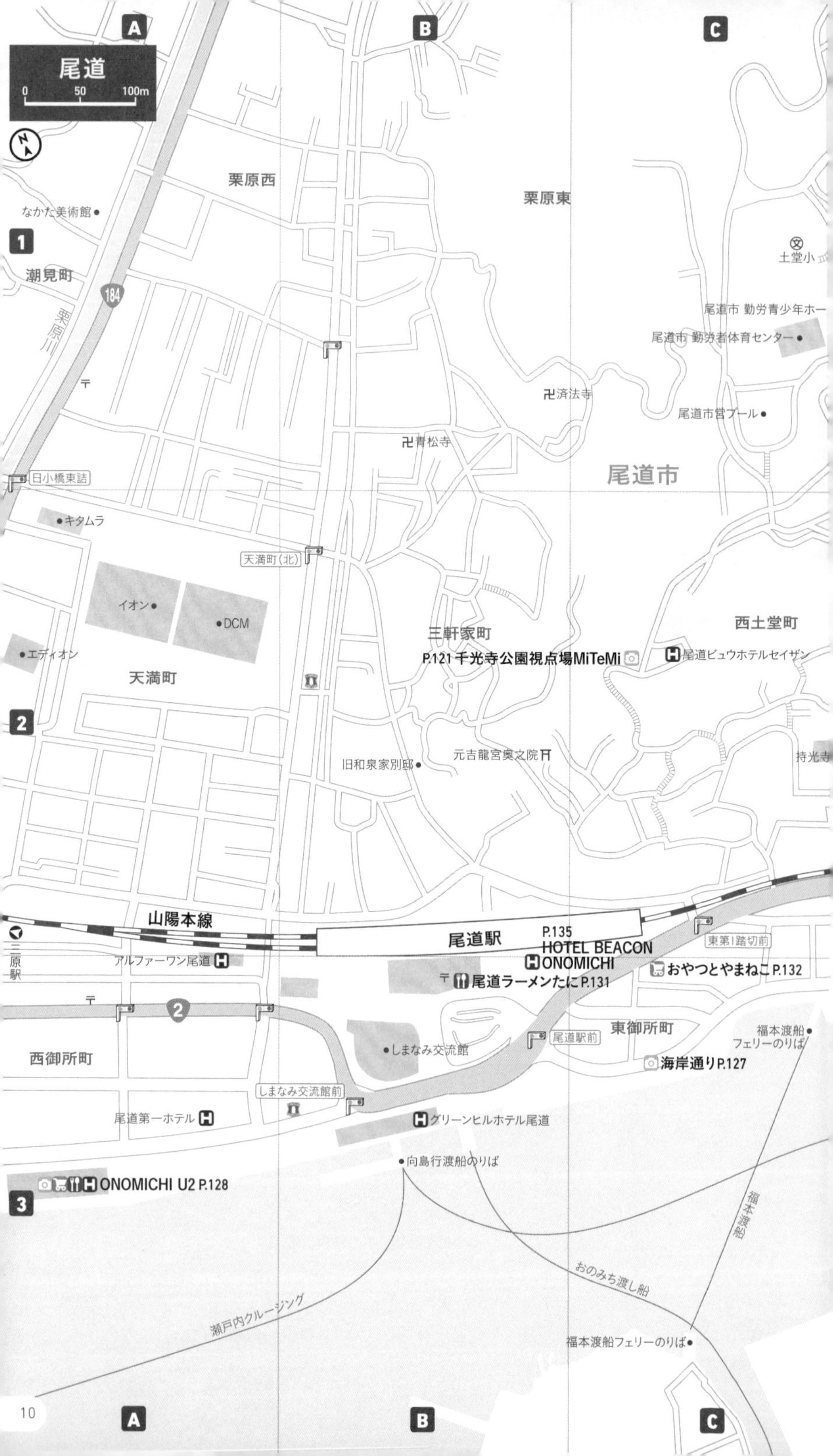
尾道
0
50
100m
A
B
C
1
2
3
栗原西
栗原東
なかた美術館
潮見町
184
栗原川
土堂小
尾道市 勤労青少年ホー
尾道市 勤労者体育センター
済法寺
尾道市営プール
青松寺
尾道市
日小橋東詰
キタムラ
天満町(北)
イオン
DCM
エディオン
天満町
三軒家町
P.121 千光寺公園視点場MiTeMi
尾道ビュウホテルセイザン
西土堂町
元吉龍宮奥之院
旧和泉家別邸
持光寺
山陽本線
尾道駅
P.135
HOTEL BEACON
ONOMICHI
三原駅
東第1踏切前
おやつとやまねこ P.132
アルファーワン尾道
尾道ラーメンたに P.131
2
西御所町
東御所町
しまなみ交流館
尾道駅前
福本渡船フェリーのりば
海岸通り P.127
しまなみ交流館前
尾道第一ホテル
グリーンヒルホテル尾道
向島行渡船のりば
ONOMICHI U2 P.128
福本渡船
おのみち渡し船
瀬戸内クルージング
福本渡船フェリーのりば

D
E
F
かおり館
千光寺ドライブウェイ
八畳岩
御袖天満宮
1
長江
363
千光寺公園
正岡子規文学碑 P.123
林芙美子文学碑 P.123
金田一京助文学碑 P.123
善勝寺
P.121 千光寺頂上展望台PEAK
山頂
文学のこみち P.123
P.120 千光寺
福善寺
横川駅
P.121 千光寺山ロープウェイ
妙宣寺
P.120 くさり山
艮神社 P.122
正授院
毘沙門堂
P.122 猫の細道
2
P.120 鼓岩（ポンポン岩）
招き猫美術館in尾道 P.122
天寧寺 海雲塔 P.122
山麓
長江口
久保
東土堂町
あめかんむり P.133
天寧寺
P.133 陶房CONEL
P.123 尾道文学公園
LOG P.123,134
山陽本線
天寧寺
P.127,133 尾道ええもんや
十四日元町
土堂児童公園
P.123 千光寺新道
信行寺
2
清浄山光明寺
10月のさくら P.127,132
宝土寺
P.123 活版カムパネルラ
土堂
吉備津彦神社
尾道本通り商店街 P.126
土堂2
尾道局
金萬堂本舗 本店 P.18,50
Coco by 久遠 P.127
尾道ロイヤルホテル
尾道市役所
創作ジャム工房おのみち P.132
めん処みやち P.130
住吉神社
りん Onomichi カフェとレンタサイクル P.124
尾道ラーメン 丸ぼし P.17,131
尾道商業会議所記念館
パン屋航路 P.126
中央桟橋
海岸通り
藤井製帽 P.133
桂馬蒲鉾商店 P.132
からさわ P.126
尾道渡船フェリーのりば
夕やけカフェドーナツ P.126
瀬戸内クルージング、備後商船
尾道水道
おのみち渡し船
3
尾道渡船フェリーのりば
向島
377
江郷川
D
E
F

しまなみ海道
0 1.5 3km
広島県
三原市
尾道市
竹原市
大崎上島町
上島町
愛媛県
今治市
瀬戸内海
P.35 尾道船弁
P.135 おのみち帆聲
P.10-11
P.9 Ryok 尾道
P.125 後藤鉱泉所 P.1
P.125 珈琲豆 ましろ
BISTRO SIMA亭
P.125
向島 P.124,137
P.137 岩子島厳島神社
P.137 高見山展望台
P.140 はっさく屋
P.140 六大陸
USHIO CHOCOLATL P.19,125,137
P.138 白滝山
因島水軍城 P.138
因島 P.138
P.21,139 島ごと美術館
P.140 お食事処 かねよし
P.50 瀬戸田梅月堂
P.141 yubune
P.139 潮音山 向上寺
P.141 SOIL SETODA
P.141 Azumi Setoda
P.139 耕三寺博物館(耕三寺)
P.140 島ごころSETODA 瀬戸田本店
生口島 P.139
しまなみ海道 P.15,136
道の駅 みはら神明の里
道の駅今治市多々羅しまなみ公園
道の駅しまなみの駅御島
大山祇神社
P.140 道の駅 伯方S・Cパーク マリンオアシスはかた
伯方ビーチ
道の駅よしうみいきいき館
亀老山展望公園
今治城
三次東IC
尾道Jct
福山西IC
尾道IC
西瀬戸尾道IC
尾道大橋IC
向島IC
因島北IC
因島南IC
生口島北IC
生口島南IC
大三島IC
伯方島IC
大島北IC
大島南IC
今治北IC
今治IC
三原久井IC
本郷IC
高坂PA
八幡PA
大浜PA
瀬戸田PA
上浦PA
来島海峡SA
広島IC
広島空港
山陽自動車道
尾道自動車道
山陽新幹線
山陽本線
山陽道
三原バイパス
尾道バイパス
呉線
予讃線
西瀬戸しまなみ海道
新尾道駅
東尾道駅
尾道駅
三原駅
糸崎駅
本郷駅
須波駅
安芸幸崎駅
忠海駅
安芸長浜駅
大乗駅
呉駅
広島駅
波方駅
波止浜駅
今治駅
大西駅
伊予富田駅
伊予西条駅
松山駅
岩子島
細島
加島
因島大橋
佐木島
高根島
生口橋
因島公園
多々羅大橋
大久野島
阿波島
生野島
大崎上島
大三島
生名島
弓削島
岩城島
赤穂根島
佐島
津波島
伯方島
大島大橋
鵜島
大島
津島
来島海峡大橋
梶島
明神島
美濃島
大下島
豊島
高井神島
沼田川
福山東

鞆の浦
0 50 100m
福山市街
原漁港
ホテル鴎風亭
シキビ岩
徒歩約33分
釈迦堂
安国寺
正法寺
慈徳院
善行寺
本願寺
小烏神社
渡守神社
沼名前神社 能舞台
大観寺
P.146 沼名前神社
小松寺
顕政寺
P.145 鞆の津ミュージアム
鞆の浦
鞆バスセンター前
静観寺
鞆中央公園
福山市
鞆町後地
鞆小
鞆町鞆
法宣寺
景勝館
P.144 龍馬の隠れ部屋 桝屋清右衛門宅
早毛利神社
鞆城跡
鞆城山公園
稲荷神社
NIPPONIA 鞆 港町 P.147
南禅坊
阿弥陀寺
地蔵院
明圓寺
鞆町町並み保存拠点施設 鞆てらす
P.146 岡本亀太郎本店
P.147 御舟宿いろは
浄泉寺
医王寺 P.145
P.146 けんちゃんのいりこ屋
對潮楼（福禅寺）P.143
弁天島
弁財天福寿堂
太田家住宅 P.144
胡神社
渡守神社
P.144
いろは丸展示館
平成いろは丸
鞆港
P.145 鞆の浦 a cafe
常夜燈 P.15,143
汀邸 遠音近音
瀬戸内クルージング
圓福寺（大可島城跡）
鞆の浦
鞆港フェリー発着所
穴薬神社
鞆港
走島汽船
日之出神明宮
淀媛神社
鞆の浦広域図
0 250 500m
福山市
赤岬
安国寺
沼名前神社
中弥山
京ヶ岬
鞆城跡
大弥山
福禅寺 對潮楼
仙酔島 P.146
圓福寺
皇后島
下加美島
鳥ノ口展望台
つつじ島
鳥ノ口岬
上図へ
玉津島神社
玉津島
鞆の浦
A B C
1 2 3

倉敷
0
50
100
A
B
C
1
2
3
岡山駅
三井アウトレットパーク倉敷
寿町
日ノ出町
伯備線
山陽本線
アリオ倉敷
倉敷みらい公園
マルナカ
倉敷税務署
幸町
昭和
しげい病院
ホテルリブマックス岡山倉敷駅前
昭和町
さんすて倉敷
天満屋
岡山地方法務局
石見町
ルサンプラザ倉敷
新倉敷駅
倉敷駅
倉敷市駅
地方裁判所
アパホテル 倉敷駅前
倉敷駅前
徒歩約3分
倉敷デパート
倉敷中央病院
倉敷グローバルホテル
水島臨海鉄道
ホテル・アルファーワン倉敷
倉敷局
倉敷ステーションホテル
鶴形
中央病院西
水島駅
ホテル グラン・ココエ倉敷
倉敷中央通り
あちてらす倉敷
川西町
番街
みやけや旅館
東横イン倉敷駅南口
倉敷市
阿知
阿知中
倉敷東小
川西町
グリーンリッチホテル倉敷駅前
倉敷本通り商店街
P.152 shop 三宅商店
観龍寺
美和2
鶴形山公園
阿知南
誓願寺
鶴形山
老松町
林源十郎商店
大橋家住宅
倉敷物語館
語らい座 大原本邸 P.151
倉敷ロイヤルアートホテル
美観地区入口
有隣荘 P.149
阿智神社
P.151 レストラン 八間蔵
旧大原家住宅
本栄寺
ザ・ワンファイブガーデン倉敷
エル・グレコ P.151
土屋邸 P.153
P.152 如竹堂
倉敷駅前ユニバーサルホテル
井上家住宅
倉敷国際ホテル
吉井旅館
P.149 倉敷館
鶴形
P.150 大原美術館
倉敷考古館 P.151
本町
稲荷町
新渓園
倉敷市立自然史博物館
加計美術館
P.149 倉敷美観地区 定期便ガイド
旅館くらしき
倉敷市立中央図書館
倉敷美観地区 P.149
P.153 滔々 御崎 町家の宿
倉紡記念館
いがらしゆみこ美術館
倉敷市立美術館
P.152 倉敷民藝館
くらしき川舟流し P.149
倉敷市民会
ホテル&バル クオーレ 倉敷
桃太郎のからくり博物館
くらしき宵待ち GARDEN
日本郷土玩具館
白壁通り
倉敷アイビースクエア P.151
中央1
P.152 倉敷デニムストリート
白壁通り
南町
中央
倉敷市友好の広場
倉敷川
倉敷市芸文館
船倉町
倉敷市大山名人記念館
長連寺
向山
白楽町
青蓮院
倉敷西小
教善寺
倉敷ユースホステル
向山公園
429
24
274
22

倉敷美観地区イラストマップ

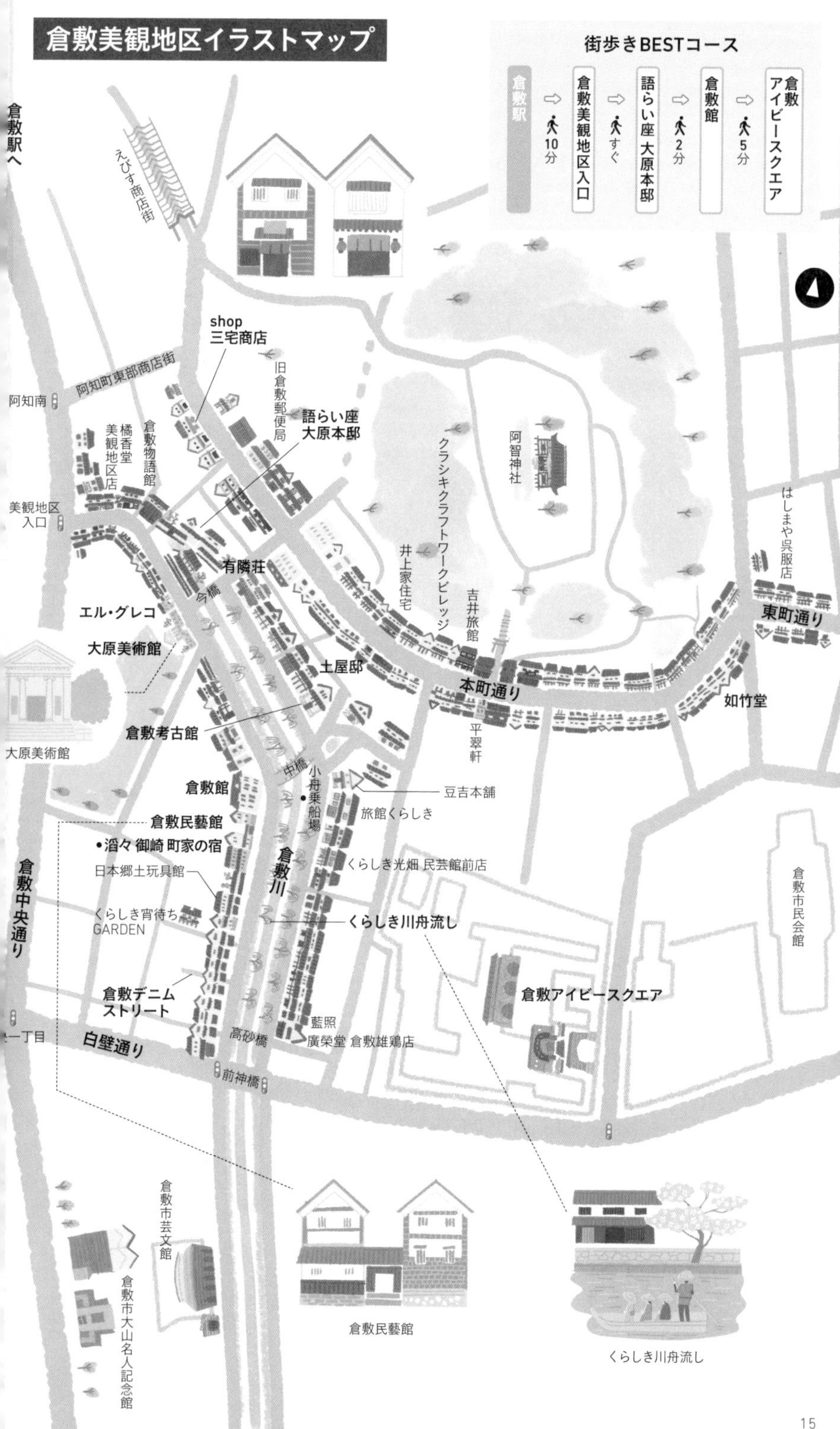

食べるべき宮島・広島グルメはこれ！

グルメカタログ

季節の行事に、旬の果物や海の幸が盛りだくさんなこのエリア。気になる行事や食材を目当てに訪れよう。

ごはん

特産物の牡蠣やあなごのほか、ご当地グルメのお好み焼きなども絶対押さえたい！

お好み焼き

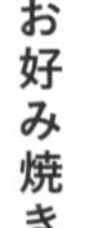

薄く伸ばした生地にたっぷりのキャベツと麺をのせたソウルフード。

牡蠣

美しい瀬戸内海で育った牡蠣はクリーミーで濃厚な味わい。

あなご

100年以上前に駅弁として登場。ふっくら柔らかな食感が特徴。

汁なし担々麺

中国・四川省生まれの担々麺がベース。タレに各店のこだわりが詰まる。

モーニング

モーニング発祥と言われる店があるなど、古くから親しまれてきた。

スイーツ

名品・もみじ饅頭のほか、レモンケーキなど特産物のレモンを使ったスイーツも人気。

もみじ饅頭

もみじを模ったカステラ生地に、あんこやチョコレートなどを詰めたもの。

レモンスイーツ

瀬戸内海の温暖な気候で育ったレモンを使ったレモンケーキなどが有名。

12カ月イベントカレンダー

3月 平安絵巻の風景

3月下旬

宮島清盛まつり

宮島の礎を築いたといわれる平清盛や平家一門の武将などが登場し、華麗な厳島参詣行列を再現する。行列の一般参加も可能。

4月 パレードは迫力満点

4月29日

呉みなと祭

パレードやステージイベントなど、さまざまなパフォーマンスが繰り広げられるにぎやかな催し。フードブースも充実している。

6月 夏の訪れを知らせる

6月第1金・土・日曜

とうかさん大祭

広島三大祭りの一つで、広島の夏を代表する祭りといわれる。圓隆寺の総鎮守・稲荷大明神を中心に、中央通りがにぎわう。

7月 夏の夜空を彩る

7月第4土曜

広島みなと 夢 花火大会

広島港を舞台に、夢をコンセプトとした約1万発もの花火が打ち上げられる。水中花火やスターマインも楽しめるなど、見どころ満載。

10月 あたたかな灯りが灯る

10月中旬

尾道灯りまつり

尾道水道に面する雁木から尾道三山の中腹にたたずむ千光寺山、浄土寺山、西国寺山の古寺の境内まで、約3万4000個もの灯りを灯す。

12月 一年を締めくくる

12月31日

鎮火祭

毎年大みそかに厳島神社の御笠浜で行われる火難除けの祭り。明治時代まで町内の祭りであったが、明治維新以降は厳島神社の祭りになった。

※イベント・行事は2024年4月現在の情報です。変更される可能性がありますので、お出かけ前に最新情報をご確認ください。

旅が最高のハレになる

宮島・広島

MIYAJIMA・HIROSHIMA

本書をご利用になる前に

【データの見方】

- 🏠 住所
- ☎ 電話番号
- ㊫ 営業時間（飲食店は開店～閉店時間（LOはラストオーダーの時間）を記載しています。施設は最終入館時間の表示がある場合もあります。原則として通常営業時の情報を記載しています）
- ㊡ 祝日、年末年始などを除く定休日
- ㊒ 大人の入場料、施設利用料
- ㊋ 最寄り駅や最寄りICなどからの所要時間
- 🚗 駐車場の有無（有料の場合は（有料）と表記しています）
- 料金 宿泊料金
- IN チェックイン時間　OUT チェックアウト時間
- ▶MAP　別冊地図上での位置を表示

【ご注意】

本書に掲載したデータは2024年3～4月現在のものです。内容が変更される場合がありますので、事前にご確認ください。祝日や年末年始の場合など、営業時間や休み等の紹介内容が大きく異なる場合があります。時間や休みは原則として、通常の営業時間・定休日を記載しています。料金は、基本的に取材時点での税率をもとにした消費税込みの料金を記載しています。消費税別の場合は（税別）と表記しています。ホテル料金は2名1室利用の場合の1名あたりの最低料金を記載していますが、サービス料などは各ホテルにより異なります。本書に掲載された内容による損害等は弊社では補償しかねますので、あらかじめご了承ください。

CONTENTS

宮島・広島でしたい63のこと

取り外せる
詳細MAPも!

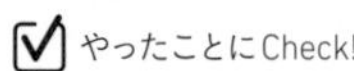

やったことにCheck!

BEST PLAN

HIGHLIGHT

EAT

SHOPPING

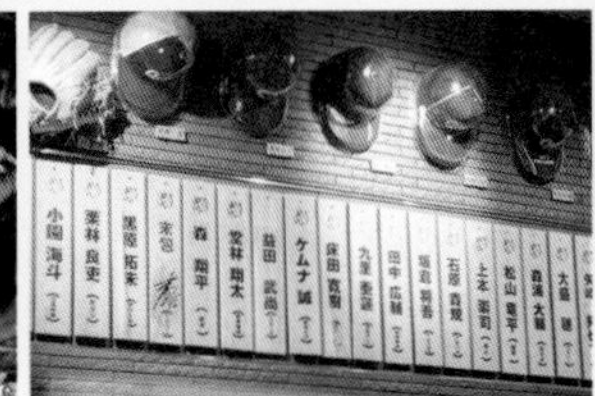

TOURISM

SHORT TRIP

読めば快晴 ハレ旅STUDY

BEST PLAN 01

どこでなにができるの？

夢を叶えるエリアをリサーチ

西は厳島神社のある宮島や世界遺産の原爆ドームがある広島市、東はしまなみ海道や倉敷など、見どころが広範囲に点在する広島周辺。エリアの特徴を把握してプランを立てよう。

タウン別バロメータ

これを見れば何がイチオシか早分かり！
エリアの特性をつかもう。

遊ぶ / 磨く / 買う / 観光する / 食べる

MIYAJIMA HIROSHIMA SANYO MAP

広島市内の移動は広電がおすすめ。エリア間は車移動がベスト。

平和の大切さを世界中に伝える

広島タウン

ひろしまタウン →P.84

お好み焼き店を訪れるのは予約か開店時が吉

広島旅行の拠点。緑に囲まれた平和記念公園など、平和を願う施設が点在し、世界中から多くの人々が訪れる。公園のすぐ近くにあるおりづるタワーから街を一望すると隣に立つ原爆ドームが原爆投下の惨劇を忘れてはいけないと訴えかけてくる。お好み焼きをはじめとする広島グルメも充実！

市内のシンボル・広電に乗って観光しよう

旧海軍ゆかりの施設が集まる

呉

くれ →P.106

かつて海軍工廠の町として栄えた呉。造船の歴史や技術を伝えるミュージアムや、海上自衛隊の活躍を紹介する史料館など、ゆかりの名所が揃う。呉冷麺などご当地グルメにも注目。

てつのくじら館へはぜひ訪れて

一度は見てみたい海に浮かぶ社殿

宮島

みやじま →P.68

世界遺産･厳島神社の神秘的な姿は日本三景のひとつとして知られている。満潮時はまるで海の上に浮かんでいるような姿が見られるのが特徴。お店が集まる商店街や、パワースポットの弥山など、見どころは多数。

大鳥居がシンボルの厳島神社

宮島発祥と伝えられる広島銘菓・もみじ饅頭

知っ得広島の基礎知識

東京から	約4時間（→P.154）	主な交通手段	車、広電（広島市内）、バス（→P.157）
大阪から	約1時間30分	言語	広島弁
名古屋から	約2時間15分	景観	世界遺産・レトロな街並み・雄大な海

海と山に囲まれたのどかな坂の町

尾道
おのみち

→P.118

千光寺からの絶景が有名だが、近年はおしゃれな古民家カフェや海辺の複合施設などが登場し、人気と知名度が更に上昇。

レトロな街並みがすてき

町家が立ち並ぶ倉敷美観地区

倉敷
くらしき

→P.148

白壁の街並みが続く倉敷美観地区が観光客に人気。フォトジェニックなカフェや雑貨店も多数あるので、寄り道しながら散策したい。

界隈を案内する無料ガイドが常駐

潮風薫る港町のレトロな街並み

鞆の浦
とものうら

→P.142

広島有数の景勝地として知られ、多くの映画のロケ地やモデルとなった場所。江戸時代から栄えた港町で当時の美しさが残る。

医王寺からは鞆の浦を一望できる

瀬戸内海の美しい島々を結ぶ

しまなみ海道
しまなみかいどう

→P.136

広島県尾道市から愛媛県今治市まで、瀬戸内海の島々を結ぶ。自転車用道路も整備されているのでサイクルも◎。

来島海峡に架かる三連吊橋で、しまなみ海道最大規模の来島海峡大橋

宮島・広島で押さえるべきキホン

キホン①
広島は東西に長い！1日1エリアがベター
各エリアの見どころをじっくり見学するなら1日1エリアが基本。

キホン②
しまなみ海道はレンタカーがおすすめ
雄大な景色を短時間で楽しむなら、レンタカーでドライブが◎。

キホン③
宮島のフェリーは混雑必至狙い目は夕方の来島
行った日は宮島に宿泊し、翌日朝から島内を観光するのも手。

キホン④
ほとんどのおみやげは広島駅でまとめ買い可能！
駅ビルには新旧さまざまなお土産が。目移り必至のアイテムが揃う。

宮島名物のあなごめしはテイクアウトもある。弁当は予約ができるものや、待たずに買えることも多い。

BEST PLAN 02

王道1泊2日モデルコースで 広島を200%楽しむ

1日目

AM

9:00 広島駅

電車30分、フェリー10分

10:00 嚴島神社 →P.70

<所要約1時間20分>

徒歩約10分

11:30 ふじたや →P.75

<所要約1時間>

ロープウェイ15分 徒歩30分

PM

1:00 弥山 →P.78

<所要約2時間>

徒歩30分

3:00 表参道商店街 →P.76

<所要約1時間>

徒歩10分

5:00 宮島桟橋

世界遺産航路で45分

6:00 もとやす桟橋(広島市内)

徒歩すぐ

6:10 お好み焼 長田屋 →P.25

<所要約1時間>

徒歩10分

7:30 音楽喫茶ヲルガン座 →P.46

<所要約1時間>

神秘的な光景を求めて宮島へ

1日目は広島観光の代名詞・宮島へ。日中は嚴島神社や弥山などをめぐり、夜は広島市内でお好み焼きを堪能しよう。

SIGHTSEEING

まずは大定番の嚴島神社へ

社殿が海の上に立つ見どころがいっぱいの世界遺産・嚴島神社。午前中の参拝で混雑回避!

一度は見たかった景色!

POINT

散策はスニーカーで

宮島の移動は徒歩が中心なので、履き慣れたスニーカーで訪れて。

嚴島神社の境外末社・清盛神社

LUNCH

宮島名物・あなごめしに舌鼓

ふっくら柔らかく焼き上げたあなごがたっぷりとのった名物グルメを味わおう。

ふじたやのあなごめし3000円

予約不可なので注意

SIGHTSEEING

大スケールなパワースポット 弥山

獅子岩展望台から頂上までは歩いて約30分。時間と体力に余裕を持って訪れたい。

展望台からの景色に感動

宮島の定番スイーツ・揚げもみじ1本200円は絶対味わいたい!

SIGHTSEEING

表参道商店街でおいしいもの探し

焼きたてのもみじ饅頭、宮島産のクラフトビールなど魅力的なグルメが満載。

SIGHTSEEING

世界遺産航路で広島タウンへ

宮島桟橋から平和記念公園をつなぐフェリーに乗って広島市内へ!

DINNER

広島のソウルフード・お好み焼きを味わう

夕食は名物のお好み焼き。焼きたてのおいしさは感動モノ!

CAFÉ

夜カフェでほっこり

豆腐ババロアを使った罪悪感少なめのパフェをデザートに♪

宮島と広島市内を満喫するなら、最低でも1泊2日は必要。モデルコースを参考に計画を立ててみよう！

広島のめぐり方

宮島と広島市内の間は電車とフェリーで約40分。宮島松大汽船券と広島市内の足・広電の乗車券がセットとなった一日乗車乗船券や、市内のみ巡る日には広電の電車一日乗車券を利用しよう。

広島タウンで名所巡り＆ショッピング

世界遺産＆アートスポットなど、めぐるべき場所が多い広島タウン。広電で移動するのも楽しみのひとつ。

MORNING

ルーエぶらじるでモーニング

朝ごはんはモーニング発祥の店といわれる喫茶店で。店内の雰囲気もすてき！

SIGHTSEEING

原爆ドーム・広島平和記念資料館をめぐる

平和記念公園内に立つ原爆ドームや平和記念資料館で核兵器の恐ろしさを学び、平和を祈る各施設に訪れよう。

1996年に世界遺産に登録された

POINT

ボランティアの方と巡る

ヒロシマ ピース ボランティア（→P.84）に案内してもらうのも◎

SIGHTSEEING

アートスポット・ひろしま美術館

日本有数の印象派のコレクションに定評あり。開放感のあるカフェも楽しんで。

円形の本館ホール

LUNCH

船上でフルコースを堪能できるかき船かなわ

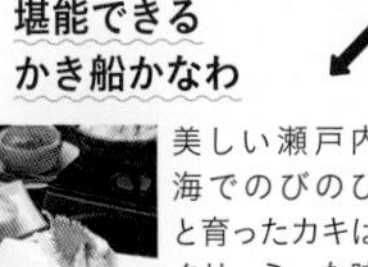

美しい瀬戸内海でのびのびと育ったカキはクリーミーな味わい。

かきの喰い切りコース

SIGHTSEEING

広島市内を一望できるおりづるタワー

原爆ドームのすぐそばのタワービルで、建築家・三分一博志氏が手掛けた。

12F「おりづるの壁」

SIGHTSEEING

ボランティアの方と巡る

広島城は天正17（1589）年、毛利輝元が築城。原爆で天守閣は全壊したが現在の天守閣は昭和33年に復元された。

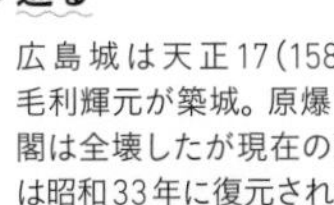

美しい天守閣は必見！

CAFÉ

キュートなスイーツに釘付けうのまち珈琲店 広島店

人気のスイーツ、季節のパフェ1100円は季節ごとに内容が異なる。写真映えするかわいさ！

SHOPPING

広島駅でおみやげゲット

地元のグルメやお土産が充実する駅ビル。県内のお土産がほぼすべて揃うので、旅の最後にまとめ買いするのがおすすめ。

広島駅ビル・ekie

因島のはっさくゼリー（上）、やまだ屋の桐葉菓3個580円（左）

2日目

AM

8:30 ルーエぶらじる
→P.37
＜所要約1時間＞

徒歩＆広電で15分

9:30 原爆ドーム・広島平和記念資料館
→P.88、89
＜所要約1時間30分＞

徒歩約6分

11:15 ひろしま美術館
→P.94
＜所要約1時間30分＞

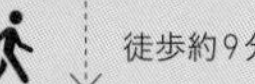
徒歩約9分

1:00 かき船かなわ
→P.29
＜所要約1時間＞

徒歩約4分

PM

2:00 おりづるタワー
→P.90
＜所要約1時間＞

徒歩＆広電で約15分

3:30 広島城
→P.93
＜所要約1時間＞

徒歩＆広電で約10分

4:45 うのまち珈琲店 広島店
→P.92
＜所要約40分＞

徒歩＆広電で約20分

6:00 広島駅
→P.96
＜所要約1時間＞

＋1日あるなら、海軍ゆかりの港町・呉（→P.106）や坂道の町・尾道（→P.118）をあわせてめぐってみよう。

HARETABI NEWSPAPER

ハレ旅 HIROSHIMA

リニューアルオープンを控えたJR広島駅や、サンフレッチェ広島ファン待望の新スタジアム、アートな映えホテルなど、ホットなスポットをチェック！

TOURISM

進化がとまらない！広島駅エリアの最新事情

生まれ変わる広島駅エリア

2025年春にリニューアルオープンするJR広島駅を中心に、新たな注目スポットも登場！

2025年春 RENEWAL OPEN

2023年9月30日 OPEN

心躍る進化を続ける広島の玄関口

JR広島駅

ジェイアールひろしまえき

「水の都ひろしま」を表現した新駅ビル内には路面電車の乗り入れも。雁木をモチーフにした広場なども設けられる。

🏠広島市南区松原町2-37 ☎082-261-0020 営5:30～23:15(新幹線のりかえ口みどりの窓口) 休無休 🚗P343台(有料)

広島駅周辺 ▶MAP 別P.7 E-1

提供／JR西日本

広島の新たな食のスポット

グランゲート広島

グランゲートひろしま

6エリアからなるラグジュアリーなフードホール。ベーカリーやビールスタンドなどが入る。

🏠広島市南区松原町2-62 広島JPビルディング2F ☎082-567-5500 営11:00～23:00(日曜は～21:30) 休無休 交JR広島駅から徒歩5分 🚗Pなし

広島駅周辺 ▶MAP 別P.7 D-1

中四国初出店の店や地元の食文化が楽しめる店も

TOURISM

サンフレッチェ広島の新スタジアムが誕生！

日本初！都心交流型スタジアムパーク

アクセス良好な広島市中心部に、サンフレッチェ広島の本拠地となるスタジアムがオープン！

©S.FC

屋根は翼(ウイング)をイメージ

ピッチと観客席が近く、臨場感溢れるスタンド。全席屋根付きで雨の心配なし

2024年2月1日 OPEN

©S.FC

リッチなパーティーシート

©S.FC

365日楽しめるスタジアム

エディオンピースウイング広島

エディオンピースウイングひろしま

広島市内の中心部から徒歩10分。ストアやミュージアムも備え、サッカーの試合日以外も楽しめる今までにないスタジアムが完成！

©S.FC

🏠広島市中区基町15-2-1 ☎082-512-1025 営9:00～21:00 ※ミュージアムは10:00～18:00(最終受付17:30) 休無休 料ミュージアムは入場500円 交広電紙屋町西電停から徒歩10分 🚗P225台(有料)※サッカーJリーグ･WEリーグ試合前日･試合日、イベント開催時は利用不可

平和記念公園周辺 ▶MAP 別P.6 A-1

生まれ変わった市民球場跡地に注目！

新たなにぎわいの拠点

2010年に閉場した旧広島市民球場の跡地が、ショッピング施設やイベント広場などを備えた公園に！

ペットと一緒にお散歩もできる

折り鶴モチーフ「大屋根ひろば」

ショップやレストランも

ピースプロムナード

公園から始まる広島の未来

HIROSHIMA GATE PARK

ヒロシマ ゲート パーク

うのまち珈琲店(→P.92)などが入る商業施設「SHIMINT HIROSHIMA」もあり、新たな憩いの場になっている。

広島市中区基町5-25 ☎082-962-3789 営散策自由 ※SHIMINT HIROSHIMAは店舗により営業時間が異なる 休無休 交広電原爆ドーム前電停からすぐ Pなし

平和記念公園周辺 ▶MAP 別P.6 B-2

テイクアウトスイーツの新店が続々！

新しい広島名物になるかも！

老舗の再オープンから広島初出店まで、「甘いものが食べたい」を叶える新店が続々登場！

ぜんざい 680円

アイス最中(バニラ) 356円

ペブルス 570円

アーモンド&チョコレート 590円

レーズンバター 230円

あんバター 230円

広島で愛された老舗の味

甘党はち乃木

あまとうはちのき

2024年1月16日 OPEN

2008年に閉店した老舗甘味処が復活！すっきりした甘さのぜんざいが絶品。

広島市中区上八丁堀7-9 本山ビル1F ☎082-962-7960 営11:00～15:00 休日曜 交広電女学院前電停から徒歩2分 Pなし

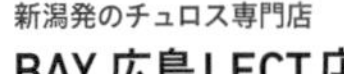

広島城周辺 ▶MAP 別P.6 C-1

新潟発のチュロス専門店

BAY 広島LECT店

ベイ ひろしまレクトてん

2023年11月18日 OPEN

米粉と米油を使用したグルテンフリーのサクサクチュロスが食べられる。

広島市西区扇2-1-45 LECT 1F ☎082-208-0727 営10:00～売り切れ次第終了 休無休 交バス停草津町から徒歩15分 施設駐車場を利用

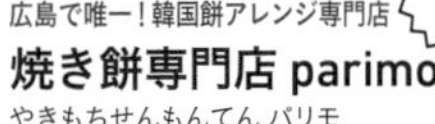

広島市郊外 ▶MAP 別P.2 A-2

広島で唯一！韓国餅アレンジ専門店

焼き餅専門店 parimo

やきもちせんもんてん パリモ

2024年2月16日 OPEN

お祝いの席で食べる韓国伝統の餅を、多種多様なトッピングでアレンジ！

広島市南区段原2-2-13 1F ☎非公開 営10:00～17:00 休水・木曜 交広電段原一丁目電停から徒歩3分 Pなし

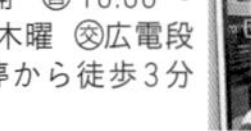

広島駅周辺 ▶MAP 別P.7 E-2

アートなNEWホテルがおしゃれすぎる！

広島ならではを体感できる

ホテル自体がアートそのもので、随所に広島を感じられる。ここがもう"観光地"だ。

まったく初めての体験を

建築と食とアートを堪能

Simose Art Garden Villa

シモセ アート ガーデン ヴィラ

ヴィラとフレンチレストラン、美術館一体のアート複合施設。

大竹市晴海2-10-50 ☎0120-907-090(受付時間9:00～18:00) IN 15:00～20:00 OUT ～11:00 料1棟10万円～(2名利用) 交JR大竹駅などから送迎サービスあり P73台

大竹 ▶MAP 別P.2 A-2

前身の「西山別館」を受け継ぐ

「本当の尾道文化」を体験

Ryokan 尾道西山

リョカン おのみちにしやま

尾道で茶園の役割を担ってきた老舗旅館が、尾道文化を伝える宿として蘇った。

尾道市山波町678-1 ☎0848-37-3145 IN 15:00～19:00 OUT ～11:00 料離れ客室1泊2食付5万3000円～(2名利用) 交バス停山波からすぐ P30台

尾道市郊外 ▶MAP 別P.12 C-1

HOW TO

広島「4つ」の事件簿

広島を旅するときに発生しがちな4つのお悩み。出発前にすっきり解決して、旅行を120%楽しもう！

事件ファイル ①

フェリーに乗っていざ宮島へ！島での移動手段はどうする？

世界遺産・嚴島神社や、食べ歩きグルメが集まる表参道商店街など、見どころいっぱいの宮島を効率よく観光したい。スピード重視で車か、小回り重視で徒歩や自転車か、どの移動手段を選べばいいの？

解決！ 移動は徒歩が基本！車は対岸に停めておこう

狭い範囲に観光スポットが集中しているから、徒歩移動も余裕！　道路は道幅が狭いので、車の出番はあまりない。

解決！ レンタサイクルでもっとスイスイ♪

宮島栈橋近くのPORTO MIYAJIMAでレンタサイクルを提供。スマホ用モバイルバッテリーなどの貸し出しサービスも。

STEP 1 **申し込み** 利用の前日までにHPから予約＆決済
↓
STEP 2 **借りる** PORTO MIYAJIMAで自転車を借りる
↓
STEP 3 **返却** PORTO MIYAJIMAに返却

利用時間
貸し出し～18:00
料金
3時間 2500円
1日 3500円

PORTO MIYAJIMA
ポルト ミヤジマ

住 廿日市市宮島町1166 民宿かまだ内　☎050-7109-7121　営9:00～18:00　休不定休　交宮島栈橋から徒歩2分　P Pなし
宮島 ▶MAP 別P.4 A-2

事件ファイル ②

大鳥居のライトアップが見たいけどフェリーの最終便が心配…

嚴島神社では毎晩ライトアップが実施され、昼間とはひと味違う幻想的な眺めが楽しめる。帰りの時間が気になってソワソワ……なんてことにならないよう、フェリーの最終便を事前にチェックしておかなくっちゃ！

解決！ フェリーは通常22時台まで！

宮島栈橋発のフェリーの最終便は、通常22時台。ライトアップは日没から23時頃まで行われるので、ゆっくり鑑賞するには十分だ。

解決！ 島内のホテルに泊まれば夜もゆったり♪

歴史ある名旅館も多いので、時間を気にせず観光したいなら島内に宿泊するのが一番。夕食後、大鳥居を眺めながらのんびり散歩……なんて贅沢な過ごし方もできる。人が少ない早朝の散歩も島内に宿泊した人の特権。 (→P.82)

宮島を代表する老舗旅館の岩惣。温泉が楽しめる大浴場や、地元の素材を使った料理などが自慢だ

事件ファイル ③

路面電車の乗り方がわからない！

広島市内の観光に欠かせないのが、市民の足として活躍する路面電車の広電。路面電車が走る風景は広島ならではで、観光に訪れたらぜひ一度は乗っておきたいもの。とはいえ、路線が多いうえに、お金の払い方や乗り降りの方法など、わからないことがいっぱい。普通の電車とはやっぱり違うよね……？

解決！ 基本の乗り降りがわかれば大丈夫

まずは最寄りの停留場(電停)へ行き、乗りたい電車が来たらそのまま乗車すればOK。ただし、広電は複数の路線が混在しているので、行き先表示で路線番号と方面を確認するのをお忘れなく。キホンの流れを確認しておくとスムーズ！広島電鉄HPにも最新情報が掲載されている。

[キホン❶] どの扉からでも乗降OK！

現金や一日乗車券などを利用する場合はそのまま、交通系ICカードを利用する場合は扉付近の乗車リーダーへタッチしてから乗車。カードリーダーは複数あるので、車内の案内サインを確認しよう。

[キホン❷] 降りるときは降車ボタンで合図！

降りたい電停が近づいたら、窓付近にある降車ボタンを押して運転士に知らせよう。降車ボタンがない車両もあるが、必ず各駅・停留場へ停車するので大丈夫。

[キホン❸] 運賃は後払い！

現金払いの場合は運賃箱がある扉から、一日乗車券などを利用する場合は乗務員のいる扉から、交通系ICカードの場合は降車リーダーのある扉から降車。運賃箱からおつりは出ないので、現金の場合は事前に両替を。

事件ファイル ④

尾道ラーメンにお好み焼き…人気店はどこも超満員！

魅力的なご当地グルメがあふれる広島では、食べたいものがいっぱい。せっかくなら地元で愛される老舗や人気のお店に行きたいけれど、考えることはみんな同じ。どこに行っても長〜い行列ができていて、いつになったらお目当てのものに出合えるの？ やっぱり諦めるしかないのでしょうか……。

解決！ 尾道ラーメンは朝かお昼過ぎが狙い目！

地元の人にも愛される尾道ラーメンは、やはりランチタイムが混雑のピーク。開店直後や昼時をはずした時間は、比較的スムーズに入れることが多い。早めor遅めのランチを狙ってみよう。
(→P.130)

解決！ お好み焼きはフードホールで！

お好み焼きの人気店が集まるフードホールは、メニューを見比べられるだけでなく、行列の具合を見ながら店を選べるのが魅力。場合によってははしごすることも可能！

お好み村
おこのみむら
(→P.27)

ひろしまお好み物語 駅前ひろば
ひろしまおこのみものがたり えきまえひろば
(→P.27)

広電の市内線は大人220円、小児110円の均一運賃。宮島線は区間運賃制となっている。

HIGHLIGHT 01

まずはやっぱりここ！

広島2大スポットをめぐる

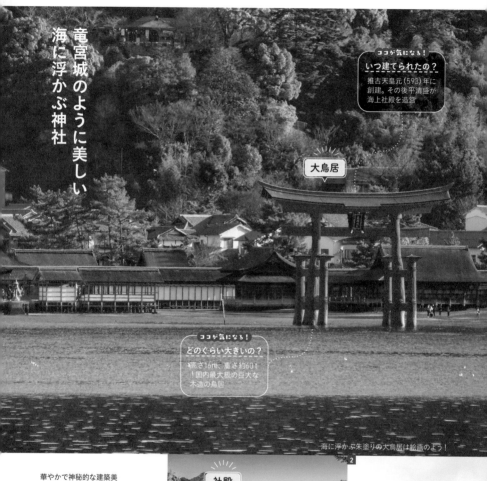

竜宮城のように美しい海に浮かぶ神社

大鳥居

ココが気になる！
いつ建てられたの？
推古天皇元(593)年に創建。その後平清盛が海上社殿を造営

ココが気になる！
どのぐらい大きいの？
高さ16m、重さ約60t！国内最大級の巨大な木造の鳥居

海に浮かぶ朱塗りの大鳥居は絵画のよう！

華やかで神秘的な建築美

嚴島神社

いつくしまじんじゃ

日本で唯一、潮の満ち引きのある場所に立つ神社。御本社を中心とする左右の廻廊でつながる客神社や天神社、能舞台など寝殿造りの社殿群と大鳥居から成る。

→P.70

1.満潮時には大鳥居と社殿が海に浮かぶように見える 2.仁安3(1168)年頃に平清盛が寝殿造りの海上社殿を造営 3.入口の屋根は切り妻造りの朱塗り廻廊

歩いて行けるってホント？
海の高さが100cm以下の時は鳥居の足元まで歩いて渡ることができる

世界遺産に登録されている平和記念公園と宮島は、広島観光をするなら絶対に外せない2大観光スポット。両方を約45分で結ぶ定期船に乗って訪れるのがおすすめ！

原爆の惨劇を伝える恒久平和のシンボル

ココが気になる！
建物の中も見られるの？
施設保護のため、観光客は中に足を踏み入れることができない

ココが気になる！
元はどんな建物だったの？
県内外の物産の収集などを行う「広島県物産陳列館」だった

不定期のライトアップでは犠牲者への慰霊と戦争の悲惨さが感じられる

ほぼ被爆した当時の姿のまま立ち続ける

後世に平和の大切さを伝える
原爆ドーム
げんばくドーム

広島県物産陳列館として建設され、ここから南東160mの上空で原爆が炸裂した。奇跡的に全壊を免れた建物は平和の象徴として世界遺産に登録されている。

→P.88

〘 一緒にめぐって平和への祈りを捧げよう 〙

原爆の子の像
げんばくのこのぞう
原爆で亡くなった子どものための慰霊碑

原爆死没者慰霊碑（広島平和都市記念碑）
げんばくしぼつしゃいれいひ（ひろしまへいわとしきねんひ）
石室には原爆死没者名簿が納められている

平和の鐘
へいわのかね
反核と平和への願いを込めて建立された鐘

広島平和記念資料館
ひろしまへいわきねんしりょうかん
被爆者の遺品などを展示
→P.89

提供／広島平和記念資料館

column
原爆ドームと宮島を結ぶ
ひろしま世界遺産航路に乗ろう

平和記念公園と宮島を約45分で結ぶ定期船。市街地や原爆ドームを水上から眺められる。

🏠 広島市中区大手町1-9先（元安桟橋）
☎082-240-5955（ひろしま世界遺産航路）
営 平和記念公園発8:30～17:10、宮島発8:40～17:30　休 無休　料 片道2200円、往復4000円　交 広電原爆ドーム前電停から徒歩4分　🚗 Pなし

世界遺産航路の乗船券は窓口でも購入できるが、電話またはWEBでの予約がスムーズ。予約は乗船前日まで受付。

HIGHLIGHT 02

一度は見ておきたい！
ハズせない絶景スポットへ

レトロな街並みの尾道、サイクリングの町を代表するしまなみ海道、夜景が有名な灰ヶ峰など、感動の景色ばかり！

さまざまな表情が楽しめる

尾道
おのみち

仁安4（1169）年に倉敷地として公認の港となった、瀬戸内海に面した自然豊かな情緒あふれる街。「坂の街」「映画の街」「文学の街」で、古寺や古民家などの建物が現在も残っている。

→P.118

海と山に囲まれた歴史情緒あふれる港町

日本の原風景と言われる風光明媚な町並み

尾道を象徴する景観の一つ

「天寧寺」から三重塔と共に「尾道水道」を眺めることができる

千光寺境内の岩の上をトンカチで叩くと「ポンポン」と音がする

カメラ片手に歩こう♪

狭い市街地から坂道がいくつも伸びて「坂の街」と呼ばれている

青い瀬戸内海に浮かぶ
大小の個性豊かな島々
コレが絵になる！
夕日の落ちる頃にパノラマ展望台から眺める景色は壮観！
夕暮れにそまるしまなみ海道もすてき♡

来島海峡大橋は世界初の三連吊橋

爽快感抜群のドライブも魅力

しまなみ海道

しまなみかいどう

瀬戸内海に浮かぶ個性豊かな6島を通って広島県・尾道から愛媛県・今治を結ぶしまなみ海道。大島と今治を結ぶ来島海峡大橋からの風景は必見。 →P.136

1.標高283mの高見山の展望台からの景色 2.すべて大理石でできた広さ5000㎡の未来心の丘 3.全長約60kmのしまなみ海道

日本遺産に認定された港町

鞆の浦

とものうら

瀬戸内海の中央に位置し、満ち潮と引き潮がぶつかる場所だったため、横断する船は潮の流れが変わるのを待つ必要があり、「潮待ちの港」と呼ばれるようになった。 →P.15、143

1.航海安全の願いを込めて建造された常夜燈 2.「福禅寺對潮楼」から眺める景色 3.鞆の浦の伝統的な商家建築「太田家住宅」

コレが絵になる！
港に現存する江戸時代のものとしては日本最大級
潮待ちの港を見守るランドマーク

側面には金毘羅大権現の石額が

コレが絵になる！
絶壁眺望系の夜景名所で、道路の明かりが"くれ"に見える
まるで宝石のような街明かりに感動

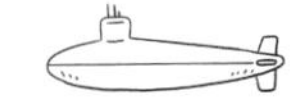

中国地方の定番夜景スポット

灰ヶ峰

はいがみね

標高737mの独立峰で、展望台は元々あった砲台跡をそのまま再利用している。呉市街を間近に感じられるダイナミックな景観が望め、地形的特徴を完全に把握することができる。

- 呉市栃原町
- ☎0823-25-3309（呉市観光振興課）
- 営休料 見学自由
- 交 呉ICから車で30分
- P6台
- 呉 ▶MAP 別P.2 B-2

尾道としまなみ海道は隣接しているので、あわせて訪れるのがおすすめ。呉は広島市内から車で約40分程度。

HIGHLIGHT 03

魅惑のおいしさ勢ぞろい！
名物グルメを食べつくす

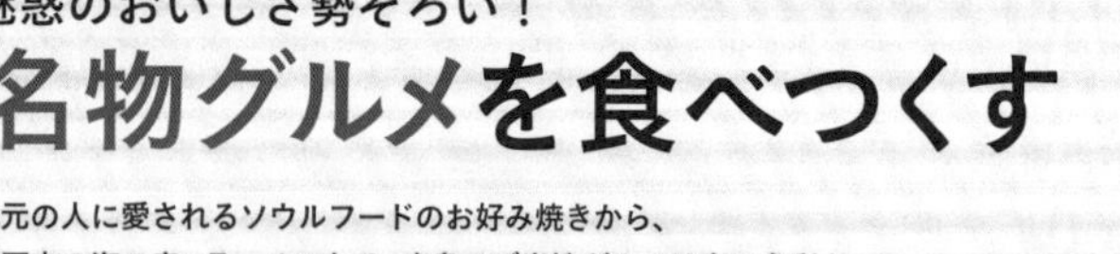

地元の人に愛されるソウルフードのお好み焼きから、
瀬戸内の海の幸、ラーメンまで、広島のご当地グルメは実に多彩！

お好み焼き

広島県民が愛する屋台発祥の味

point!
お好み焼きに欠かせないとろみのあるお好みソースは同店から誕生

point!
キャベツともやしの組み合わせが鉄板。相性がよくボリュームも◎

名物のワケ
薄い生地にたっぷりのキャベツと麺をのせたお好み焼きは広島のソウルフード。お好み焼き店は市内に約1500軒！

広島のお好み焼きの元祖
みっちゃん総本店 八丁堀本店
みっちゃんそうほんてん はっちょうぼりほんてん

昭和25(1950)年創業。創業者の井畝満夫氏は、広島風お好み焼きの生みの親。キャベツの切り方やシンプルな生地、こだわりの生麺など、注目すべきポイントが満載。

→P.24

広島に来たら味わいたい牡蠣焼き1150円

牛の肩バラの一部のコウネ950円も広島名物

ソース、マヨネーズ、レモスコ、唐辛子など、好みの調味料を組み合わせて味変を楽しんで！

カキ

ぷりぷりでクリーミー
濃厚な味わいを
point!
生、焼き、グラタンなどどんな調理法でもおいしく楽しめる

コースでも人気のグラタン(単品)1650円

名物のワケ
広島県は国内トップのカキ生産量を誇る。美しい瀬戸内海でのびのび育ったカキのおいしさは濃厚で格別!

瀬戸内海の幸を味わい尽くす
かき船かなわ
かきふねかなわ

慶応3(1867)年創業の日本料理店。カキをはじめ、瀬戸内の食材を贅沢に使った料理が気軽に楽しめる。1階はカジュアルな「瀬戸」、2階は料亭「和久」と、コンセプトが異なる。

→P.29

ココをCHECK!

「かき船」は江戸中期から始まったとされる。川沿いの美しい景色を眺めながら食事ができる

あなご

あなごめし発祥の老舗
うえの

連日開店とともに満席になる人気。秘伝のタレで焼き上げたあなごに、あなごのダシで炊き上げた味飯と、シンプルながら奥深い味わいが多くの人を魅了する。あなごめし上2800円。

→P.74

ココをCHECK!

point!
食堂で提供される出来立てと味が落ち着いた弁当の食べ比べも楽しい
100年以上前に誕生
宮島グルメの代表格

食事処は予約不可だが、弁当2700円〜の持ち帰りのみ予約可能

名物のワケ
「うえの」の初代が宮嶋駅(現在の宮島口駅)であなごめしを駅弁として販売したことがルーツとされる

尾道ラーメン

point!
スープに浮かぶ大きめの背脂が、あっさりスープにコクをプラス
素材の旨みが生きた
こだわり詰まった一杯

名物のワケ
80年以上前に誕生した、尾道を代表するローカルグルメ。尾道を中心に広島県東部で広く食されている

正統派のおいしさを届ける
尾道ラーメン 丸ぼし
おのみちラーメン まるぼし

昔ながらの尾道ラーメンを食べさせてくれると、地元客にも評判。旨みたっぷりの和ダシをベースに、瀬戸内の醤油を使って仕上げたラーメンは、スープまで飲み干したくなるおいしさ。 →P.131

ココをCHECK!

オリジナルの生麺や瀬戸内の小魚など、地元の素材にこだわる

HIGHLIGHT 04

見た目もかわいい♡ 愛されスイーツをハント

銘菓のもみじ饅頭やレモンケーキのほか、空間もすてきなレトロな喫茶店、フォトジェニックなパフェなども揃う広島はスイーツの宝庫！　あなたのお気に入りはどれ？

#嚴島神社をバックにパシャリ

その1 紅葉堂の揚げもみじは押さえておかなくっちゃ！

宮島観光のお供にぴったりの揚げもみじ1本200円。注文が入ってから揚げられるので、熱々が楽しめる。定番のあんこのほか、クリーム、チーズ、瀬戸内レモン、レアチーズ味も。

紅葉堂 本店 →P.76

#広島駅にも店舗があるよ

その2 キュートすぎるアートなパフェにキュン♡

#チョコレートにおぼれたい

チョコレート好きの店主が作るショコラパフェ2000円は、蝶々が花畑を舞う様子をイメージ。パフェにはガトーショコラやチョコレートアイスクリーム、ガナッシュなどがイン！

Daguet →P.92

その3 ころんとかわいいレモンケーキに釘付け♡

#どこか懐かしい味わい

しっとり食感のレモンケーキ生地にレモンピールを加え、レモンチョコレートで包んだPremium レモンケーキ まるっと島レモン1個250円。すっきりとした爽やかな味わい。

金萬堂本舗 本店 →P.50

その4 新感覚！レモンスイーツを連れて帰る

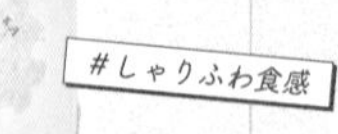

#しゃりふわ食感

レモンの果汁と果皮にゼラチンを加え、泡立て固めたギモーヴと琥珀羹を組み合わせた淡雪花4個入り1040円は、しゃりふわ、ぷるぷるの不思議な食感。見た目もすてき！

藤い屋 本店 →P.48、50、76

広島県産フルーツが包まれた大福に注目

看板商品の元祖はっさく大福1個194円を中心に、甘夏大福や、ブルーベリー大福、くり栗大福、いちご大福など季節のフルーツ大福がずらり。かわいいパッケージにも注目♪

もち菓子のかしはら →P.56

#はっさく大福が定番

ノスタルジックなレトロ喫茶で味わうクリームソーダ

#すっきり飲みやすい♪

#看板もすてき！

昭和51(1976)年創業の老舗喫茶店では、店主夫妻が愛する南の島の海をイメージした、鮮やかなブルーのクリームソーダが人気。レトロな調度品や内装にも注目！

ボラボラ 立町店 →P.42

広島アンデルセンでお気に入りのパン探し

#パンの種類豊富！

昭和42(1967)年にオープンした老舗ベーカリー。バラエティ豊かな食事用パンが並ぶマーケットのほか、こだわりメニューが楽しめるレストランも。

広島アンデルセン →P.38

#レトロかわいいパッケージ

その8

ご当地スイーツ メロンパンをゲット

#鮮やかで映える♪

戦前から呉で愛され続けているメロンパン1個225円は、ラグビーボール型のメロンパンの中に特製クリームがたっぷり詰まっていてボリューム満点！広島駅などでも購入できる。

メロンパン本店 →P.113

変わらぬおいしさのバターケーキをゲット

#売り切れ必至！

長崎でカステラの製法を研究した初代店主の、地元・広島で親しまれるお菓子を作りたいという思いから生まれた。濃厚なバターの風味がたまらない！

バターケーキの長崎堂 →P.58

素材の背景にこだわったチョコレート

#ユニークなパッケージ

旅で出会った素材を使用した様々なブレンドチョコレートを販売。個性的なパッケージが印象的なチョコレート810円～。産地の名前がついている。

USHIO CHOCOLATL →P.125、137

広島アンデルセン本店では、パンの購入のほかパン食べ放題がついたランチも楽しめる（→P.38）。

HIGHLIGHT 05

ひと足のばして

広島&瀬戸内アートスポットへGO

広島周辺には、個性的なアートスポットがいっぱい。ここでしか見られない唯一無二の作品に感動するはず。訪れるなら1日プラスするのがおすすめ。

瀬戸内海の海辺に立つ唯一無二の美術館

非日常的な風景！

造船技術を活用し水の浮力で動かせるように

©SIMOSE

下瀬美術館の楽しみ方

1 全面ガラス張りの渡り廊下を渡って館内へ

©SIMOSE

渡り廊下を含めた全ての外壁が全長190m、高さ8.5mの「ミラーガラス・スクリーン」で一体化されている

アンリ・マティス《青いチュチュの踊り子》

2 可動展示室がスゴイ！

広島の造船技術を活用した水盤の上に佇む8つの可動展示室は、建築家の坂茂氏が瀬戸内海の島々から着想した

エミール・ガレ《ケマンソウ(ハートの涙)》

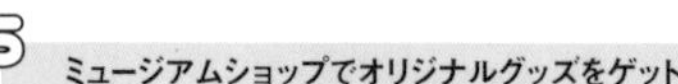

3 望洋テラスからの眺望に感動

©SIMOSE

企画展示棟の外では水盤に並ぶ8色に彩られた可動展示室など、SIMOSEの建築と自然が調和した景色を楽しめる

4 自然豊かなエミール・ガレの庭を散策

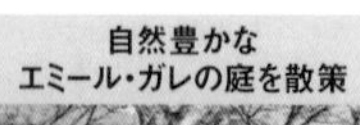

©SIMOSE

自然をモチーフとした作品を手掛け、植物学者でもあったガレの作品に登場する草花を中心に植栽された庭園

5 ミュージアムショップでオリジナルグッズをゲット

©SIMOSE

©SIMOSE

所蔵品をプリントしたグッズやエミール・ガレの技法を再現したガラス作品など、SIMOSEならではの商品を販売

6 瀬戸内海を眺められるミュージアムカフェでのんびり

穏やかな瀬戸内海を眺めながらくつろげるカフェ。瀬戸内のフルーツを使ったデザートや軽食をいただける

Good!

©SIMOSE

どこを切り取ってもすてきな空間

下瀬美術館

しもせびじゅつかん

「アートの中でアートを観る。」がコンセプト。日本人形からエミール・ガレの西洋工芸、マティスやシャガールまで幅広いコレクションを所蔵・展示。

大竹市晴海2-10-50
☎0827-94-4000
営 9:30～17:00(入場は16:30まで) 休 月曜
料 1800円 交 こいこいバス「ゆめタウン」から徒歩5分 P73台
大竹 ▶MAP 別P.2 A-2

©SIMOSE

南薫造「串山のみかん畑」

どっしりと落ち着いた
佇まいがすてき

小林古径「牡丹」

本格的な木造建築の美術館

蘭島閣美術館

らんとうかくびじゅつかん

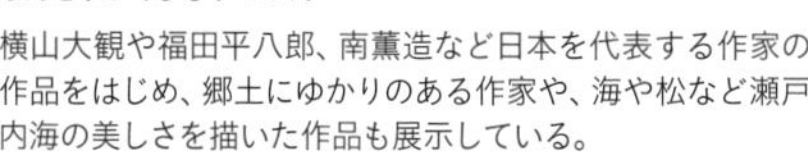

横山大観や福田平八郎、南薫造など日本を代表する作家の作品をはじめ、郷土にゆかりのある作家や、海や松など瀬戸内海の美しさを描いた作品も展示している。

🏠呉市下蒲刈町三之瀬200-1　☎0823-65-3066　営9:00～17:00（入場は16:30まで）
休火曜　料一般500円　交バス停三之瀬下車から徒歩5分　🚗P50台
呉 ▶MAP 別P.2 B-2

島に溶け込む
個性的なアート作品
空と海の青と作品の
黄色の組み合わせが
すてき！

1 瀬戸田サンセットビーチにはさまざまな作品が
2 青空に映えるモニュメント。眞板雅文／空へ
3 白い三角形の帆。波の翼／新宮晋

アート作品と風景の融合

島ごと美術館

しまごとびじゅつかん

1989年から開催された世界一小さなアートプロジェクト「瀬戸田ビエンナーレ」によって設置された17作品。独創性豊かな野外アート作品からお気に入りのものをみつけてみよう。

→P.139

こちらもチェック✓

ノスタルジックな並木道

美術館通り

びじゅつかんどおり

19点の彫刻作品が並ぶ呉市立美術館へと続く通り。「手づくり郷土賞」や「日本の道100選」に選ばれている。

→P.110

下瀬美術館内のSimose Art Garden Villa（→P.9）には、森のヴィラと水辺のヴィラの2エリアが。

宮島の誕生物語

霊峰・弥山を主峰とする険しい山々が連なり、奥深い原生林に覆われた宮島。その神秘的な姿は、古くから自然崇拝の対象とされてきた。嚴島神社の社名に残る「いつくしま」は、「神に仕える島」を意味する宮島の古名だ。
島全体がご神体とされる宮島に人が住みはじめたのは、鎌倉時代末のこと。まず神職や僧侶、続いて庶民が暮らすようになった。戦国時代には、毛利元就が陶晴賢を奇襲した「厳島合戦」の舞台にもなっている。

歌川貞秀「厳島合戦図」(写真提供/宮島歴史民俗資料館)

宮島年表

593年	(推古天皇元年)	嚴島神社創建といわれる
806年	(大同元年)	弘法大師が唐からの帰朝の途次、弥山を開基
1146年	(久安2年)	平清盛が安芸守に
1160年	(永暦元年)	平清盛社参
1236年	(嘉禎2年)	社殿再建、外宮完成
1241年	(仁治2年)	本宮完成
1555年	(弘治元年)	毛利元就が陶晴賢を破る(厳島合戦)
1643年	(寛永20年)	林春斎『日本国事跡考』出版
1866年	(慶応2年)	勝海舟・木戸孝允、大願寺で長州戦争の休戦談判をする
1923年	(大正12年)	宮島全島が史跡名勝に指定
1996年	(平成8年)	嚴島神社が世界文化遺産に登録

参考:一般社団法人宮島観光協会HP

嚴島神社の由来と平清盛による大改修

宮島のシンボル・嚴島神社の創建は、推古天皇元(593)年にさかのぼるとされる。現在のような社殿が誕生したのは仁安3(1168)年。嚴島神社をあつく信仰した安芸守・平清盛が、夢のお告げを受けて数年がかりで造営したと伝わる。火災や自然災害にも見舞われるが、清盛による造営時の様式を守って再建・修復され、仁治年間(1240〜43)以降に再建された社殿が現在も残っている。

宮島桟橋の近くに立つ平清盛像

日本三景として有名に そして世界遺産に

美しい嚴島神社を中心とする宮島は、近世には観光地として親しまれ、「お宮のある島」という意味から「宮島」の呼称が定着。江戸時代前期の儒学者・林春斎は、陸前の松島・丹後の天橋立・安芸の宮島を優れた景観と称え、これらは現在も「日本三景」として知られる。嚴島神社は1996年に世界文化遺産に登録され、日本を代表する観光名所となっている。

海上にそびえる大鳥居

改修の歴史

海の上に立つ嚴島神社の社殿には、海水の影響を緩和するための工夫が凝らされている。廻廊の床板に隙間を作って水圧を逃がすといった構造面での対策に加え、定期的な改修工事も実施されている。2022年には大鳥居の改修工事が完了した。

嚴島神社・改修の歴史

593年	(推古天皇元年)	嚴島神社創建
1168年	(仁安3年)	現在の姿の社殿を造営
1207年	(承元元年)	火災で社殿焼失。その後再建
1223年	(貞応2年)	再び火災により社殿焼失
1236年	(嘉禎2年)	社殿再建、外宮完成
1241年	(仁治2年)	本宮完成
1850年	(嘉永3年)	大風で大鳥居・社殿大破
1875年	(明治8年)	大鳥居再建
1901年	(明治34年)	明治・大正の大修理
1919年	(大正8年)	大修理完成
1945年	(昭和20年)	枕崎台風で社殿被災
1949年	(昭和24年)	昭和大修理開始
1957年	(昭和32年)	昭和大修理竣工
2004年	(平成16年)	台風18号で社殿被災
2019年	(令和元年)	大鳥居の改修工事開始
2022年	(令和4年)	大鳥居の改修工事終了

弘法大師が開いた弥山

島の中央部にそびえる霊峰・弥山(標高535m)は大同元(806)年、弘法大師空海によって開かれた。山頂付近の霊火堂には、弘法大師が灯したと伝わる「消えずの火」が燃え続けている。
初代内閣総理大臣・伊藤博文も弥山を信仰し、霊火堂の前の弥山本堂に直筆の額を寄進。山頂からの眺めを「日本三景の一の真価」と評し、登山道の整備まで行ったそう。

山頂からの眺め(→P.78)

嚴島神社の修理を担った大願寺

明治時代に神仏分離政策がとられるまで、神社と寺院のつながりは密接で、僧侶が神社の運営や祭事に携わることもあった。
大願寺(→P.73)は、かつて嚴島神社の普請奉行を務め、嚴島神社をはじめとする島内社寺の修理・造営を担った。大願寺にまつられる嚴島弁財天は、もともと嚴島神社に安置されていたが、神仏分離令に伴って同寺に移されたという。

寺めぐりも
おすすめ

弁財天をまつる大願寺の本堂

WHAT

宮島の鹿のヒミツ

島のいたるところで出合う鹿は、観光目的で連れてこられたのではなく、自力で海を泳いで渡ってきたといわれる。そんなたくましい鹿も、近年は人間になれすぎ、野生で生きられない個体が増えているそう。餌やりなどはせず、見守るだけにとどめよう。

宮島の伝統工芸品

社寺造営のため一流の職人が集まった宮島では、宮島細工と呼ばれる優れた木工品が生み出された。弁財天の琵琶をかたどった縁起物として江戸時代末期から作られはじめた杓子、ろくろで木地を削るろくろ細工、手彫りで繊細な図案を描く宮島彫りなどがある。

福を
めしとる

大小さまざまな杓子は宮島土産の代名詞

木の質感を生かしたろくろ細工の茶道具

緻密で立体的な彫刻が施された宮島彫りの盆

もみじ饅頭の発祥は宮島!?

広島土産の定番、もみじ饅頭の発祥は、創業170年を数える宮島の老舗旅館・岩惣(→P.82)。明治39(1906)年頃に女将を務めていた栄子さんが、「岩惣でしか味わえない宮島らしいお茶菓子を」と、ハイカラなカステラ生地の饅頭を考案したのがはじまり。

何度でも
食べたい味!

定番のこしあんのほか、珍しい味も(→P.48)

消えずの火は、広島平和記念公園の「平和の灯」の元火として使われている。

広島といえばこれ！ 01 ド定番なお好み焼きが食べたい！

薄く伸ばした生地、たっぷりのキャベツと麺が広島のお好み焼きの特徴。
市内に150軒あるといわれるお好み焼き店を、まずは王道から攻めてみよう！

名物 point 1
素材にこだわりぬいたオリジナルソースはあっさりフルーティー！

名物 point 2
生麺を使うから中はふっくら、表面はパリッと。ソースにもよく絡む

麺は表面がパリッ、中がふっくら
七十余年の技をご堪能あれ

menu
そば肉玉子
930円
生地はふっくら、麺はパリッと。毎日食べても飽きない味わい

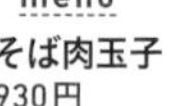

HOW
広島流お好み焼きの作り方

1. 薄く伸ばした生地に野菜や豚肉などをのせていく
⇩

2. 麺、具、卵を合わせ鉄板で蒸らし押さえながら焼く
⇩

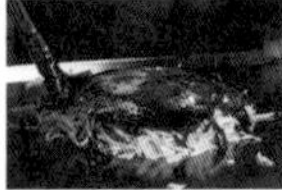

3. オリジナルソースをかけて完成。ヘラで直接食べよう

元祖広島流の味を守り続ける
みっちゃん総本店 八丁堀本店
みっちゃんそうほんてん はっちょうぼりほんてん

昭和25年（1950）、屋台から始まった老舗。とろりとしたソースや、パリパリ中華麺、ヘラで食べるスタイルの元祖。麺は有名店御用達の「いその麺」を使用。

🏠 広島市中区八丁堀6-7　☎ 082-221-5438
営 11:30～LO14:00、17:30～LO20:30 ※土・日曜、祝日は11:00～LO14:00、17:00～LO20:30
休 火曜　交 広電八丁堀電停から徒歩3分　🚗 Pなし　八丁堀 ▶MAP 別P.6 C-2

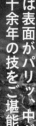

これもオススメ
牡蠣焼き
1150円
広島産牡蠣を鉄板でジューシーに。プリプリ食感がたまらない

火力使いが「パリッ」の秘訣
双子卵のサプライズも！

menu
そば肉玉
930円
天かすはイカ天。黄身が2個入った二黄卵を使用するのもこだわり

焼きテクには自信があります！

待ってでも絶対食べたい「麺パリ」

薬研堀 八昌

やげんぼり はっしょう

2種類の鉄板で火力を使い分け、時間をかけて麺をパリパリに。じっくり蒸すため焼き上がりに20～30分かかるが、目の前で焼き上げるライブ感を求めて行列ができる。

🏠広島市中区薬研堀10-6 ☎082-248-1776
営16:00～22:30（日曜、祝日は～21:00）
休月曜、第1･3火曜
交広電銀山町電停から徒歩7分 🚗Pなし
八丁堀 ▶MAP 別P.7 D-2

懐かしの味を食べに来てください！

お好み焼きのスタンダードを築いた老舗

元祖へんくつや 総本店（本店・新天地店）

がんそへんくつや そうほんてん（ほんてん・しんてんちてん）

戦後の屋台村時代から変わらぬ味を求めて、地元客も多く訪れる。ふっくらとした焼き上がりと、断面の美しさにうっとり。ソースは辛めでコクのあるサンフーズ製を使用。

🏠広島市中区新天地2-12 ☎082-242-8918
営11:00～24:00 休不定休
交広電八丁堀電停から徒歩3分 🚗Pなし
八丁堀 ▶MAP 別P.6 C-2

とん平焼
800円
こちらもファンの多い一品。たっぷりのネギが食べ応え満点

これもオススメ

menu
そば肉玉
900円
大きめの生地で蓋をすることで、キャベツがジューシーに蒸し上がる

menu
長田屋焼
1450円
ネギたっぷりでパンチある一枚。生エビ、イカ天入りで香ばしい

バリエ豊富なトッピングで
食材のハーモニーを楽しめる

平和記念公園近く、若者にも人気の店

お好み焼 長田屋

おこのみやき ながたや

10種類以上のトッピングが揃い、好みの具材をカスタマイズできる。みじん切りのタマネギを加えて、甘みをプラス。トマトたっぷりのソースはオリジナルの特注。

🏠広島市中区大手町1-7-19
☎082-247-0787
営11:00～LO20:00 休火曜、第2･4水曜 交広電原爆ドーム前電停から徒歩3分 🚗Pなし
平和記念公園周辺 ▶MAP 別P.6 B-2

とんこつソースで麺を炒めるのも長田屋流

これもオススメ

肉玉そば
860円
まずは定番をという人はコチラ。チーズトッピングもオススメ

EAT 02

めざせお好みマスター！

個性派お好み焼きもハズせない

王道もいいけれど、工夫を凝らした個性派も気になるあなたへ。
珍しいトッピングや面白いフォルム、カラフルなビジュアルで目でも楽しめる。

バラエティ豊富！

ここがトクベツ！ 4種から麺を選んでカスタマイズ可能

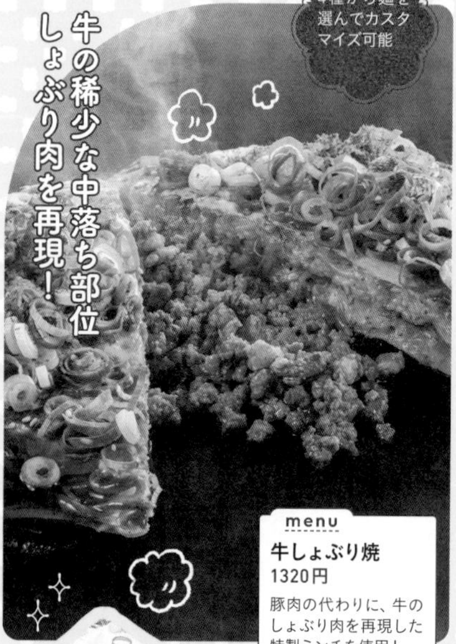

牛の稀少な中落ち部位しょぶり肉を再現！

menu
牛しょぶり焼
1320円
豚肉の代わりに、牛のしょぶり肉を再現した特製ミンチを使用！

これもオススメ
牡蠣のバター焼き
1040円
広島産の大ぶりのカキをこんがりと鉄板で焼いた人気メニュー

Good!

ビジュアルに技アリ

ここがトクベツ！ 押さえつけずに包み込むためふっくらと焼き上がる

オムレツスタイルで野菜と麺をふんわりと

menu
電光石火
1360円
ドーム型の珍しい形。刻み大葉を入れることで、爽やかな味わいに

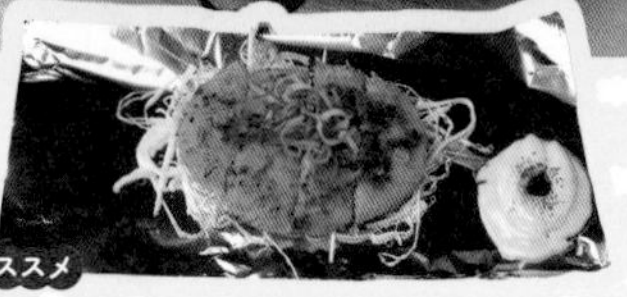

これもオススメ
がんす
555円
広島の家庭ではポピュラーなピリ辛風味の練り物

一風変わったメニューに注目

ちんちくりん 薬研堀本店

ちんちくりん やげんぼりほんてん

創業約25年の個性派名店。お好み焼きはもちろん、鉄板焼きや揚げ物など、オリジナリティあふれる70種以上のメニューを揃える。食感や風味が違う4種類の麺から選べるのも魅力。

広島市中区田中町6-3
☎082-240-8222 営17:00～23:30 休火曜 交広電胡町電停から徒歩10分
Pなし
八丁堀 ▶MAP 別P.7 D-3

独特のドーム焼きで柔らかさを追求

電光石火 駅前ひろば店

でんこうせっか えきまえひろばてん

店名を冠した電光石火は、薄く焼き上げた卵でオムレツのように具材を包み込む個性派。なるべくヘラで押さえず、食材の食感を生かしふわっと軽やかに仕上げている。

広島市南区松原町10-1 広島フルフォーカスビル6F ☎082-568-7851 営10:00～22:00LO 休無休 交JR広島駅から徒歩3分
Pなし
広島駅周辺 ▶MAP 別P.7 D-1

WHERE

混雑を避けやすい穴場は？

行列店に並ぶ時間がない時は、人気店が集まる複合施設を攻めるのも手。気軽に数軒ハシゴできるのも魅力だ。

お好み村
おこのみむら

戦後の屋台村が集合施設に変身。新旧さまざまな23店が入る。

広島市中区新天地5-13 新天地プラザビル2～4F ☎082-241-2210(事務局) 営 休 店舗により異なる 交 広電八丁堀電停から徒歩3分 Pなし 八丁堀 ▶MAP 別P.6 C-2

ひろしまお好み物語 駅前ひろば
ひろしまおこのみものがたり えきまえひろば

個性派お好み焼き店が並ぶほか、セルフお好み焼きスペースも。

広島市南区松原町10-1 広島フルフォーカスビル6F ☎082-568-7890 営 休 店舗により異なる 交 JR広島駅から徒歩3分 Pなし 広島駅周辺 ▶MAP 別P.7 D-1

ピリッとスパイシー

ここがトクベツ！ 個性的なトッピングとサイドメニューが魅力

ピリ辛ハラペーニョでお酒のアテになる一枚

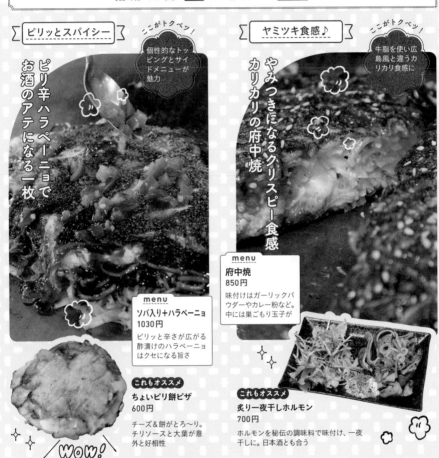

menu
ソバ入り＋ハラペーニョ
1030円
ピリッと辛さが広がる酢漬けのハラペーニョはクセになる旨さ

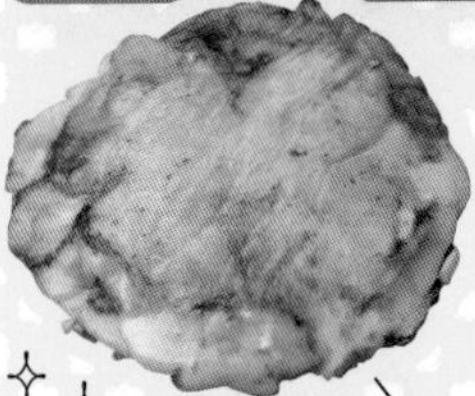

これもオススメ
ちょいピリ餅ピザ
600円
チーズ＆餅がとろ～り。チリソースと大葉が意外と好相性

WOW!

ヤミツキ食感♪

ここがトクベツ！ 牛脂を使い広島風と違うカリカリ食感に

やみつきになるクリスピー食感 カリカリの府中焼

menu
府中焼
850円
味付けはガーリックパウダーやカレー粉など。中には巣ごもり玉子が

これもオススメ
炙り一夜干しホルモン
700円
ホルモンを秘伝の調味料で味付け、一夜干しに。日本酒とも合う

「Lopez」仕込みのラテンスタイル

Masaru
マサル

人気店・八昌で修業した南米出身のシェフが営む「Lopez」から独立した実力派。全席鉄板のカウンターで提供するパリッと麺のお好み焼きが評判。広島駅から徒歩圏内で使い勝手も抜群だ。

広島市東区光町2-14-24 ☎082-263-0234 営 11:30～14:00、17:30～23:00 休 火曜 交 JR広島駅から徒歩10分 Pなし 広島駅周辺 ▶MAP 別P.7 F-1

初めての食感に出合える一軒

お好み焼き じゅにあ
おこのみやき じゅにあ

カウンター8席のみのアットホームな店。お好み焼きも人気だが、ぜひ食べたいのが豚バラの代わりに牛脂ミンチで表面をカリカリに焼き上げる府中焼。お酒が進むサイドメニューも多彩。

広島市中区立町3-21 ☎082-247-1033 営 12:00～14:00LO、18:00～22:00LO 休 月曜 交 広電立町電停から徒歩2分 Pなし 広島本通商店街周辺 ▶MAP 別P.6 C-2

味の決め手となるお好みソースも種類豊富。定番品からレアなご当地ソースまで味の違いを楽しんで。

EAT 03

とろける食感がたまらない！

バラエティ豊かなカキ料理を堪能！

広島県のカキは全国一の生産量を誇るだけでなく、味わいも格別。
かき小屋で豪快に、コースで上品に、バルでお酒と。好みのスタイルで楽しんで。

Location 1 かき小屋

焼いて楽しい！ 食べておいしい！

WHAT

広島カキ

広島県はカキ生産量国内トップ。美しい瀬戸内海でのびのびと育ったカキはクリーミーで濃厚な味わい。

menu

殻付き牡蠣一皿
1100円
穏やかな瀬戸内海で採れるカキは、大粒で濃厚な甘みが特徴

これもオススメ

カキ飯
500円
ご飯に染みたカキの旨みがたまらない。テイクアウトも◎

WOW!

幅広い年代から支持される有名店

ミルキー鉄男のかき小屋 宇品店

ミルキーてつおのかきごや うじなてん

炭火を使って焼き上げるライブ感が楽しい。瀬戸内海で採れる身入りのよいカキだけを厳選し提供する。スタッフが楽しみ方を一から教えてくれるため、カキ小屋ビギナーでも安心だ。

住 広島市南区宇品海岸1-14 広島みなと公園内 ☎080-1630-8970 営10月中旬～5月上旬の10:30～21:00(LO20:00) 休水曜 交広電広島港電停から徒歩2分 車広島みなと公園駐車場を利用(290台)

広島港周辺 ▶MAP 別P.3 F-3

HOW

かき小屋の楽しみ方

ずらりと並ぶカキから好きなものをチョイス

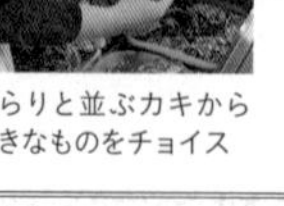

裏と表を3分ずつ焼けばベストの食べごろに

広島産レモン220円をかけるとおいしさ倍増

menu
かきの喰い切りコース
1万3200円
生ガキや、かきと林檎のグラタンなど名物カキ料理が勢揃い

ロケーションも最高です！

老舗かき船の船上でカキのフルコース

Location 2
かき船

これもオススメ

生かきとスパークリングワインセット
1980円
プリッとしたカキの食感をシンプルに楽しめる

かきと林檎のグラタン（単品）
1650円
くりぬいたリンゴを器に。カキの旨みとリンゴの甘みが融合

カジュアル＆料亭の2フロアを用意
かき船かなわ
かきふねかなわ

創業150年超の日本料理店。予約なしで気軽に楽しめる「瀬戸」と完全予約制の料亭「和久」の2フロアがあり、瀬戸内海側にある専用の無人島で採取する濃厚なカキを堪能できる。

広島市中区大手町1地先 ☎082-241-7416 営 瀬戸11:00～14:30、17:00～LO20:00／和久11:00～14:00、17:00～LO20:00 休 無休 交 広電原爆ドーム前電停から徒歩4分 Pなし
平和記念公園周辺 ▶MAP 別P.6 B-2

Location 3
オイスターバー

menu
オイスターロックフェラー2P（手前）
980円
名物の殻付きグラタン。アヒージョ1180円（中央）も人気

これもオススメ
おまかせ生牡蠣3種盛り
1750円
そのほか、全国のカキを単品でも注文可能

季節替わりのカキを堪能
広島オイスターバー MABUI袋町店
ひろしまオイスターバー マブイふくろまちてん

国内外から新鮮なカキを仕入れ、常時10種以上を提供。時期や季節によって並ぶカキが変わり、一年中さまざまな味を楽しめる。爽やかに香る広島産レモンをたっぷりかけていただこう。

広島市中区袋町2-26 ☎082-249-2490 営 11:30～14:30、17:00～23:00 休 不定休 交 広電本通電停から徒歩3分 Pなし
広島本通商店街周辺 ▶MAP 別P.6 C-2

Location 4
フランス料理専門レストラン

menu
ディナータイムフルコース
5500円（サ別）
冬季のオードブルはカキのオーブン焼き「オイスターヴァリエ」

これもオススメ
フランス弁当
2000円～（写真は4000円）
お店の味をそのまま詰め込んだテイクアウト用の弁当も人気

カキの創作料理を江波山公園で
Chez Yamarai
シェ ヤマライ

漁師たちの集う茶屋として明治33（1900）年に創業。地元・江波のカキを使った「オイスターヴァリエ」が名物。ランチ、ディナーのコースで。

広島市中区江波南1-40-2 江波山公園内 ☎082-294-1200 営 12:00～14:00、18:00～20:00（月曜は～20:00） 休 火曜、月曜不定休 交 広電江波電停から徒歩15分 公園内駐車場を利用
広島市郊外 ▶MAP 別P.3 E-3

広島湾では古くから天然カキが採れ、縄文時代や弥生時代の貝塚からもカキの殻が見つかっている。

EAT

04

鮮度抜群！
瀬戸内の海の幸でカンパイ！

カキはもちろん、小イワシやタコなどの海の幸に恵まれた瀬戸内海。
多彩な調理法で供される魚介料理を地酒と一緒にご堪能あれ。

日本酒ファンが集う 隠れ家的な海鮮居酒屋

menu

刺身の盛り合わせ　1人前1800円
穴子の白焼き　1500円〜
小イワシの天ぷら　700円

刺身はタコやイワシ、夜鳴貝などを厚めのカットで。アナゴは獲れたてを香ばしく焼き上げて。小イワシの天ぷらは塩でシンプルに

味・人・空間、三拍子揃う名酒場

繁華街の雑居ビルの地下にひっそりと佇む。地元人も御用達の酒場だ

広島旅行の際はリピート必至

酒肆なわない
しゅしなわない

毎朝鮮魚店へ出向いて仕入れるという魚介は、瀬戸内の地ものが中心。新鮮な素材の旨みを生かした多様なメニューと珍しい銘柄の地酒が揃う、知る人ぞ知る名店。

住 広島市中区銀山町12-10 藤観ビル B1F
☎ 082-248-0588
営 17:00〜24:00　休 日曜
交 広電銀山町電停から徒歩5分
P Pなし
八丁堀 ▶MAP 別P.7 D-2

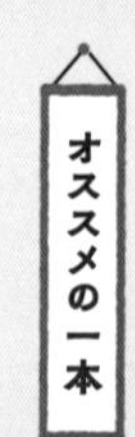

蓬莱鶴1合1100円。一人杜氏が醸す生産量の少ない地酒

WHAT

はずせない広島の魚介

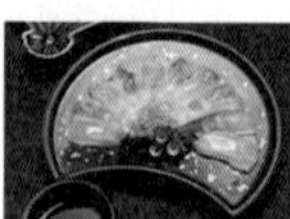

タコ
三原沖で揚がるタコは、身が引き締まり、コリコリとした食感が特徴

アナゴ
宮島のあなごめしをはじめ、広島全域で食される。やわらかく旨みが深い

小イワシ
脂がのった小イワシのおいしさは鯛と同等とも。刺身で食べても◎

目利きの店主による
丁寧な仕事が光る海鮮割烹

menu
お造り盛り合わせ　1人前1650円〜
穴子白焼き　1980円
牡蠣の葱みそ焼き　1210円

お造りは日替わりで旬のものを。牡蠣の葱みそ焼きはネギの甘みとカキの旨みが口の中で調和する

オススメの一本

澄川酒造場とタッグを組んだ「東洋美人 石まつスペシャル」グラス800円

1 創業70年以上の割烹料理店。食材は店主自ら厳選。2 昭和23（1948）年に新天地で創業した「酒処石松」が原点

先代の味を継ぎ手作りにこだわる

石まつ三代目

いしまつさんだいめ

繊細なメニューの数々は、カラスミや漬物も手作りするなど、丁寧な仕事が光る。地酒は広島中四国のものを中心に60銘柄以上という種類の豊富さも魅力だ。

🏠 広島市中区流川町3-14
☎ 082-241-9041
営 18:00〜22:00LO
休 日曜、祝日
交 広電胡町電停から徒歩5分　🚗 Pなし
八丁堀
▶MAP 別P.6 C-2

一人でも大人数でもくつろげる

いちりん

瀬戸内海の島・豊島などでその日獲れた鮮魚を中心に、広島産の食材を使い、趣向を凝らした調理法で提供。ハーフポーションにも応じてくれるので一人客にもうれしい。地酒もお手頃価格。

🏠 広島市中区三川町10-12 STビル2F　☎ 082-247-3697
営 17:00〜23:30　休 日曜　交 広電袋町電停から徒歩7分　🚗 Pなし
八丁堀 ▶MAP 別P.6 C-3

menu
お造り盛り合わせ
1420円
酒肴盛り合わせ
2人前1200円〜（時価）
水晶焼（三原産地タコ）
980円

お造りは日替わりの6〜7種。水晶で焼くことで食材の旨みが引き出される水晶焼は、牛肉もセレクト可。

獲れたての天然鮮魚を
スタイリッシュな空間で

おひとり様も
ファミリーも
大歓迎♪

カウンターはライブな調理風景を見られる特等席

オススメの一本

店主イチオシの賀茂金秀特別純米辛口はキレのある後味。グラス660円

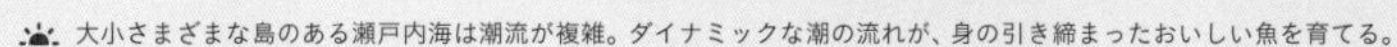
大小さまざまな島のある瀬戸内海は潮流が複雑。ダイナミックな潮の流れが、身の引き締まったおいしい魚を育てる。

EAT 05

いい汗かいてデトックス！

ウマ辛ご当地麺を食べ比べ

汁なし担々麺

朝挽き山椒の香りが際立つ

シビレ好きにはたまりません

〆のご飯もお忘れなく！

menu
汁なし担担麺
650円
辛さは1〜4辛まで。山椒の香りが鼻に抜けて、爽やかな味わい

A

B

トッピングのセロリ150円も人気

menu
汁なし担担麺（並）
770円
1辛から4辛まで辛さを選べる。お子様には0辛がおすすめ

元祖の味はやっぱり格別！

変化球を体験してみてください

一番人気はあぶりチーズ

C

WHAT
汁なし担々麺
2000年代に誕生したご当地グルメ。唐辛子だけでなく花椒による辛み＆シビレが特徴。最後はタレをご飯に絡めて〆よう。

menu
あぶりチーズ
750円
クリーミーさが絶品。麺はタレとよく絡むように中太平打ち手もみ麺

WOW!

汁なし担々麺の火付け役

A 中華そばくにまつ

ちゅうかそばくにまつ

汁なし担々麺をご当地料理として確立した店。自家製麺所の麺はコシがあり、もちもちした食感。特製ラー油を使った、辛いだけでなく、奥深い旨みがあるタレを絡めてどうぞ。

🏠広島市中区八丁堀8-10 清水ビル1F ☎082-222-5022
営11:00〜15:00、17:00〜20:00
休土・日曜 交広電立町電停から徒歩3分 🚗Pなし
八丁堀 ▶MAP 別P.6 C-2

くせになるしびれと辛み

B 汁なし担担麺専門 キング軒 大手町本店

しるなしたんたんめんせんもん キングけん おおてまちほんてん

自分好みの辛さや量を選べる汁なし担々麺の専門店。毎朝店内で挽く山椒は、驚くほど香りが高く、タレとのバランスが抜群。食べ方が店内壁に貼られており、初訪でも安心。

🏠広島市中区大手町3-3-14 武本ビル1F ☎082-249-3646 営11:00〜15:00、17:00〜20:00（土曜、祝日は昼のみ営業） 休日曜 交広電中電前電停から徒歩2分 🚗Pなし
平和記念公園周辺 ▶MAP 別P.6 B-3

多彩なアレンジのスパイシー麺

C 麺屋 麻沙羅

めんや まさら

チリトマトやスパイシーチーズカレーなどの変わりダネが豊富。ラー油には世界各国の香辛料10種をブレンドし、奥ゆきのある複雑な味わい。辛さとしびれを選べる。

🏠広島市中区大手町2-6-8 大手町ビル1F ☎082-205-6178
営11:00〜14:30、17:30〜20:30（日曜、祝日は昼のみ営業）
休月曜（祝日の場合は営業）
交広電袋町電停から徒歩2分
🚗Pなし
平和記念公園周辺 ▶MAP 別P.6 B-2

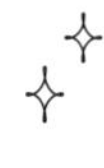

広島つけ麺

中国・四川省生まれの担々麺をベースに、独自に進化した広島の担々麺。一方でつけ麺は、戦後すぐに登場したソウルフード。どちらも店自慢のタレや麺の味わいを楽しみたい。

menu
定番つけ麺 普通
980円
タレは魚介だしと醤油ベースのスープと香辛料をブレンド。

D

酸味が苦手な方にもオススメ

もちもちの麺ともよく絡む

menu
廣島つけ麺（冷並）
919円
つけダレは魚介だしベースの和風醤油ダレとゴマダレから選べる

卓上の辛みダレで辛さを調節できます

F

和風醤油ダレorゴマダレから好みで

タレはあっさりした辛旨系です

menu
普通
1100円
辛さは7段階。辛めなので、控えめにして追加する方がベター

野菜の鮮度にこだわった一杯

E

WHAT
広島つけ麺
よく知られるつけ麺とは異なり、麺にゆで野菜が盛られていることが多い。つけダレは辛口で、真っ赤なスープにゴマがたっぷり。

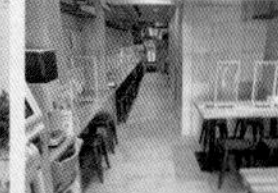

もちもちの熟成麺とマイルドな辛さが特徴

D つけ麺本舗辛部 十日市店
つけめんほんぽからぶ とうかいちてん

やや太めの玉子麺そのものを味わってほしいと、醤油と酢の配合が少なく酸味が控えめのつけダレを使用。辛さは30段階。辛さをアップするごとに旨みがアップして、より濃厚な味わいに。

🏠広島市中区十日市町1-4-29 1F
☎082-294-2225 営11:30～15:00、18:00～23:00（各15分前LO）
休不定休 交広電本川町電停から徒歩2分 🚗Pなし
平和記念公園周辺 ▶MAP 別P.6 A-2

辛さと旨さが後を引く

E 冷めん家 大手町店
れいめんや おおてまちてん

広島つけ麺の元祖で修業した店主が営む2番目に古い専門店。たくさん使用する野菜にはこだわり、その時々で状態の良い産地のものを使用。麺はコシがありもちもち。

🏠広島市中区大手町2-4-6 ソフィア大手町1F ☎082-248-7600
営11:00～14:00、18:00～21:00
休日曜、祝日 交広電原爆ドーム前電停から徒歩5分 🚗Pなし
平和記念公園周辺 ▶MAP 別P.6 B-2

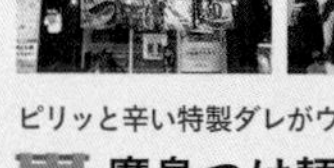

ピリッと辛い特製ダレがウリ

F 廣島つけ麺本舗 ばくだん屋 本店
ひろしまつけめんほんぽ ばくだんや ほんてん

広島県内に複数店舗を構える有名店。のど越しツルツルの麺と、ピリ辛の特製和風醤油ダレが相性抜群だ。チャーシューは脂身が少なく、さっぱり食べられる。

🏠広島市中区新天地2-12 トーソク新天地ビル1F ☎082-546-0089
営11:30～LO14:30、18:00～LO21:30
休水曜
交広電八丁堀電停から徒歩3分
🚗Pなし
八丁堀 ▶MAP 別P.6 C-2

汁なし担々麺は、お酢や薬味で味を変えたり、残った汁にご飯を入れたり、自分好みにアレンジするのも楽しい。

EAT 06

スイーツだけじゃないんです。
レモングルメを極めたい！

まろやかな酸味の広島レモンは、さまざまな料理に使える万能選手。
洋食や和食、中華まで、個性豊かなレモングルメを味わってみよう！

さっぱり×こってりクセになる味わい

NICE

レモンの爽快な酸味が口中にひろがる！

menu
レモンカルボナーラ
1188円
瀬戸内レモンが贅沢にちりばめられ、最後の一口までさっぱり

明るくおしゃれな雰囲気がただよう、クルーズ船をイメージした店内

1瀬戸内レモンソーダ528円。甘さ控えめすっきり2ワイワイ過ごしたいランチ時間にも！

レモンの新鮮な旨みを楽しむ

瀬戸内イタリアンMassa
せとうちイタリアンマッサ

ekie 広島に店を構えるイタリアンレストラン。看板商品のレモンカルボナーラは、チーズたっぷりのこってりカルボナーラとレモンの相性抜群で、リピーターも多いのだとか。

- 広島市南区松原町1-2 広島駅ビル1F ekie DINING
- ☎082-567-4870
- 営 11:00～22:00(LO21:00)
- 休 ekieに準ずる
- 交 JR広島駅直結
- P なし

広島駅周辺 ▶MAP 別P.7 E-1

WHAT

広島レモン

広島県はレモンの生産量日本一。暖かく雨の少ない瀬戸内海沿岸で育ったレモンは、皮までみずみずしく、丸ごとおいしく食べられるのが特徴。

JR広島駅直結の好立地も魅力

ほっとする味のだしが自慢

DASHIとSOBA 水車

ダシとソバ すいしゃ

創業は昭和40(1965)年。広島では珍しい甘めのだしと、のど越しなめらかな蕎麦に定評がある。地元食材を取り入れた肴と地酒を楽しむのもおすすめ。

広島市南区松原町1-2 広島駅ビル1F ekie DINING
☎082-236-7855
営11:00〜21:30
休ekieに準ずる
交JR広島駅直結
Pなし
広島駅周辺 ▶MAP 別P.7 E-1

menu
瀬戸内レモン蕎麦(温・冷)1200円
さっぱりした酸味はお酒の〆にも◎。レモンは皮ごと食べてもOK

Good!

内装には木がふんだんに使われスタイリッシュな印象

フレッシュなレモンのサワー10種類以上！

いろんな味を飲み比べしてみよう♪

menu
鶏の唐揚げレモン油淋鶏丼 600円
瀬戸内レモン果汁をたっぷり使った甘酸っぱいたれがアクセント

呉産レモンの創作料理

柑橘酒家 檸々

かんきつしゅか ねね

呉市にある柑橘創作料理の専門店。看板メニューのレモン油淋鶏やレモンクリームサラダなど、呉産レモンだけをぜいたくに使ったアイデア料理が並ぶ。

呉市中通2-4-2 赤ビル1F
☎0823-32-0256
営11:00 〜 15:00(LO14:00)、17:00〜22:00(LO21:00) ※金・土曜は〜23:00(LO22:00)
休火曜 交JR呉駅から徒歩11分
Pなし
呉 ▶MAP 別P.9 B-1

コレをTAKE OUT!

レモンづくしの絶品弁当が人気

尾道船弁

おのみちふなべん

旅館・仕出し店を営むおのみち河野屋の新ブランド。旬の魚を使った檸檬葉寿し、村上海賊にちなんだ海賊おむすびなど、地域色豊かな逸品が揃う。

尾道市高須町400-17 おのみち河野屋内
☎0848-20-3090
営11:30〜21:00 休無休
交JR東尾道駅から徒歩13分 P20台
尾道 ▶MAP 別P.12 C-1

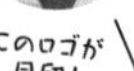
このロゴが目印！

menu
檸檬葉寿し 980円
すりおろしレモン入りのシャリを、レモンの葉で包んで押し寿司に

これを食べにゃぁ始まらん！

愛されモーニングをいただきます

一日の計は朝にあり。地元で愛される朝食で腹ごしらえして、待ちに待った広島旅行を元気いっぱいスタートしよう！

毎朝でも食べたい 飽きのこない味わい

Good！

～11:00

モーニングセット
990円

自家製の厚切りトーストを3種類のジャムで。サラダの特製ドレッシングにもファン多数

老舗珈琲店 × 自家製パンとコーヒー

1杯ずつ心を込めて

1 コーヒーは手づくりのネルでじっくりドリップ
2 親・子・孫の3代で通う常連さんもいるとか

本格コーヒーでほっとひと息

てらにし珈琲店

てらにしこーひーてん

神戸の名店で修業した店主が営む、1978年創業の自家焙煎コーヒー店。ミルクや砂糖、カップにいたるまで、コーヒーのおいしさを最大限に引き出すものを選び抜いている。

広島市中区宝町6-15 ☎082-249-3850 営8:00～18:30 休日曜、祝日 交バス停昭和町から徒歩5分 P7台 中電前 ▶MAP 別P.6 C-3

高い天井がすてき！

お腹も心も満たされる時間を

ルーエぶらじる

モーニング発祥の店と伝わる老舗喫茶店。店頭ではパンやケーキ、焼き菓子などを販売する。店内奥では、朝はモーニングをはじめ、ボリューム満点のランチも味わえる。

Morning Time
～10:30
Bモーニング
700円
パン、目玉焼き、サラダ、コーヒー、日替わりメニュー（この日はフルーツジュース）

広島市中区大手町5-6-11 ☎082-244-2327
営7:00～19:00（土・日曜、祝日は～18:00） 休無休 交広電鷹野橋電停から徒歩2分 Pなし
広島市役所周辺 ▶MAP 別P.6 B-3

オーガニックカフェ×ヴィーガンモーニング

ナチュラルで落ち着いた店内

体が喜ぶヘルシー朝ごはん

喫茶さえき

きっささえき

Morning Time
～11:00
ヴィーガンサラダセット
850円
新鮮なオーガニック野菜のサラダが主役。パンにはヒヨコ豆のフムスをディップ

「食のバリアフリー」を提案するオーガニックカフェ。地元産のオーガニック野菜を使ったヴィーガン対応メニューのほか、地産地消にこだわった鶏肉料理も提供。

広島市中区紙屋町1-4-25 ☎082-246-9339
営10:00～18:00 休第2、4日曜（祝日の場合は営業） 交広電紙屋町東電停から徒歩2分 Pなし
広島本通商店街周辺 ▶MAP 別P.6 B-2

外観もスタイリッシュ！

公園を眺めてお手軽モーニング

Park South Sandwich

パーク サウス サンドイッチ

広島市民の憩いの場・袋町公園の南側にあるサンドイッチスタンド。素朴な風味とボリュームがうれしい全粒粉パンのサンドイッチや、サクサクのクロワッサンドーナツが人気。

Morning Time
All Day
サンドイッチ（スタンダード） 600円
季節の珈琲 650円～
たっぷりの具をはさんだサンドイッチは、こだわりのハンドドリップ珈琲と相性抜群

広島市中区中町1-26 ☎082-236-8925
営8:00～18:00 休不定休
交広電袋町電停から徒歩3分 Pなし
八丁堀 ▶MAP 別P.6 C-2

昭和31（1956）年に提供が始まったルーエぶらじるのモーニングは、コーヒーとパン、目玉焼きが付いて60円だったそう。

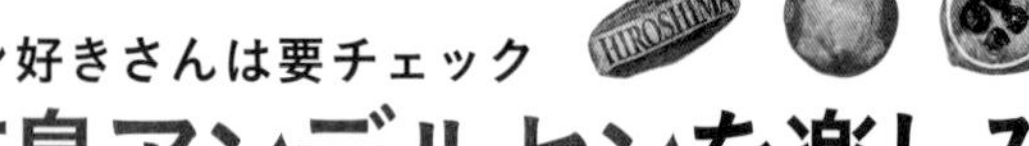

EAT 08

パン好きさんは要チェック

広島アンデルセンを楽しみつくせ!

1967年に開店し、2020年にリニューアルオープンした広島アンデルセン。地元っ子が愛してやまない定番パンや、彩り豊かなデリを楽しもう!

「パンのある食卓」を発信し続けるベーカリー

COOL

広島本通商店街に面した店舗。建て替え後も被爆建物としての認証を継続

広島のパン文化の発信地

広島アンデルセン

ひろしまアンデルセン

デンマーク伝統のデニッシュペストリーを日本に紹介したことで知られるアンデルセングループの旗艦店。パンを中心にデリやフラワーなど、食卓を彩るアイテムを提供する。

広島市中区本通7-1 ☎082-247-2403(代表) ㊪1Fベーカリーマーケットは10:00～19:30、サンドイッチスタンドは7:30～17:00、2Fアンデルセンキッチンは11:00～21:00(LO20:30)※土・日曜、祝日は7:30～
㊡不定休(HPを確認) ㊜広電本通電停から徒歩2分 提携駐車場あり

広島本通商店街周辺 ▶MAP 別P.6 B-2

ヨーロッパを源流とする本格的な食事用パンを中心とした品揃え

FLOOR GUIDE

- 4・5F パーティーフロア
- 3F カルチャーフロア
- 2F アンデルセンキッチン
- 1F ベーカリーマーケット ヒュッゲパークなど

MISSION 01 ヒュッゲパークで爽快朝ごはん

ボリューム満点でおいしそう♡

日光が降り注ぐ広場でピクニック気分♪

まずは、屋外広場「ヒュッゲパーク」で朝食をいただこう。1階のサンドイッチスタンドで11時まで注文できるモーニングセットは、お好みのパンとサイドメニューが選べる大満足の内容。

menu
たっぷりモーニング
1265円
サイドメニュー4品が選べて、パンもおかわり自由

MISSION 02 ベーカリーマーケットでお買い物

1階のベーカリーマーケットには、ロングセラーから季節商品まで個性豊かなパンがズラリ！ジャムやワイン、デリも揃うので、「あれも、これも」とつい手が伸びる。

お気に入りのパンがきっと見つかる！
パンと一緒に召し上がれ♪

食卓にほしいものが全て手に入る

アンデルセンを代表するパン、デニッシュペストリー

旬の食材を使ったおしゃれなデリにも注目！

MISSION 03 アンデルセンキッチンのランチで大満足

落ち着いた色調で統一された店内

お買い物のあとは、待ちに待ったランチタイム！ 2階のアンデルセンキッチンでは、本格的な石窯料理やパンが主役のデリプレート、お手軽なサンドイッチなどが味わえる。

menu
おすすめデリプレート
1580円(ドリンク別)
選べるデリとおかわり自由のブレッドバーが付く

MISSION 04 絶対手に入れたいお土産はコレだ！

キュートな絵柄があしらわれたクッキー缶や、広島アンデルセン限定のサワーブレッドなど、お土産も忘れずにゲット。豊かなパン文化をおうちでも満喫しよう！

Good!

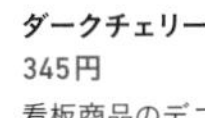

クッキー缶「リュッケ」
2484円
商品名はデンマーク語で「幸せ」。11種類のクッキーが入っている

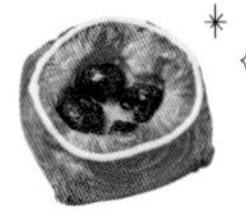

ダークチェリー
345円
看板商品のデニッシュペストリーはやっぱりはずせない！

ひろしまサワーブレッド
1本972円
地酒の生酛を発酵種に使った、ほんのり酸味のあるハードパン

デニッシュペストリーの試作過程で生まれた「デンマークロール」も、広島ではおなじみのおやつの一つ。

EAT
09

水の都・広島を満喫♪
リバーサイドカフェでひと休み

街なかには、観光の途中にふらっと立ち寄れるカフェが点在。
人気ベーカリーカフェやリバーサイドのおしゃれカフェで休憩しよう。

BEST VIEW
四季折々の花を楽しめるテラス
桜、芝桜、アジサイなど、春から初夏にかけての花景色もご馳走

森の中のように緑豊かなロケーションも素敵

目にも麗しいケーキをリバーサイドで
ムッシムパネン

京橋川沿いに佇む人気パティスリー。ショーケースには、職人が趣向を凝らした美しいケーキが並ぶ。焼菓子やショコラの販売をするほか、併設のカフェスペースでイートインも可。

♠広島市中区銀山町1-16 ☎082-246-0399 営10:00～19:00(カフェは～18:00LO、土・日曜、祝日は～17:00LO) 休火曜(月2回程度、月曜または水曜不定休あり) 交広電銀山町電停から徒歩3分 🚗Pなし
広島駅周辺 ▶MAP 別P.7D-2

1 店名はインドネシア語で「収穫期」。2 3 創業は1999年。4 ヴァニーユ682円(手前)。アーモンド生地にバニラムース。香ばしさとラズベリーの酸味が絶妙。

WHAT
広島市の6つの川

中心部には太田川放水路、天満川、本川、元安川、京橋川、猿猴川と6つの川が。あちこちに橋の架かる風景も風物詩だ。

京橋川 × 憧れホテル

BEST VIEW さわやかな風を感じる店内

窓を広く取った店内は眺望バツグン！天気の良い日はテラス席が◎

おしゃれなプレートで提供されるアフタヌーンティー1200円

テラス席はレストラン利用者以外も使用可

川沿いのホテルで優雅にひと休み

The River Side Cafe

ザ リバー サイド カフェ

京橋川のすぐそばに立つホテルの1階に入る。開放感あふれる店内は、木を基調とした温かみのある内装で統一。月ごとにメニューが替わるランチのほか、気軽にホテルアフタヌーンティーも楽しめる。

🏠 広島市中区上幟町7-14 ザ ロイヤルパークホテル広島リバーサイド内 ☎ 082-211-1113 営 7:00～10:00LO、11:30～15:00（14:30LO）、15:00～18:00（17:30 LO） 休 無休 交 JR広島駅から徒歩8分 🚗 ホテル専用駐車場8台

広島駅周辺 ▶MAP 別P.7B-2

1 月替わりランチメニューのイメージ 2 毎年3～4月に提供される「桜ランチブッフェ」も人気

京橋川 × 紅茶専門店

店内にはゆったりとしたテーブル席、外にはテラス席を用意

BEST VIEW 都会の喧騒を離れて本格紅茶を満喫

広島駅から徒歩約10分とアクセス至便ながら、川のそばで解放感抜群

1 アップルパイ880円は青森産のリンゴがぎっしり。11～3月の限定メニュー 2 夜にはアルコールも楽しめる

京橋川を眺めながら贅沢な時間を

Tea Garden Pul-Pul

ティー ガーデン プルプル

オープンテラスで川を眺めながらくつろげる、広島では数少ない紅茶専門店。極上の紅茶とスイーツで疲れを癒して。

🏠 広島市中区橋本町11
☎ 082-227-3666 営 10:30～19:30（17:30以降は要予約）
休 日・月曜、祝日 交 広電銀山町電停から徒歩3分
🚗 Pなし 広島駅周辺 ▶MAP 別P.7D-2

元安川 × 本格イタリアン

焼ガキのエスカルゴ風3P 1650円、5P2250円

川辺で本格イタリア料理を

Caffe Ponte

カフェ ポンテ

開放感あふれる水辺のオープニングカフェとして、朝から晩まで老若男女に人気。モーニングやランチセットも充実。

🏠 広島市中区大手町1-9-21
☎ 082-247-7471
営 10:00～22:00（土・日曜、祝日、8月は8:00～） 休 無休
交 広電原爆ドーム前電停から徒歩3分 🚗 Pなし

平和記念公園周辺 ▶MAP 別P.7B-2

BEST VIEW 朝から夜まで川沿いで食事ができる

元安橋東詰の河川緑地に立地。夜風の中でのお酒も最高♪

伊語でポンテは橋。「来訪者に憩いや交流の場を」がコンセプト

川沿いには、階段状にせり出した船着き場「雁木」が点在。イベントや憩いの場として使われることも。

EAT 10

ノスタルジックな雰囲気にキュン♡

レトロ喫茶で夢心地♪

SINCE 1976

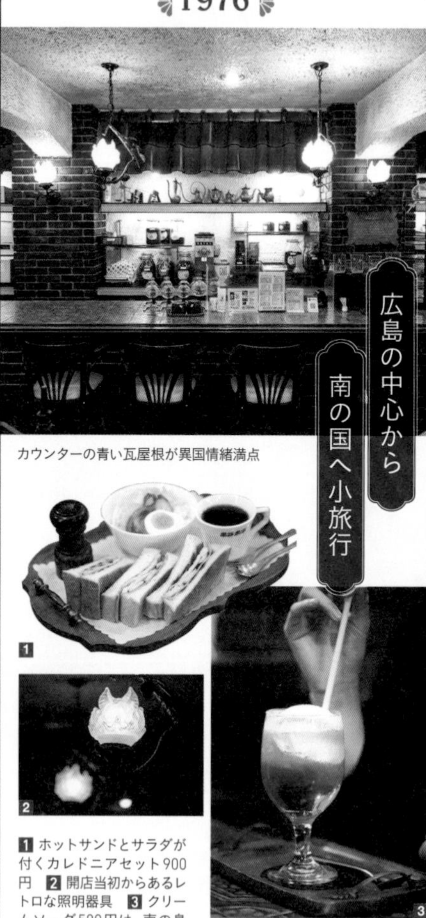

カウンターの青い瓦屋根が異国情緒満点

1 ホットサンドとサラダが付くカレドニアセット900円 2 開店当初からあるレトロな照明器具 3 クリームソーダ580円は、南の島の海と砂浜をイメージ

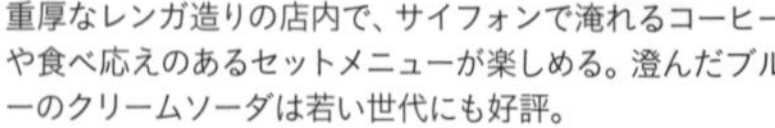

麗しのクリームソーダを！

ボラボラ 立町店

ボラボラ たてまちてん

重厚なレンガ造りの店内で、サイフォンで淹れるコーヒーや食べ応えのあるセットメニューが楽しめる。澄んだブルーのクリームソーダは若い世代にも好評。

広島市中区立町3-4 ☎082-249-9548 営7:00～19:00（土曜は～17:00、日曜は8:00～17:00） 休無休 交広電立町電停から徒歩2分 Pなし

八丁堀 ▶MAP 別P.6 C-2

SINCE 1970

古き良き空間で
オリジナルメニューを堪能

ゆったりと流れる時間を楽しむ

1 サイフォン式で淹れたコーヒー450円～はすっきりとした味わい 2 ワッフルセット800円。ソースは3種類から選べる 3 イタめしカルネ（焼肉ランチ）980円

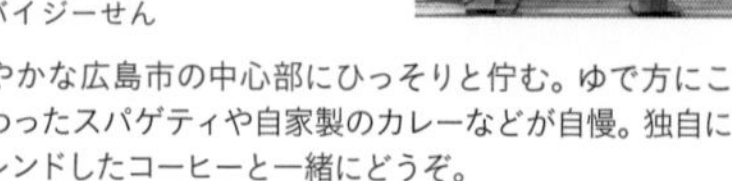

重厚感たっぷりな赤いソファが印象的

ツバイＧ線

ツバイジーせん

賑やかな広島市の中心部にひっそりと佇む。ゆで方にこだわったスパゲティや自家製のカレーなどが自慢。独自にブレンドしたコーヒーと一緒にどうぞ。

広島市中区大手町1-4-30 ☎082-247-3410 営7:00～20:00（土・日曜は8:00～） 休無休 交広電紙屋町東電停から徒歩4分 Pなし

平和記念公園周辺 ▶MAP 別P.6 B-2

こだわりが詰まったレトロな空間と、昔懐かしいメニューの数々。
広島の街を見守ってきた老舗喫茶で、昭和の時代にタイムトリップしよう。

SINCE 1946

ほの暗い空間で時を忘れよう

アーチ状の天井には豪華なシャンデリアが

1 レーズン入りアップルパイ850円（アイス、ドリンク付） 2 クリームソーダ750円 3 クラシカルな調度品が非日常感を演出

美意識が詰まったこだわりの内装

中村屋

なかむらや

終戦の翌年にバラックで開業し、1955年頃に現在の建物が完成。教会を思わせる重厚な空間は、初代店主が親族ぐるみでレンガを運んで造り上げたそう。

広島市中区堺町1-5-15 ☎082-231-5039 営11:00〜16:00 休日〜火曜 交広電土橋電停からすぐ P2台 平和記念公園周辺 ▶MAP 別P.6 A-2

SINCE 1955

常連も観光客も賑やかに集う純喫茶

外国船をイメージした造りになっている

WOW!

1 エキゾチックな壁紙がレトロかわいい 2 モンブラン定食1000円、クリームソーダ550円 3 プリンアラモード700円。主役のプリンは硬め

自慢の自家製グルメを堪能

シャモニーモンブラン本店

シャモニーモンブランほんてん

1日に2回来店する人もいるほど愛される老舗。100種類以上のメニューのほとんどが自家製で、人気のプリンアラモードはスイカが通年楽しめるのがポイント。

広島市中区堀川町3-17 ☎082-241-2726 営8:00〜21:00 休無休 交広電胡町電停から徒歩2分 Pなし 八丁堀 ▶MAP 別P.6 C-2

朝早くから夜まで営業する喫茶店が多く、モーニングからディナーまで使い勝手が良いのもうれしい。

地元っ子おすすめの

ディープな居酒屋で飲み明かす！

名物のホルモン天ぷらや多種多様な各国料理、野性味あふれるジビエなど、個性派揃いの居酒屋ではしご酒はいかが？

1 ホルモン天ぷら

menu
ホルモン天ぷら6種盛り
980円
初心者はまずこれを頼もう。気に入ったものは160円〜で別途注文可

おでん1串130円〜。大きな鍋の中からセルフサービスで好きな具を選ぶ

昼飲みも楽しめる人気店

天ぷら あきちゃん

てんぷら あきちゃん

ホルモン天ぷらの激戦区・福島町にある、創業約30年の店。揚げたてアツアツのホルモン天ぷらはもちろん、ガリ（牛の気管）などの珍しい具が入ったおでんにも定評あり。

広島市西区福島町1-15-5
☎082-296-2821
営11:00〜13:40、17:00〜20:30 休木曜 ㊋広電福島町電停から徒歩2分 Pなし
広島市郊外 ▶MAP 別P.3 E-3

唐辛子を入れたポン酢で食べるのがポイント

バラエティ豊かなご当地料理を！

menu
ホルモンセット 松
1320円
白肉など5種のホルモン天ぷらが付く。内容は日替わり

さまざまな部位のホルモンがたっぷり入ったでんがくうどん595円

豚すじを使ったまめすけせんじ462円は、噛めば噛むほど味が出る

WHAT

ホルモン天ぷら

広島市西部が発祥とされるご当地グルメ。食肉施設や精肉店などで、余りがちなホルモンを活用するために編み出されたといわれる。

広島のホルモン文化を満喫

天ぷら まめすけ

てんぷら まめすけ

ホルモン天ぷらには国産の和牛のみを使用。豚ホルモンを揚げて干した「せんじがら」やホルモン入りのスープ「でんがく汁」など、広島ならではの珍味もお試しあれ。

広島市中区江波西1-29-21
☎082-295-5255 営17:00〜23:00※日曜はランチ営業あり（11:30〜15:00） 休火曜 ㊋広電江波電停から徒歩5分 P6台
広島市郊外 ▶MAP 別P.3 E-3

ワインが進む
こだわりスペイン料理

2 スペイン料理

1 黒トリュフなどをトッピングしたおつまみピザ1000円 2 ランチ限定のカルボナーラーメン1080円も人気

menu
生ハム 1人前 900円
カウンターの大きな生ハム原木から切り出してくれる

エキニシの隠れ家バル

スペインバル GA
スペインバル ガ

イタリアやスペインで修業した店主が営む店。本格的なスペイン料理からアレンジメニューまで、お酒にぴったりのフードが揃う。

広島市南区大須賀町13-3 マツタニビル3F ☎082-263-0336 営11:45～14:00、18:00～23:00 休日曜 交JR広島駅から徒歩2分 Pなし
広島駅周辺 ▶MAP 別P.7 D-1

3 中華料理

menu
のそのそ肉汁餃子 748円
モチモチの皮に箸を入れると肉汁がジュワ～ッ！

ジンと一緒に味わうシビ辛料理

menu
辣子鶏(ラーズーチー) 1188円
大量の唐辛子と花椒で鶏の唐揚げを炒めるパンチの利いた一品

魚介だしがベースの鍋焼き麻婆豆腐1188円

ジンと辛味の黄金コンビ

いろんな辛味揃っとるよ！

屋台のような雰囲気もごちそう

酒と辛味 のそのそ
さけとからみ のそのそ

深夜2時まで営業する中華居酒屋。香辛料がガツンと利いた料理は、広島生まれの「桜尾ジン」など豊富なクラフトジンと相性抜群！

広島市南区大須賀町12-4 ☎082-236-7300 営18:00～翌2:00 休不定休 交JR広島駅から徒歩4分 Pなし
広島駅周辺 ▶MAP 別P.7 D-1

4 ジビエ

WOW!

癖になるジビエはハイボールとベストマッチ

1 鹿肉と猪の肉を醤油ベースのだしで煮込んだ特製ジビエ煮込み580円 2 人気の鹿ユッケ880円は低温調理で仕上げる

menu
おまかせジビエ盛り 1人前1480円
鹿、イノシシ、キジ肉が合計200g付く。食べ比べられるのが楽しい！

カジュアルな焼肉スタイルで提供

焼ジビエ 罠 狩場
やきジビエ わな かりば

エキニシのジビエ焼肉店。鹿やイノシシのほかクマやウサギなどが揃う日も。調理風景を眺められるカウンター席が◎。

広島市南区大須賀町13-29 ☎082-262-4129 営17:00～23:00 休日曜 交JR広島駅から徒歩3分 Pなし
広島駅周辺 ▶MAP 別P.7 D-1

ひと足のばして

呉観光の〆に！

蔵本通り 屋台村
くらもとどおり やたいむら

呉市中心部の蔵本通りは、夜には屋台村に変身。ラーメンなどさまざまなジャンルの店が並ぶ。

(一社)呉観光協会

呉市中央 ☎0823-23-7845（呉市観光案内所） 営休店舗により異なる 交JR呉駅から徒歩10分 Pなし 呉 ▶MAP 別P.9 B-1

JR広島駅西側の通称・エキニシや広島市内中心部の流川が、居酒屋の集中するエリアとして知られる。

禁断の甘～い誘惑

夜パフェで深夜の女子会♡

せっかくの広島だから、いつもより少しだけ夜更かししてみたい！
楽しいおしゃべりのお供には、見目麗しい夜パフェを。

店内奥の小さなステージではライブやショーが行われることも

menu
夜パフェ
750円
豆腐ババロアとヨーグルトがベースだから、深夜でも罪悪感ゼロ！

広島きってのサブカルの聖地

音楽喫茶ヲルガン座

おんがくきっさヲルガンざ

大通りに面したビルの2階にあり、深夜までスイーツやフードが楽しめる。ミュージシャンでもある店主・ゴトウイズミさんのこだわりが詰め込まれたアートな空間も魅力。

広島市中区十日市町1-4-32 天国ビル2F ☎082-295-1553
営 17:30～0:00（土・日曜は11:30～）
休 月曜 ⊗ 広電本川町電停から徒歩2分 🚗Pなし
平和記念公園周辺 ▶MAP 別P.6 A-2

1 クラシカルな調度品が非日常感たっぷり 2 壁に飾られたカラフルなアートも目のごちそう 3 レトロな照明器具にも注目！ 4 ビルの3階にはレンタルスペースと演芸場、4階にはギャラリーがある

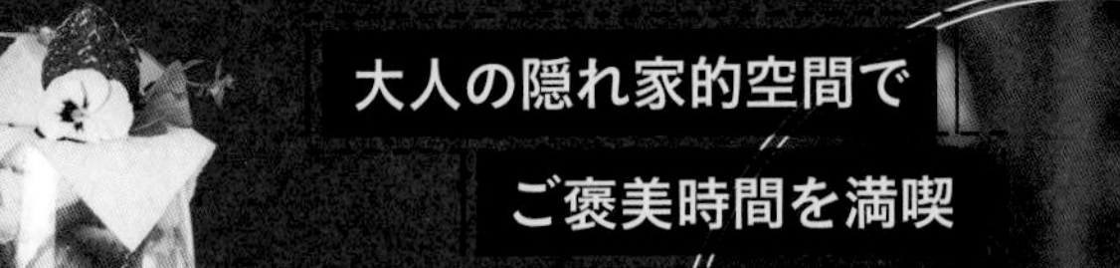

大人の隠れ家的空間で
ご褒美時間を満喫

OPEN UNTIL
0:00

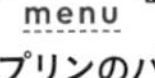

menu
苺とピスタチオのパフェ※期間限定
1600円
赤ワインと苺のジュレやさくらシフォンなど魅力的な構成に心躍る

menu
プリンのパフェ
1000円
頂点に君臨する硬めプリンは、卵のコクがたまらない

占いとパフェのお店Astronote

うらないとパフェのおみせアストロノート

一つひとつのパーツにこだわり、丁寧に作られるパフェはやさしい甘さでお酒にもぴったり。ランチタイムは店主の幼なじみが「スパイス薫」としてカレー店を営む。

広島市中区本通9-21 静嘉棟ビル201 ☎非公開 ㊖18:00～0:00 ㊡月曜 ㊯広電立町電停から徒歩4分 🚘Pなし 八丁堀 ▶MAP 別P.6 C-2

4種あいがけ1700円。混ぜて食べるとより旨みが増すのでおすすめ

OPEN UNTIL
23:00

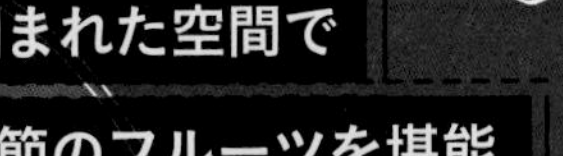

植物に囲まれた空間で
季節のフルーツを堪能

WOW!

白で統一された店内は鍾乳洞のような雰囲気

しっとり濃厚な食感がたまらないベイクドチーズケーキ650円

menu
苺のパフェ
1380円
赤と白のシンプルな色合いとフォルムが美しい春限定のパフェ

洗練された大人の空間

bistro&cafe l'ombre de ange

ビストロ＆カフェ ロンブル ド アンジュ

ビルの4階にひっそりと入る隠れ家風ビストロ。旬のフルーツを主役にした季節替わりのパフェのほか、カジュアルに楽しめる彩り豊かな伊仏料理にも定評あり。

広島市中区本通1-25 パオビル4F ☎082-249-7239 ㊖11:30～23:00(月・木曜は～18:00) ㊡不定休 ㊯広電立町電停から徒歩3分 🚘Pなし 八丁堀 ▶MAP 別P.6 C-2

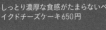

Astronoteには、占いとミニパフェ、ドリンクが付く占いセット4800円も。旅の思い出に体験してみては？

SHOPPING 01

ユニーク系がいっぱい！
もみじ饅頭食べ比べ

もちもち系

A

甘さ控えめ ★ 甘め
軽め ★ ずっしり

生もみじ(こし餡)
日持ち ▶ 製造から14日
1個150円

米粉を使用したもっちり食感の生地に、上品な甘さの餡が詰まる。つぶ餡、抹茶餡も

新食感系

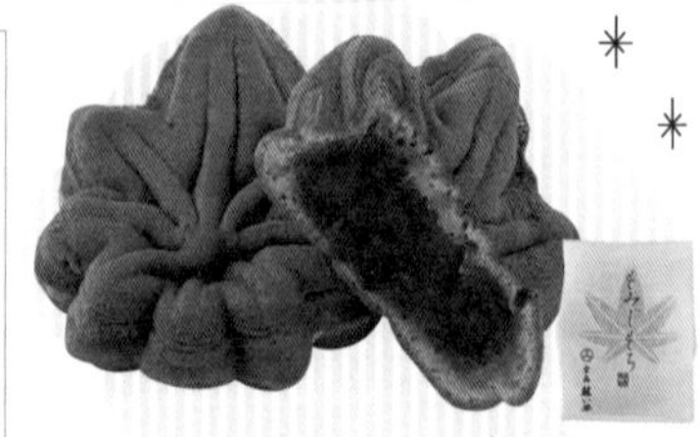

B

甘さ控えめ ★ 甘め
軽め ★ ずっしり

もみじもち
日持ち ▶ 10日
1個160円

ほんのり甘く香ばしい味わいのもちもちした皮と、口当たりの良い小豆が絶妙にマッチ

なめらか系

C

甘さ控えめ ★ 甘め
軽め ★ ずっしり

塩バターもみじ
日持ち ▶ 製造から5日
1個120円

餡が入っていないもみじ饅頭。一口食べるとバターの風味が口いっぱいに広がる

ほっこり系

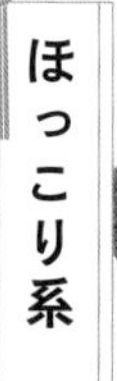

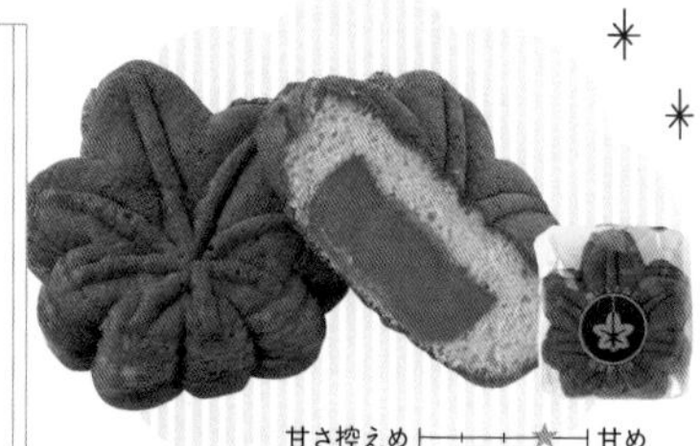

C

甘さ控えめ ★ 甘め
軽め ★ ずっしり

焼きいももみじ
日持ち ▶ 製造から5日
1個120円

ふわふわの生地に、やさしい甘さの焼きいもペーストがたっぷり。どこか懐かしい味わい

多彩なラインアップを送り出す
にしき堂 光町本店
にしきどう ひかりまちほんてん

昭和26(1951)年に広島市内で創業。生地には広島県産の米粉を使ったり、餡には北海道産の小豆を使ったり、素材にこだわる。

広島市東区光町1-13-23
☎ 0120-979-161(受付時間 9:00～17:00) 営 9:00～18:00 休 無休
交 JR広島駅から徒歩5分
P5台
広島駅周辺 ▶MAP 別P.7 E-1

そのほかの取扱店
・ekie >>> P.96など

伝統を守りながら進化を続ける
藤い屋 本店
ふじいや ほんてん

100年近く続く店。小豆の皮をむいて炊く「藤色のこしあん」は店の原点とも言える味。もみじ饅頭のほかサブレも扱う。

廿日市市宮島町1129
☎ 0829-44-2221 営 10:00～17:00(焼きたては要問い合わせ) 休 無休
交 宮島桟橋から徒歩7分
Pなし
宮島 ▶MAP 別P.4 C-2

そのほかの取扱店
・ekie >>> P.96など

宮島観光の際に訪れたい
坂本菓子舗
さかもとかしほ

宮島に店を構えて約70年、季節ごとのもみじ饅頭が味わえる。最近では餡が入っていない新感覚の塩バターもみじが人気。

廿日市市宮島町455
☎ 0829-44-0380 営 9:00～17:00
休 不定休
交 宮島桟橋から徒歩13分
Pなし
宮島 ▶MAP 別P.5 D-2

広島のお土産を語る上で欠かせないのが、もみじ饅頭。定番のこし餡、つぶ餡はもちろん、各店舗のオリジナル商品もたくさん！ いくつか購入して食べ比べするのが楽しそう！

WHAT

もみじ饅頭

紅葉を模ったカステラ生地にこし餡、つぶ餡が入った銘菓(→P.23)。変わり種も豊富に揃う

やさしい系

D

甘さ控えめ ★ 甘め
軽め ★ ずっしり

新緑もみぢ

日持ち ▶ 製造から14日

1個170円

広島県産の米粉に抹茶を加えた生地の中に、ミルク餡が入った甘さ控えめな逸品

上品系

D

甘さ控えめ ★ 甘め
軽め ★ ずっしり

酒香るもみぢ

日持ち ▶ 製造から14日

1個160円

もちもち食感の生地の中には広島の酒処・西条の酒粕を使用した特製の白餡が。クセになる味

大人系

E

甘さ控えめ ★ 甘め
軽め ★ ずっしり

レーズン

日持ち ▶ 製造から7日

1個130円

やわらかなもみじ饅頭の生地に、ブランデーに漬けたレーズンを練り込んでいる

アレンジ系

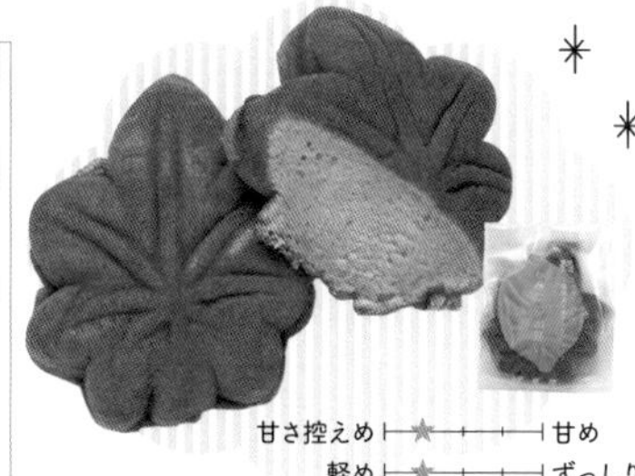

F

甘さ控えめ ★ 甘め
軽め ★ ずっしり

もみじの出逢い

日持ち ▶ 製造から30日

1個120円

瀬戸内オーガニックレモンと瀬戸内の藻塩仕立てのカステラ生地。餡は入っていない

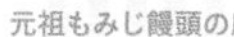

元祖もみじ饅頭の店

高津堂 本店

たかつどう ほんてん

もみじ饅頭の原型となる「紅葉形焼饅頭」を販売し始めたと伝わる。手焼きされたもみじ饅頭は、しっとりとしたやわらかな食感。

廿日市市宮島口西2-6-25
☎ 0829-56-0234 営 8:00～18:00 休 無休
交 広電宮島口電停から徒歩7分
P7台
宮島口 ▶MAP 別P.4 B-3

そのほかの取扱店
・ekie >>> P.96など

E

変わりダネが豊富！

木村屋

きむらや

宮島港からすぐの位置に佇む。定番の味はもちろん、レーズンやクリームチーズなど変わりダネも揃う。店内では焼きたてがいただける。

廿日市市宮島町浜之町838
☎ 0829-44-0187 営 10:00～17:00 休 不定休
交 宮島桟橋から徒歩5分
Pなし
宮島 ▶MAP 別P.4 B-2

F

ひと手間加えるのが楽しい

博多屋

はかたや

明治時代創業。もみじ饅頭の製造や販売のほか、杓子など自社デザインの商品も扱う。「もみじの出逢い」はアレンジを加えても◎。

廿日市市宮島町459
☎ 0829-44-0341 営 9:00～17:00 休 不定休
交 宮島桟橋から徒歩12分
Pなし
宮島 ▶MAP 別P.4 C-2

そのほかの取扱店
・ekie >>> P.96など

宮島のテイクアウトスイーツの定番・紅葉堂(→P.76)の揚げもみじは広島駅でも購入できる。

SHOPPING 02

爽やかな香り漂う レモンみやげにキュン

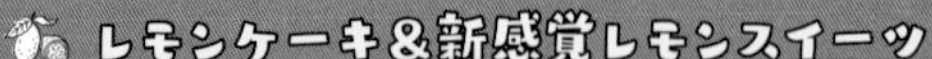

レモンケーキ&新感覚レモンスイーツ

Premiumレモンケーキ まるっと島レモン

レモンのつぶつぶ入りのケーキをレモンチョコで包んだ一品 Ⓐ

ひろしま檸の菓

広島県産レモンを使ったもちもちの生地にレモン餡をイン Ⓒ

広島瀬戸田のレモンジュレ

コンフィチュールとジュレの2層仕立て。一緒に絡めて味わおう Ⓔ

レモンスナック

レモスコポテトスティック

すっぱ辛いレモスコ味をまとわせた、サクサク食感のポテト Ⓕ

レモン調味料

レモスコ

広島県産レモンと藻塩、青唐辛子、酢をブレンドした和製ホットソース Ⓕ

地元の人に親しまれる

Ⓐ 金萬堂本舗 本店

きんまんどうほんぽ ほんてん

大正5(1916)年創業の老舗洋菓子店。自慢のレモンケーキは、独自の製法・配合で、しっとりやわらかい口どけを実現。

尾道市土堂2-6-4
0848-25-4810
営 10:00~17:00(変動あり)
休 不定休 交 JR尾道駅から徒歩12分
Pなし
尾道 ▶MAP 別P.11 E-2

生口島で愛される老舗

Ⓑ 瀬戸田梅月堂

せとだばいげつどう

耕三寺の正門前に店を構える。レモンケーキと同じく、瀬戸田産エコレモンを使用したレモン饅頭1個160円も人気。

尾道市瀬戸田町瀬戸田546 0845-27-0132
営 8:30〜18:00 休 木曜(祝日の場合は営業) 交 西瀬戸道生口島北IC・生口島南ICから車で10分 P6台
しまなみ海道 ▶MAP 別P.12 B-2

四季を感じる誠実な味わい

Ⓒ 御菓子所 高木 十日市本店

おかしどころ たかき とうかいちほんてん

大正8(1919)年の創業以来、上質の材料にこだわり、四季の趣を込めた和菓子を作り続ける。店には庭を望む茶寮を併設。

広島市中区十日市町1-4-26 082-231-2121
営 9:00〜18:00(茶寮コーナーは10:00〜17:00)
休 無休 交 広電本川町停から徒歩3分 P3台
平和記念公園周辺
▶MAP 別P.6 A-2

宮島の歴史と風土を伝える

Ⓓ 藤い屋 本店

ふじいや ほんてん

宮島で創業して100年。上質な小豆の餡をふっくらカステラで包み、手焼きで仕上げるもみじまんじゅうを作り続ける。

→P.18、48、76

広島土産の新定番として人気のレモンみやげ。さわやかなスイーツからアクセントに使いたい調味料まで、バラエティ豊かなラインアップ！

WHAT
広島とレモン
レモン生産量日本一、国内シェア50％を超える広島。瀬戸内海沿岸で育ったレモンはまろやかな酸味と香りが特徴！

すっぱい瀬戸田レモンケーキ
瀬戸田町産エコレモンのレモンピールを使用。中にはレモンジュルが B

淡雪花
レモンの果汁と果皮を使用したギモーヴと琥珀羹を組み合わせた、食感も楽しい一品 D

レモンバター
瀬戸内産レモンピールを使用。甘酸っぱくさっぱりとしたクリーム F

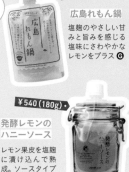

広島れもん鍋
塩麹のやさしい甘みと旨みを感じる塩味にさわやかなレモンをプラス G

発酵レモンのハニーソース
レモン果皮を塩麹に漬け込んで熟成。ソースタイプで使いやすい G

ハイボールがさらに美味しくなる発酵レモン
レモンのほろ苦さを感じるレモンシロップ。入れるだけで熟成感UP G

レモンサワーがさらに美味しくなる発酵ハニーレモン
レモン果汁と果皮、はちみつを配合。いつものサワーが濃厚に！ G

体にやさしい菓子を届ける
E バッケンモーツアルト中央通り店
バッケンモーツアルトちゅうおうどおりてん

広島を代表する洋菓子店。"自然を材に一"をコンセプトに、自社挽きたての新鮮アーモンドや地元の牛乳を使い、お菓子のおいしさにこだわる。

住 広島市中区堀川町5-2
☎ 082-241-0036
営 10:30～21:00 休 無休
交 広電八丁堀電停から徒歩3分
P なし
八丁堀 ▶MAP 別P.6 C-2

レモンで広島を盛り上げる
F ヤマトフーズ

「瀬戸内レモン農園®」を立ち上げ、レモンを使った商品開発・販売を手がける。オンラインや市内の土産物店などで販売。

住 広島市西区三篠北町17-21(本社)
☎ 0120-817-438
営 9:00～17:00
休 土・日曜、祝日
※JR広島駅などで販売
※本社での販売はなし
三篠 ▶MAP 別P.2 A-2

伝統の味から話題の新商品まで
G よしの味噌
よしのみそ

呉で大正6(1917)年に創業したみその蔵元。伝統の味を守りながら、レモンを使った創意工夫あふれる新商品も次々開発している。

住 呉市吉浦本町3-2-20
☎ 0823-31-7527
営 10:00～17:00
休 日曜、祝日、第2・4土曜
※JR広島駅などで販売
呉 ▶MAP 別P.2 B-2

SHOPPING 03

五感で楽しめる 手作り体験に挑戦

定番土産のもみじ饅頭や広島グルメのお好み焼き、熊野筆や杓子など、伝統工芸品の手作り体験を楽しめるショップ＆施設。体験を通して広島の文化に触れてみては？

お味はいかが？ 自分で作る宮島銘菓

特注の焼き型を使って2種類のもみじ饅頭を手焼きする

約20種類のもみじ饅頭が揃う

やまだ屋宮島本店

やまだやみやじまほんてん

昭和7（1932）年、宮島で創業したもみじ饅頭の製造元。和洋さまざまな味のもみじ饅頭はもちろん、もちもち食感の生菓子・桐葉菓（とうようか）も人気。

廿日市市宮島町835-1
☎0829-44-0511
営9:00～18:00
休 無休　交 宮島桟橋から徒歩9分　Pなし

宮島 ▶MAP 別P.4 B-2

宮島限定みやげにも注目

宮島ポミエ
1個160円
カスタード風クリームに角切りリンゴが入り風味も食感も楽しめる

おいしく焼けるかな？

もみじ饅頭手焼き体験

所要時間 30分程度（月～金曜：10:30／13:00／14:15／15:30の1日4回、土・日曜、祝日：9:45／11:00／13:00／14:15／15:30の1日5回）
料金 880円（お土産付き）

Let's try

❶ 生地を型に流し込む

あらかじめ用意されているカステラ生地を熱した焼き型に流し込む。量が少なすぎると、中に空洞ができてしまうので注意！

❷ 餡・チョコレートを入れる

餡とチョコレートを入れたら焼き型を閉じ、火の上でくるくるとひっくり返しながら片面1分30秒ずつ焼く。

❸ 型から取り出す

焼き型を火からはずし、いよいよ完成品とご対面。こんがりきつね色に焼き上がっていれば大成功！

❹ できたてを試食

作ったもみじ饅頭は袋に入れて持ち帰れる。会場内は飲食NGなので、外に出てから試食してみよう。

心地よい手触りに感動 自分で作る化粧筆

持ち手に名前を彫ることができるので、自分だけのオリジナル化粧筆に

できあがり

書道筆の技術をメイクブラシに

晃祐堂化粧筆工房

こうゆうどうけしょうふでこうぼう

熊野筆の老舗メーカー。化粧筆作り体験やお得なアウトレットコーナーなど工場直営店ならではのコンテンツが満載。1階のショップでは約300種類の化粧筆を販売する。

- 安芸郡熊野町平谷4-4-7
- ☎ 082-516-6418
- 営 9:00～17:00(土曜は～17:30)
- 休 日曜
- 交 広電バス停熊野営業所から徒歩5分
- P10台 熊野町 ▶MAP 別P.2 B-2

筆作り体験

3300円コース、丸型またはミニバラ型作り

所要時間 45分(筆作り体験、工場見学含む)

料金 3300円

工場見学もできるよ

熊野筆の解説ムービーやプロの解説を聞きながら工場内をめぐる。毛を1本単位で見極める繊細な技術は必見

広島の食文化を後世に伝える

広島お好み焼き教室

所要時間 約1時間30分

料金 1100円(エプロン・紙帽子付き)

広島生まれの調味料メーカーが開館

Wood Egg お好み焼館

ウッドエッグ おこのみやきかん

お好み焼きの博物館やお好み焼き体験教室が入る。お好み焼き教室では講師の指導のもと、厚さ19㎜の鉄板やホットプレートを使って作ることができる。

- 広島市西区商工センター7-4-5
- ☎ 082-277-7116(受付時間:月～金9:00～17:00) 営休 要問い合わせ 交 広電井口電停から徒歩10分 P予約制 広島港 ▶MAP 別P.2 A-2

工場見学も

2階おこのミュージアムではソースへのこだわりを学べる。昭和30年代のお好み焼き店を再現したスペースも

伝統工芸品をすてきにアレンジ

杓子づくり体験

所要時間 45分

料金 550円

世界に一つだけの杓子が完成

宮島伝統産業会館

みやじまでんとうさんぎょうかいかん

宮島の歴史や伝統を学べる体験型観光施設。白い杓子に焼きコテを使って好きな模様をつける杓子づくり体験などを行う。

- 廿日市市宮島町1165-9
- ☎ 0829-44-1758
- 営 8:30～17:00 休 月曜
- 交 宮島桟橋から徒歩3分
- Pなし
- 宮島 ▶MAP 別P.4 A-2

SHOPPING 04

老舗からトレンドまで
街のベーカリー&人気ベーグル店へGO

老舗ベーカリーや話題のベーカリー、ベーグル専門店などが点在。
個性的溢れる逸品が揃うので、食べ比べてお気に入りの味を探してみるのが楽しそう！

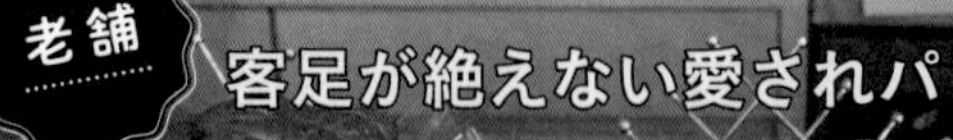

RECOMMEND

サンライズ
184円
菓子パン人気ナンバーワンのメロンパン。外ザク中ふわな食感

めんたいフランス　270円
国産のたらこを使用した自家製明太フィリングがたっぷり

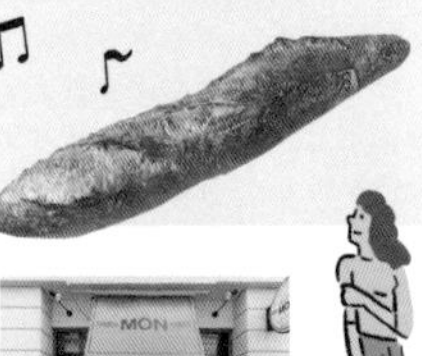

バゲット　324円
生地を低温熟成し、小麦の旨みをしっかりと引き出している

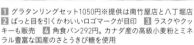

1 グラタンリングセット1050円※提供は南竹屋店と八丁堀店　2 ぱっと目を引くかわいいロゴマークが目印　3 ラスクやクッキーも販売　4 角食パン292円。カナダ産の高級小麦粉とミネラル豊富な国産のさとうきび糖を使用

「ご飯に代わる主食に」を掲げて

MON舟入店
モンふないりてん

昭和28（1953）年創業。フランス製石床オーブンで、外はパリッと中はしっとりのパンを焼く。3店舗あり、喫茶店が併設するなどそれぞれ特徴があるので、目的にあった店舗を訪れて。

広島市中区舟入南1-4-57　☎082-961-5652　営9:00〜19:00　休日・祝日　交広電舟入川口町電停から徒歩2分
Pなし
広島市郊外 ▶MAP 別P.3 E-3

老舗
安心安全の素材を使う
愛情たっぷりパン

一番人気のきなこクリーム265円（中央）など50種類以上が並ぶ

昔ながらの味を求めて、何十年も通う常連さんも多いんだとか

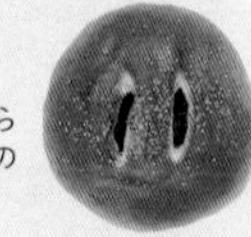

RECOMMEND

粒あん　210円
創業当時から変わらぬ味。甘さ控えめのあんがイン

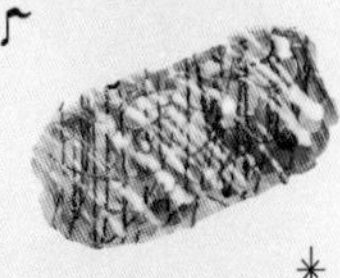

焼きサンド 410円
トーストした食パンにキャベツ、ゆで卵、ハムを挟んでいる

チョコペストリー 265円
ブラック＆ホワイトチョコがたっぷり。中にはチョコスティックが

スタッフさんの笑顔がすてき

河内ベーカリー

こうちベーカリー

NICE

70年以上続く老舗ベーカリー。あんパンなど定番のパンはもちろん、カツサンドなどのお惣菜パンやスイーツ系のパンまで揃う。

広島市中区幟町7-18　☎082-221-5636　営7:30～18:00　休第2・4水曜、土・日曜、祝日　交広電胡町電停から徒歩3分　Pなし
八丁堀 ▶MAP 別P.6 C-2

さまざまな種類のベーグルのほか、焼き菓子も販売する

Good!

RECOMMEND

抹茶と黒豆　420円
生地には大粒の黒豆が。抹茶クリームをのせて焼き上げている

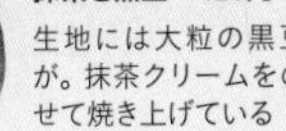

伊予柑とレモンクリームチーズ 470円
クリームチーズにレモンピールを混ぜて爽やかな味わいに仕上げる

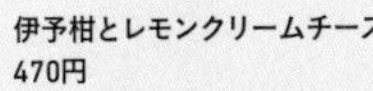

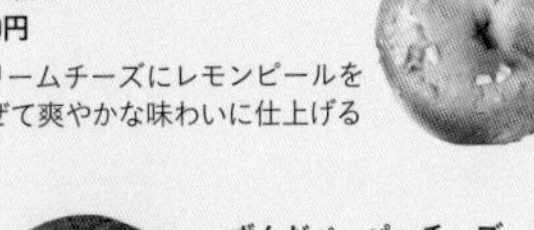

ずんだペッパーチーズ 470円
枝豆を練り込んだ生地で北海道産クリームチーズを包む

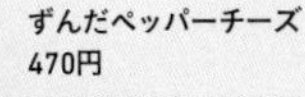

話題
リピーター多数のベーグル専門店

プレーン290円やチョコ470円などシンプルなベーグルも揃う

もちむぎゅ食感がたまらない！

Wildman Bagel

ワイルドマンベーグル

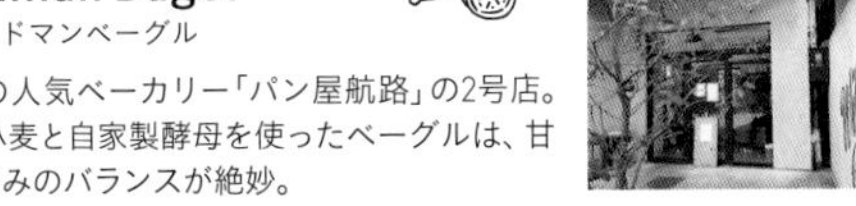

尾道の人気ベーカリー「パン屋航路」の2号店。国産小麦と自家製酵母を使ったベーグルは、甘みと旨みのバランスが絶妙。

広島市中区中島町9-29　☎082-567-5469　営8:00～18:00（土・日曜、祝日は9:00～）※売り切れ次第閉店　休インスタグラム要確認　交広電袋町電停から徒歩10分　Pなし　平和記念公園周辺 ▶MAP 別P.6 A-3

午前中に売り切れることが多いので、早めの訪問がベター。予約可能な店舗も。

SHOPPING 05

安定感バツグン！

老舗和菓子を持ち帰る

Good!

SINCE 1946
上品な味わいの銘菓
押さえておきたい
安芸路
もなか

川通り餅（15個入り）850円

くるみを加えた上質な求肥にきな粉をまぶした素朴なお菓子

こし餡を求肥で包み、白い薄皮の煎餅で挟んだ安芸路1個143円

もなか1個116円は甘さ控えめ。8個入り、12個入りも揃う

栗まるごと1個を黒豆入りの餅で包んだくり栗大福1個194円

ブルーベリー大福1個216円。甘酸っぱさがクセになる

元祖はっさく大福（1個）194円

販売期間は10月上旬～7月中旬。消費期限は製造から3日間

南北朝時代から受け継がれる

御菓子処 亀屋

おかしどころ かめや

広島を代表する伝統菓子・川通り餅が看板商品。食べやすい一口サイズの川通り餅は甘辛い味わいが特徴で、幅広い世代から支持され続けている。

広島市東区光町1-1-13
082-261-4141
営 9:00～17:00　休 無休
交 JR広島駅から徒歩12分
P2台

広島駅周辺 ▶MAP 別P.7 F-1

フルーツ×餡のマリアージュ

もち菓子のかしはら

もちがしのかしはら

はっさく大福が名物。因島産のはっさくを白あんで包み、更にみかん餅で包みはっさくを表現する。みかん大福やいちご大福なども人気を集める。

広島市西区天満町13-20
082-208-2236
営 8:00～18:00　休 月曜
交 広電天満町電停から徒歩3分
P1台

広島市郊外 ▶MAP 別P.3 E-3

長い間愛され続ける老舗和菓子店。シンプルでありながら随所にこだわりが詰まった逸品たちは、大切な人への贈り物にぴったり。自分へのお土産にするのも◎！

遊び心たっぷり 定番みやげの進化系

ほろ酔いもみじ
1個183円
もみじ饅頭をチョコレートでコーティングし、ブランデーにつけている

クルミとピーナッツが入るあきもみじ1個183円。サクサク食感

広島県産の大納言小豆を使ったひろしまどら焼1個225円

瀬戸ほっぺ せとか1個184円はグルテンフリーの蒸しケーキ

国産小豆を薄皮で包んで焼き上げた吾作饅頭5個入り1134円

すっきりとした甘さの ほかにはない柿羊羹

祇園坊（1号 約270g）
1728円
広島原産・祇園坊柿を使った羊羹。さっぱりとした上品な味わい

センス抜群の創作和菓子を提供

御菓子処 天光堂 本店

おかしどころ てんこうどう ほんてん

伝統を守りつつアレンジを加えた和菓子を取り扱う。ほろ酔いもみじは県外からのファンも多い。季節素材を使ったどら焼き・季（とき）かさね225円～も評判。

広島市中区千田町2-11-8
☎082-241-2532
営8:30～19:00 休日曜
交広電広電本社前電停から徒歩すぐ Pなし
広島市郊外 ▶MAP 別P.3 F-3

和菓子も洋菓子も揃う

平安堂梅坪

へいあんどううめつぼ

100年以上続く和菓子店。銘菓の柿羊羹・祇園坊や吾作饅頭、もみじ饅頭のほか、広島県産のレモンやせとかを使った蒸しケーキなどの洋菓子も販売する。

広島市中区胡町6-26福屋八丁堀本店B1F ☎082-246-6415
営10:30～19:30 休福屋八丁堀本店に準ずる 交広電八丁堀電停からすぐ P直営あり
八丁堀 ▶MAP 別P.6 C-2

祇園坊柿は、実が大きく、肉質がきめ細かいことから「柿の王様」と呼ばれることも。

SHOPPING 06

素朴なおいしさ

町の洋菓子店をのぞいてみる

シンプルな素材を使った、長年親しまれている広島を代表するおやつ。自分のご褒美にも、大切な人の贈り物にもぴったり！　レトロでおしゃれなパッケージにも注目したい。

長年愛され続ける味

バターケーキの長崎堂

バターケーキのながさきどう

60年以上続くバターケーキ専門店。創業以来製造方法や材料を変えずに作られるバターケーキは全国各地にファンが多い。午前中に売り切れることが多いので、早めの訪問が◎。

広島市中区中町3-24
☎082-247-0769　営9:00～15:30（売り切れ次第終了）
休日曜、祝日　交広電袋町電停から徒歩5分
Pなし
八丁堀
▶MAP 別P.6 C-2

創業以来の味を守り続ける

バターケーキ

バターケーキ（小）
1150円
濃厚なバターの風味が口いっぱいに広がる（中）1400円も

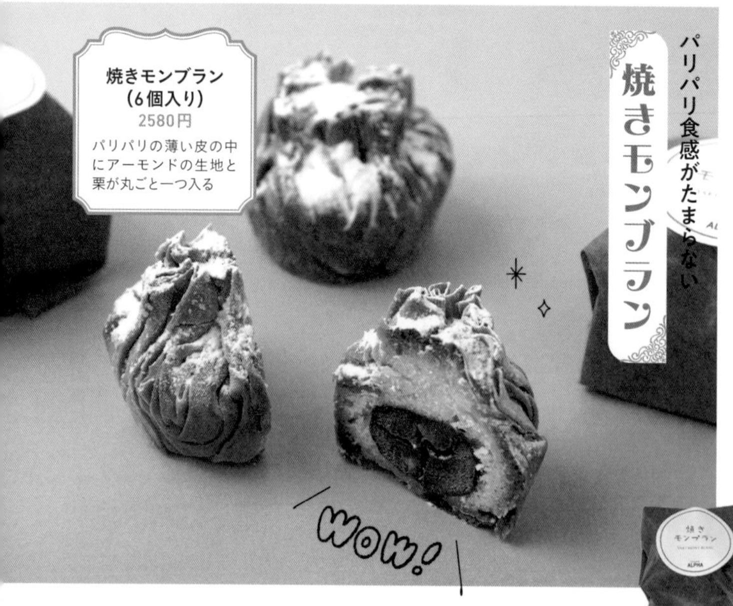

焼きモンブラン（6個入り）
2580円
パリパリの薄い皮の中にアーモンドの生地と栗が丸ごと一つ入る

パリパリ食感がたまらない

焼きモンブラン

素朴な創作菓子

パティスリーアルファ

「ザ・広島ブランド」に認定されている焼きモンブランが看板商品。

広島市中区橋本町4-23-1F
☎082-511-3840
営9:00～18:30　休日曜
交広電銀山町電停から徒歩6分　Pなし
広島駅周辺 ▶MAP 別P.7 D-2

アオギリ
はっさく&レモンジャムをサンドしたサブレ
AOGIRI
POIVRIERE
HIROSHIMA

アオギリ
2106円
サブレに広島県産のはっさくやレモンのジャムをサンド

伝統を守りつつ新たな風を

フランス菓子 ポワブリエール舟入本店

フランスがし ポワブリエールふないりほんてん

本場フランスの味を伝えるケーキと焼き菓子とヴィエノワズリーの店。中でもバターサブレのアオギリは広島みやげとしていくつもの賞を受賞したフランス菓子の広島銘菓。

広島市中区舟入南3-12-24
☎082-234-9090 営9:30～19:00 休月・火曜(時期により異なる) 交広電舟入南電停から徒歩5分 P6台
広島市郊外 ▶MAP 別P.3 E-3

ブランデーケーキ(1本)
1188円
ブランデーをたっぷりと染み込ませる。賞味期限は2カ月と長め

広島駅近くでアクセス良好

ケーキハウスミニヨン

地元で人気を誇る洋菓子店で、素材を生かしたケーキなどがずらり。創業以来変わらぬ味のブランデーケーキは、最高級ブランデーVSOPを使用。1カ月寝かせるとまろやかになる。

広島市東区光町1-6-16光町ハイム1F ☎082-263-8282 営9:30～19:00 休無休 交JR広島駅から徒歩7分 P1台
広島駅周辺 ▶MAP 別P.7 E-1

ほとんどの商品はオンラインで購入することもできるので、そちらを利用するのも手!

SHOPPING 07

ハイセンスなアイテムがずらり
クラフト雑貨をゲット

レモンや紅葉など、広島らしさが詰まったアイテムや、お店オリジナルの手作りアイテムなどが揃う雑貨店が市内のあちこちに点在。一期一会の出合いを求めて訪れてみては？

広島らしさが詰まった手作り雑貨に一目惚れ

SHOP 01

aアクセサリーや文具、アパレルなどが集まるbギャラリーで行う展示会で扱った商品もc店名は高橋さんのご実家の仕立て店からとったものd使い勝手のよい大きさのポーチ

遊び心をたっぷり感じられる

木村兄弟雑貨店

きむらきょうだいざっかてん

店主の高橋さん手作りのアイテムや、広島県内外の作家による雑貨を扱う。奥にはギャラリースペースを設けており、不定期でワークショップなどを行う。

広島市中区東千田町2-13-18
082-249-8190　営 13:00～17:00　休 日・月曜、祝日
交 広電御幸橋電停からすぐ
P なし
広島市郊外 ▶MAP 別P.3 F-3

ヒロシマトリョーシカ
3体セット 3500円
広島東洋カープをイメージ。後ろには広島の市外局番が！

ピアス、イヤリング
1200円～
レモンなど広島らしいものや季節の花などをあしらっている

宇品灯台ポストカード
160円
元宇品を描いたポストカード

広島づくしスタンプ
1回200円

紅葉や鹿など、広島モチーフハンコのカプセルトイ

ブローチ
1800円～
小ぶりなサイズでかわいい。品揃えは時期によって変動

ネコアイテムの宝庫

a 店名はフランス語で「子猫」という意味 b 落ち着いた様子の店舗。随時イベントも行う c 店内には店主がときめきを感じた雑貨や文具が

日常生活に彩りを与えるアイテム

SHOP 02

ネコ好き店主によるショップ

Minette

みねっと

オリジナル文具や、店主が好きなネコを模ったアイテムなどが並ぶ、隠れ家のような雑貨店。広島県の伝統工芸品を普段使いできるようにアレンジしたアイテムも。

広島市中区白島中町2-19
☎082-554-1535 営12:00～18:00 休水曜、不定休（SNSで告知） 交アストラムライン白島駅から徒歩3分 Pなし
広島市郊外 ▶MAP 別P.3 F-2

オリジナルレターセット
600円
広島の「広」の中には、広島の名所や名物が

跳び箱小物入れ
5830円～
積み上げタイプ、引き出しタイプや5段のものも販売

オリジナルマスキングテープ
450円

自然豊かな広島の緑と広島県内を流れる川の水色がベース

オリジナル三原猫だるま
各1500円
広島県三原市の民芸品・三原だるまをアレンジしたオリジナル商品

広島&瀬戸内の魅力を発信

SHOP 03

a 広島駅直結なので、旅の最後に立ち寄るのも◎ b フェイスパックやハンドクリームなどコスメも充実 c チューリップ広島針、針山（→P.97）

たぬきバージョンも！

木製プレート ひろしま（ぱんだ）
990円

コースターやインテリアとして使えるプレート

HONTOWAタオル れもん
660円
レモンのマスコットを水につけてほぐすとタオルが登場！

ひのきのアロマスティック
660円
広島県の間伐材を使用。広電など広島を連想できるデザイン

＼コスメも人気／

おとなレモンハンドクリーム from 広島
1001円
生口島レモン果実配合。しっとりとしながらもさらっとしている

雑貨から食品までジャンル豊富

しま商店

しましょうてん

地元・広島や瀬戸内の伝統工芸品・クラフト雑貨を集める。文具やコスメ、食品など多岐にわたるので、お気に入りのアイテムを探しに行こう。

広島市南区松原町1-2 ekie 2F NORTHエリア ☎082-568-9195
営8:00～21:00 休無休
交JR広島駅からすぐ Pなし
広島駅周辺 ▶MAP 別P.7 E-1 →P.97

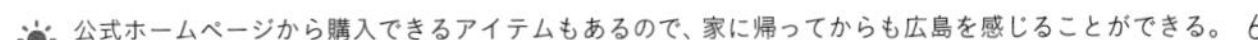
公式ホームページから購入できるアイテムもあるので、家に帰ってからも広島を感じることができる。

SHOPPING 08

お化粧するのが楽しくなりそう！
熊野メイクブラシを探しに

全国屈指の筆の生産地として知られる広島県安芸郡（あきぐん）熊野町。近年注目を集めているのが、滑らかな手触りで、化粧の乗りが良いと評判の化粧筆。多彩なラインアップをチェック！

伝統ある書道筆や画筆・化粧筆がずらり

毛質や毛量のほか、書き味が異なる書筆や画筆が並ぶ

約1500種類の熊野筆を販売

熊野筆 セレクトショップ 本店

くまのふでセレクトショップほんてん

常時31社の書筆、画筆、化粧筆を取り扱う熊野筆の専門店。オリジナルの化粧筆は、高品質で洗練されたデザインが好評。JR広島駅新幹線口にも店舗があるので立ち寄ってみて。

安芸郡熊野町中溝5-17-1 筆の里工房1F
☎082-855-3010
営 9:30～17:00　休 月曜（祝日の場合は翌日）、その他臨時休業等は筆の里工房に準ずる
交 呉市内から車で約25分、広島市内から車で約35分
P76台（筆の里工房駐車場）
熊野町 ▶MAP 別P.2 B-2

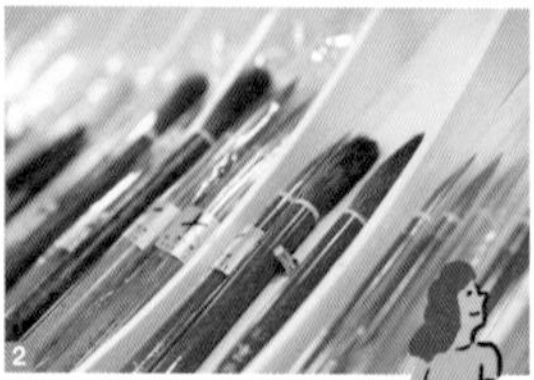

1 オリジナル商品は用途によって材料や形を研究　2 伝統工芸士が一つひとつ手づくりで作り上げる　3 実際に試せるので気軽に相談してみよう

WHAT

熊野筆

熊野町で作られる筆の総称。毛筆や化粧筆など全国一の生産量を誇る。1975（昭和50）年に国の伝統的工芸品に指定。

BASE
ベース

SS1-1 パウダー 灰リス・粗光峰
1万3000円
たっぷりとした毛量で肌を優しく覆うパウダーメイク用ブラシ

SS3-3 ファンデーション
8900円
希少性のあるシルバーフォックスと山羊毛をブレンド

CHEEK HIGHLIGHT
チーク・ハイライト

SS2-2 チーク 灰リス 7130円
シャープ、ふんわりなど自由自在のチークブラシ。パウダーチーク対応

SS1-3 ハイライト&シェーディング
5240円
カーブが特徴のパウダーブラシ。テクニックいらずで簡単に扱える

EYE MAKE UP
アイメイク

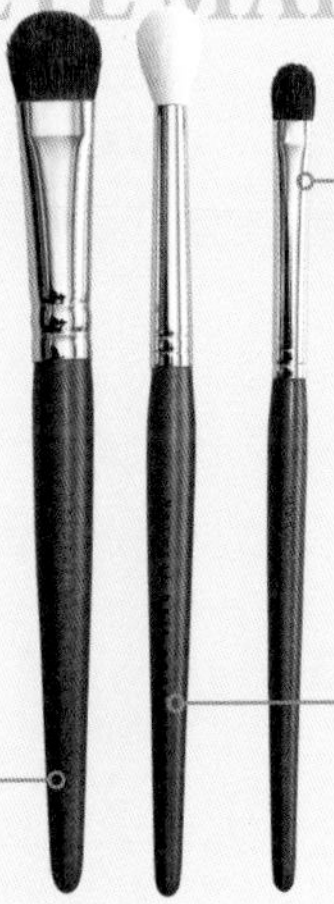

SS4-7 アイシャドウ 小
2860円
アイシャドウチップのように使える。ポイントカラーにも◎

SS4-2 アイシャドウブレンダー
2200円
一本でもアイメイクが完成する、使いやすさ抜群のブレンダー

SS4-1 アイシャドウ ベース
3460円
やさしい肌触りで、デリケートなまぶたにも安心な灰リスのブラシ

LIP
リップ

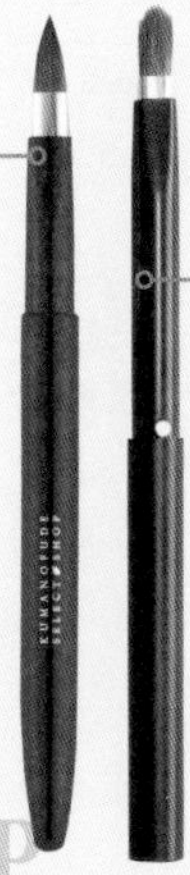

オリジナルリップブラシ
3300円
毛の量がたっぷりとある山型のリップブラシ。輪郭や塗りつぶしも簡単

SS5-1 リップブラシ 3850円
唇への密着度が高く、なめらかな使い心地でラインが描ける

パッケージも素敵

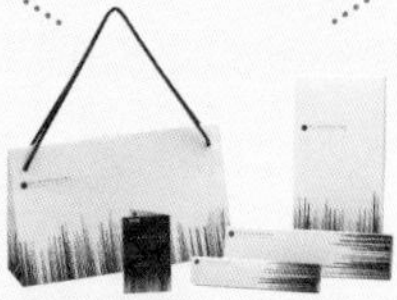

オリジナル商品はセットアイテムも販売。プレゼントにもおすすめ

筆の里工房にもGO!

「筆の里」と呼ばれる熊野町では、10人に1人が筆づくりに携わっているそう。江戸時代から始まった筆づくりの歴史や文化を伝える「筆の里工房」で、日本の伝統工芸について学ぼう。

日本で唯一の筆ミュージアム

筆の里工房
ふでのさとこうぼう

筆に関する豊富なギャラリーはもちろん、ワークショップを行うアトリエや、ショップ、カフェレストランも展開。有名作家をゲストに招いた企画展も実施される。

㊋9:30～17:00(最終入館16:30) ㊡月曜(祝日の場合は翌日) ※臨時休館あり ㊎博物館入館料800円

熊野町 ▶MAP 別P.2 B-2

1 全長3.7m、重さ400kgの「世界一の大筆」 2 書筆づくり体験を実施。参加費3500円 3 文字のはじまりに関する資料も

筆づくり体験の所要時間は約60分。1週間前の予約で筆の軸に名前を彫刻してもらえる。

SHOPPING 09

伝統工芸品、鹿グッズ…
宮島雑貨にときめく

伝統工芸品の杓子や熊野筆のほか、嚴島神社や鹿をモチーフにした宮島で購入できる雑貨たち。丁寧に作られたアイテムはおみやげにも自分用にもぴったり！

宮島杓子で“幸せを召しとる”

宮島杓子 600円

ターナー（大） 1300円

ターナー（小） 1000円

杓子ストラップ 700円 800円 700円

杓子

200年以上続く杓子専門店

杓子の家
しゃくしのいえ

表参道商店街で開運や必勝を「メシとる」縁起物のしゃもじ（＝杓子）を製造している。実用品だけでなく、イラストが手描きされた「杓子ストラップ」も人気。

🏠 廿日市市宮島町488 ☎ 0829-44-0084 営 10:00～16:30（手書き文字受付は16:30まで） 休 水曜 交 宮島桟橋から徒歩8分 🚗 Pなし

宮島 ▶MAP 別P.4 C-2

熊野筆など

ケヤキの大杓子の看板が目印

民芸藤井屋
みんげいふじいや

表参道商店街の創業百二十余年の老舗民芸品店。宮島の伝統工芸品や郷土玩具を販売している。「宮島張り子」発祥で、広島が世界に誇る「熊野の筆」のセレクトショップ。

🏠 廿日市市宮島町中之町浜1132 ☎ 0829-44-2047 営 9:30～17:00 休 無休 交 宮島桟橋から徒歩7分 🚗 Pなし

宮島 ▶MAP 別P.4 C-2

熊野筆パウダー桜 4700円

明治時代から続く宮島の伝統工芸品店

宮島張り子 各2900円

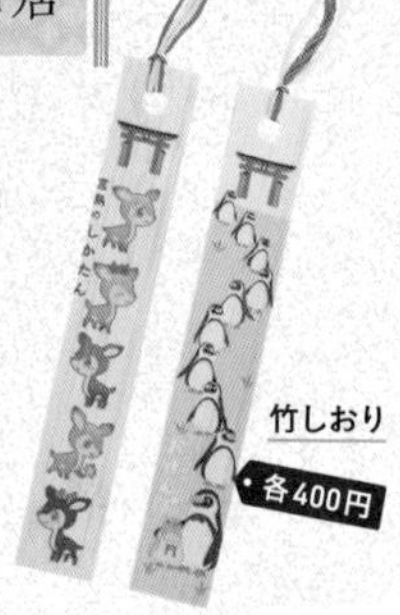

竹しおり 各400円

キーリング 各800円

シンプルなデザインの帆布アイテムにキュン

Miniトート ver2 3800円

ケイタイケース 1700円

帆布

手作りだからこそ出せる味

宮島帆布
みやじまはんぷ

嚴島神社近くの路地裏にある、古民家を改装した工房兼ショップ。一つひとつ手作りされる帆布アイテムは、どんなファッションにもなじむシンプルなデザインにファン多数。

🏠 廿日市市宮島町久保町290 ☎ 0829-44-0788 営 10:00～18:00 休 不定休 交 宮島桟橋から徒歩20分 🚗 Pなし

宮島 ▶MAP 別P.5 E-2

宮島モチーフ

店主の好きが詰まった不思議な文具店

厳島手ぬぐい 1650円

幸い紙 300円

鹿の小皿 660円

ポストカード 各242円

心くすぐられるラインアップ

佐々木文具店

ささきぶんぐてん

町家通りにある文具店。文具や広島土産、雑貨など店主の好きなものを販売する。宮島に伝わる火除け・厄除けのお札「幸い紙(さいわいがみ)」も取り扱う。

廿日市市宮島町527-3 ☎0829-44-0273
㊟9:00～18:00 ㊡不定休 ㊋宮島桟橋から徒歩10分 Pなし
宮島 ▶MAP 別P.4 C-1

鹿モチーフ

宮島限定柄のがま口 お土産にぴったり！

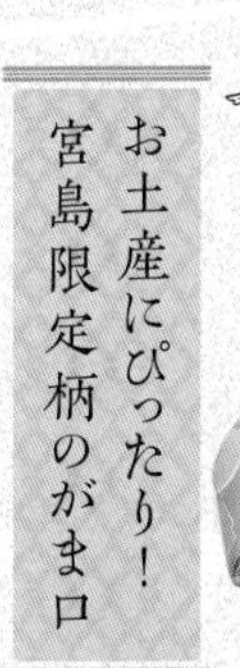

宮島ジャガード5.5寸横長がま口 1980円

シカとレモンジャガード4.0寸がま口 1980円

シカとレモンジャガード5.5寸化粧ポーチ 3080円

カラフルながま口がいっぱい

ぽっちり 宮島店

ぽっちり みやじまてん

使い勝手のよいサイズ感と多彩な柄が魅力のがま口ブランド。表参道商店街にある宮島店でしか購入できない、鹿やレモン柄はお土産にもおすすめ。

廿日市市宮島町中之町浜504-2
☎0829-20-4025 ㊟10:00～17:00 ㊡無休 ㊋宮島桟橋から徒歩12分 Pなし
宮島 ▶MAP 別P.4 C-2

クラフト

広島の作家が作ったこだわり雑貨をお迎え

ぽち袋セット 宮島の風景(6枚入り) 935円

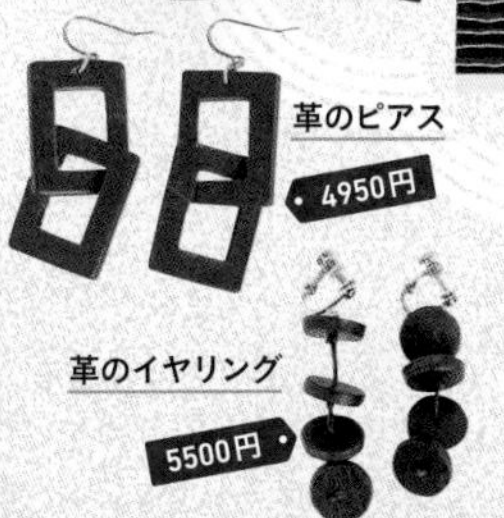
コーヒーカップ 6050円

革のピアス 4950円

革のイヤリング 5500円

広島の逸品がずらり

みやじまぐちの想い出shop epilo

みやじまぐちのおもいでショップ エピロ

店舗は築約100年の蔵を改装。1階のショップには、広島で活躍する作家が手掛けたクラフトアイテムやこだわりの味土産が並ぶ。2階のカフェでは地ビールなども楽しめる。

廿日市市宮島口1-5-11
☎080-3879-0016
㊟10:30～18:00(土・日曜、祝日は～19:00) ㊡不定休 ㊋JR宮島口駅から徒歩2分 Pあり
宮島口 ▶MAP 別P.4 B-3

宮島の伝統工芸品・杓子は米をよそうだけでなく、汁をすくうためにも使われる。

原爆の惨禍から蘇った平和都市・広島

昭和20(1945)年8月6日、ウラン型原子爆弾「リトルボーイ」が広島市の上空約600mで炸裂した。工場や学校が集まる中四国随一の大都市だった広島は、建物の90%以上が破壊され、同年末までに推定約14万人もの人々が犠牲となった。

廃墟と化した広島の街だが、被爆の3日後には、路面電車が一部区間で運行を再開。翌年には新たな都市計画が定められ、急ピッチで復興が進んだ。昭和29(1954)年には広島平和記念公園も完成。「75年間は草木も生えない」といわれた街は平和都市として生まれ変わり、命の尊さを世界に訴え続けている。

戦艦大和のふるさと造船の街・呉

海軍とともに発展し、戦艦「大和」を生み出した呉の街は、現在も造船の街として知られている。

大和を造ったドック跡が現在も残る

明治22(1889)年に呉鎮守府が置かれ、海軍の街となった呉市。明治36(1903)年には、兵器や戦艦を造る呉海軍工廠も設立され、東洋一の軍港として名をはせた。

現在もドラマや映画などで描かれる戦艦「大和」は、昭和16(1941)年に呉海軍工廠で誕生。当時世界最大の46センチ砲を搭載し、一撃で戦艦1隻を沈める威力があるとされていた。ミッドウェー海戦やレイテ沖海戦に参加したが、昭和20(1945)年4月にアメリカ海軍の猛攻撃を受け、九州南西坊ノ岬沖で沈没した。

水兵や工員で賑わった呉の街は、太平洋戦争時の度重なる空襲で荒廃。戦後は、培われた技術を平和のために活用し、世界最大級のタンカーを数多く建造する造船の街となっている。

広島・呉の主な出来事

1889年	(明治22年)	呉鎮守府開庁
1903年	(明治36年)	呉海軍工廠設立
1894年	(明治27年)	日清戦争により広島に大本営設置
1941年	(昭和16年)	戦艦「大和」が竣工
1945年	(昭和20年)	8月6日、広島に原子爆弾投下
1949年	(昭和24年)	広島市が平和記念都市になる
1996年	(平成8年)	原爆ドームが世界文化遺産に

WHAT

日本・世界の主な出来事

1886年	(明治19年)	海軍条例制定
1889年	(明治22年)	大日本帝国憲法発布
1894年	(明治27年)	日清戦争開戦
1941年	(昭和16年)	太平洋戦争開戦
1945年	(昭和20年)	8月14日、ポツダム宣言受諾、降伏
1946年	(昭和21年)	日本国憲法公布
1949年	(昭和24年)	広島平和記念都市建設法公布

現役の被爆建物を訪ねよう

広島の街には、店舗や資料館として活用されている被爆建物も多い。当時の惨状に思いをはせ、平和を考えるきっかけにしよう。

広島アンデルセン

大正14(1925)年に竣工した旧帝国銀行広島支店の建物。爆心地から360mの地点で被爆した。爆風で屋根や壁の大部分が崩落したが、戦後に改修され、昭和42(1967)年に広島アンデルセンとしてオープンした。

→P.38

昭和42年オープン当時の店舗
提供/広島アンデルセン

提供/広島アンデルセン

レストハウス

昭和4(1929)年に呉服店として開業し、被爆当時は燃料会館だった建物。爆心地から170mの地点で被爆し、コンクリート造の屋根が大破した。内部は全焼し、地下室にいた1人を除いて建物内の全員が亡くなった。

→P.88

提供/広島平和記念資料館

撮影/米軍
提供/広島平和記念資料館

広島市郷土資料館
ひろしましきょうどしりょうかん

明治44(1911)年、兵士の食糧などを調達する宇品陸軍糧秣支廠の缶詰工場として竣工。爆心地からの距離は3.2km。強烈な爆風で屋根材の鉄骨が折れ曲がった。昭和60(1985)年に広島市の重要有形文化財となった。

広島市南区宇品御幸2-6-20
☎082-253-6771
営 9:00～17:00(入館は～16:30)
休 月曜ほか　料 100円
交 広電宇品二丁目電停から徒歩5分
P13台
広島港周辺 ▶MAP 別P.3F-3

提供/広島市郷土資料館

福屋八丁堀本店
ふくやはっちょうぼりほんてん

昭和13(1938)年開店。爆心地から約680mの地点にあり、館内は全焼。外郭は残ったため救護所に充てられた。清酒の立ち飲み営業などを行いながら再建を進め、昭和26(1951)年に戦前の売り場面積を回復した。

広島市中区胡町6-26
☎082-246-6111　営 10:30～19:30
休 1月1日　交 広電八丁堀電停からすぐ
福屋幟町駐車場(P213台)、福屋第一駐車場(P64台)

八丁堀 ▶MAP 別P.6C-2

提供/株式会社 福屋

提供/川本 祥雄氏
所蔵/広島平和記念資料館

佐々木禎子さんと折り鶴

平和のシンボルとして知られる折り鶴のはじまりは、原爆症で亡くなった一人の少女だった。

所蔵/サダコ・レガシー

2歳のとき、爆心地から約1.6kmの自宅で被爆した佐々木禎子さん。小学6年生で白血病と診断され、約8カ月の闘病の末に亡くなった。禎子さんが病床で作った折り鶴が平和の象徴となり、今も多くの人が祈りを込めて折っている。

HIROSHIMA ORIZURU TOWER →P.90

禎子さんが作った折り鶴
所蔵/広島平和記念資料館

海軍カレーのはじまり

子どもから大人まで大好きなカレーが、海軍グルメの代名詞となった背景とは?

カレーは明治時代、航海中の脚気予防食として海軍に導入され、おいしく健康的な軍隊食として大人気に。現在の海上自衛隊には、週に1回カレーを食べる習慣があり、艦艇や部隊ごとの独自レシピもあるとか。

ボリュームも栄養も満点!

呉ハイカラ食堂 →P.112

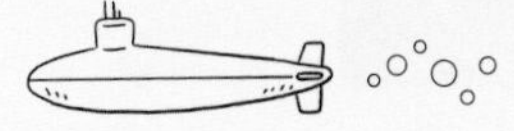

被爆した路面電車のうち2両は現役。主に朝のラッシュ時に運行している。

一度は見たい神秘的な大鳥居

宮島

Miyajima

昼：◎ 夜：○

観光にグルメ、ショッピングとバランス良く楽しめる。夜は嚴島神社のライトアップも。

このエリアを巡る3つのコツ

01
嚴島神社は人の少ない朝がおすすめ！

宮島観光の目玉である嚴島神社は昼から特に混雑するので、ゆったりと拝観したいなら午前中早い時間に訪れるのがベスト。朝は6時30分開門。

早朝なら廻廊も比較的人が少ない

02
意外とハードな弥山登山は歩きやすい靴が必須

弥山登山にはロープウェーを利用するのがおすすめ。頂上までは急な石段や坂道が続くので、必ずスニーカーで臨むようにしよう。

弥山山頂からは瀬戸内海が一望できる

03
名物・あなごめしは開店時を狙うかテイクアウト

あなごめしの店は、どこも混雑必至。開店直後を狙って行列を回避したい。弁当を販売する店も多いので、混雑時はテイクアウトを。

あなごめしの老舗・うえの（→P.74）

さらに裏ワザ！

広島〜宮島をつなぐフェリー

フェリー「ひろしま世界遺産航路」を利用すれば、広島平和記念公園から宮島桟橋まで乗り換えなし、約45分でアクセスできる。

こんな楽しみ方も！

夜は幻想的なライトアップが！

嚴島神社では毎日、日没30分後くらいから23時頃までライトアップが実施されている。静寂に包まれた幻想的な光景は夜だけのお楽しみ。

フェリーから見る大鳥居に注目

宮島へ渡るときは、9時10分から16時10分まで運航するフェリー「大鳥居便」がおすすめ。大鳥居に大きく接近するので、海上からのダイナミックな眺めが楽しめる。

宮島参拝遊覧船で大鳥居に迫る！

宮島に宿泊するなら、ナイトクルーズ「宮島参拝遊覧船」は要チェック。ライトアップされた大鳥居と嚴島神社を情緒たっぷりの屋形船から眺められる。公式HPから予約しよう。

もみじ饅頭食べ比べ

もみじ饅頭発祥の地である宮島には、老舗や有名店も多数。生地や餡、味の種類など店ごとに個性があり、焼きたてが味わえる店もある。食べ比べてお気に入りを見つけよう。

交通案内

ロープウェー

弥山のふもとの紅葉谷公園から運行。紅葉谷駅から弥山中腹まで、2種類のロープウェーを乗り継いで約20〜30分。

フェリー

宮島口から宮島桟橋へ渡るフェリーは、JR西日本宮島フェリーと宮島松大汽船の2社。どちらも宮島まで約10分、往復500円（宮島訪問税を含む）。

徒歩

島内での移動は徒歩が基本。嚴島神社など、主な見どころの大半は徒歩圏内に集まっている。

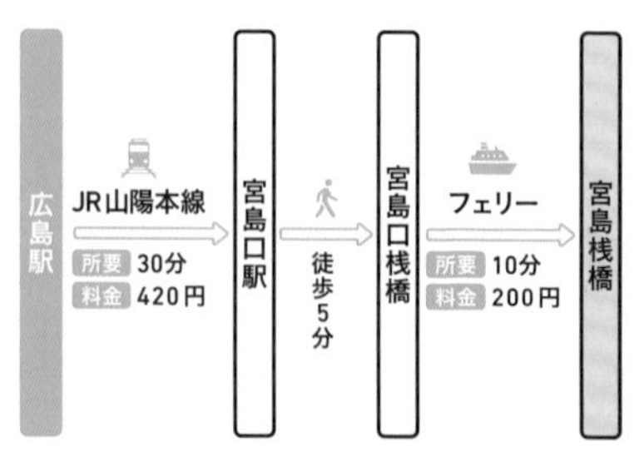

モデルコース ▷ 所要1時間40分 約8.7m

START 宮島桟橋 → 徒歩15分 → ① 嚴島神社 → 徒歩3分 → ② 豊国神社(千畳閣) → 徒歩6分 → ③ お食事処 梅山 → 徒歩15分 ロープウェー20分 → ④ 獅子岩展望台 → ロープウェー20分 徒歩10分 → ⑤ 天心閣 → 徒歩4分 → ⑥ 杓子の家 → 徒歩2分 → ⑦ やまだ屋 宮島本店 → 徒歩9分 → GOAL 宮島桟橋

どこを見ても絵になる♡

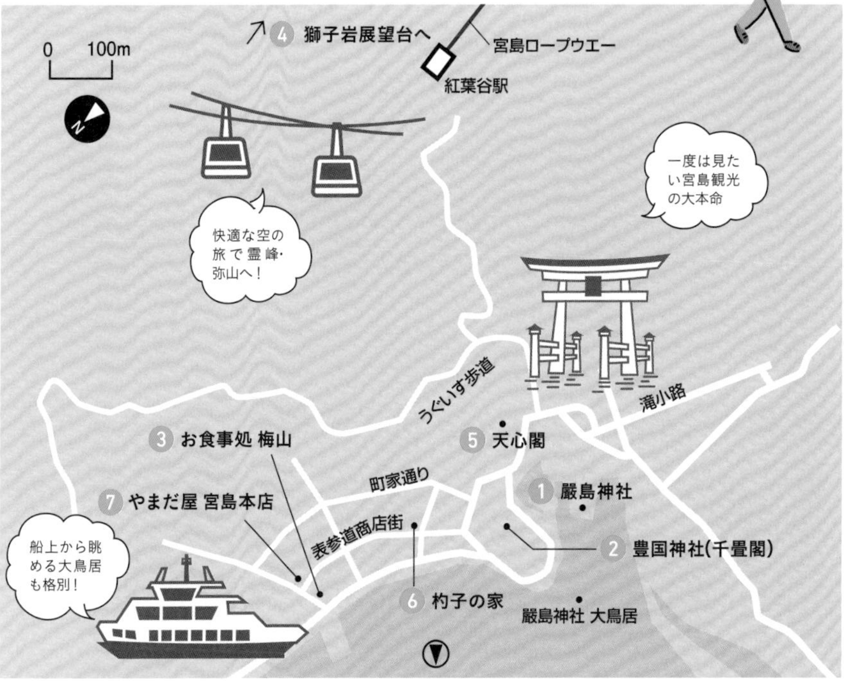

0 100m
④ 獅子岩展望台へ
宮島ロープウエー
紅葉谷駅
快適な空の旅で霊峰・弥山へ！
一度は見たい宮島観光の大本命
うぐいす歩道
滝小路
③ お食事処 梅山
⑤ 天心閣
町家通り
① 嚴島神社
⑦ やまだ屋 宮島本店
表参道商店街
② 豊国神社(千畳閣)
船上から眺める大鳥居も格別！
⑥ 杓子の家
嚴島神社 大鳥居

ココに注意！

2025年9月まで嚴島神社の多宝塔が改修中

国の重要文化財に指定されている多宝塔は、2024年4月現在修復中。2025年9月完了予定。

島内にコンビニは1軒だけ

島内のコンビニは、宮島桟橋付近の1軒だけ。ATMなどの利用は、散策を始める前がベスト。

混雑時は時間に十分余裕を！

観光シーズンはどの店も混雑し、フェリーの乗降にも時間がかかる。余裕のあるプランニングを。

嚴島神社周辺

世界遺産・嚴島神社は、宮島に着いたらまず足を運びたい大本命のスポット。海の上にせり出すように立つ社殿は、潮の満ち引きによって刻一刻と変わる表情が魅力的。

表参道商店街

老舗からニューオープンの話題店まで、多彩なジャンルの約70店舗が軒を連ねる。ほとんどの店が17時頃には閉店するので、ショッピングや食べ歩きを楽しむならお早めに。

弥山

嚴島神社の背後にそびえる山。手つかずの自然が残る原生林は、世界遺産にも登録されている。頂上までは、ロープウェー＆徒歩で往復2～3時間。時間には余裕をもって。

宮島口

宮島桟橋行きのフェリーにはここから乗船。日中は15分ごと、夜は30分～1時間ごとに運航している。JR宮島口駅からフェリー乗り場までの間には、土産物店や食事処も多い。

TOURISM

TOURISM 01

大鳥居が美しく生まれ変わった！
嚴島神社の見どころをチェック

「安芸の宮島」と呼ばれ、日本三景のひとつに数えられる世界遺産。2022年12月に改修工事が完了した大鳥居は美しく荘厳な姿がよみがえり、一段とその存在感を増した。

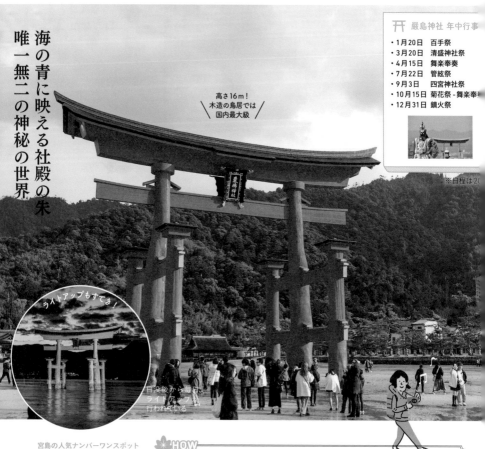

海の青に映える社殿の朱
唯一無二の神秘の世界

高さ16m！
木造の鳥居では
国内最大級

ライトアップもすてき！

日没後から毎日
ライトアップが
行われている

嚴島神社 年中行事

- 1月20日　百手祭
- 3月20日　清盛神社祭
- 4月15日　舞楽奉奏
- 7月22日　管絃祭
- 9月3日　四宮神社祭
- 10月15日　菊花祭－舞楽奉
- 12月31日　鎮火祭

※日程は20

宮島の人気ナンバーワンスポット

嚴島神社
いつくしまじんじゃ

推古天皇元(593)年に佐伯鞍職が創建したと伝わる。平安時代末期、平清盛が現在のような海上に立つ寝殿造りの社殿を造営した。市杵島姫命・田心姫命・湍津姫命の三女神が祀られている。

廿日市市宮島町1-1　☎0829-44-2020　営6:30～18:00（季節により変動）　休無休　料昇殿料300円　交宮島桟橋から徒歩10分　Pなし

宮島 ▶MAP 別P.5 D-2

HOW

満潮・干潮を楽しむならいつ行く？

大鳥居を間近で見ることができる干潮と、水面がきらめいて神秘的な満潮は1日2回ずつ。それぞれ約6時間ごとなので、1日過ごせばどちらも見ることができる。

満潮

社殿や大鳥居が、海に浮かんでいるよう。

干潮

砂浜から歩いて大鳥居のそばまで近づける。

2024年5月1日の潮位予想

時刻	潮位	時刻	潮位
6時	230cm	15時	232cm
7時	201cm	16時	213cm
8時	179cm	17時	182cm
9時	171cm	18時	149cm
10時	177cm	19時	118cm
11時	193cm	20時	96cm
12時	212cm	21時	88cm
13時	228cm	22時	98cm
14時	237cm	23時	125cm

訪ねる前に参拝ルートを予習しよう

① 入口
いりぐち
当初は出口であったため、東廻廊へとつながる入口は、印象的な切り妻造りの屋根となっている

② 客神社
まろうどじんじゃ
嚴島神社の摂社の中で最も大きく、全ての祭事が始まる重要な場所。祓殿や波除板に特色あり。国宝

③ 廻廊
かいろう
東廻廊と西廻廊で計108間(270m)ある。1間に床板が8枚敷かれているが、釘が使われていない。国宝

④ 御本社
ごほんしゃ
本殿、幣殿、拝殿、祓殿はすべて国宝。市杵島姫命などの三女神をまつり、海の神として信仰されている

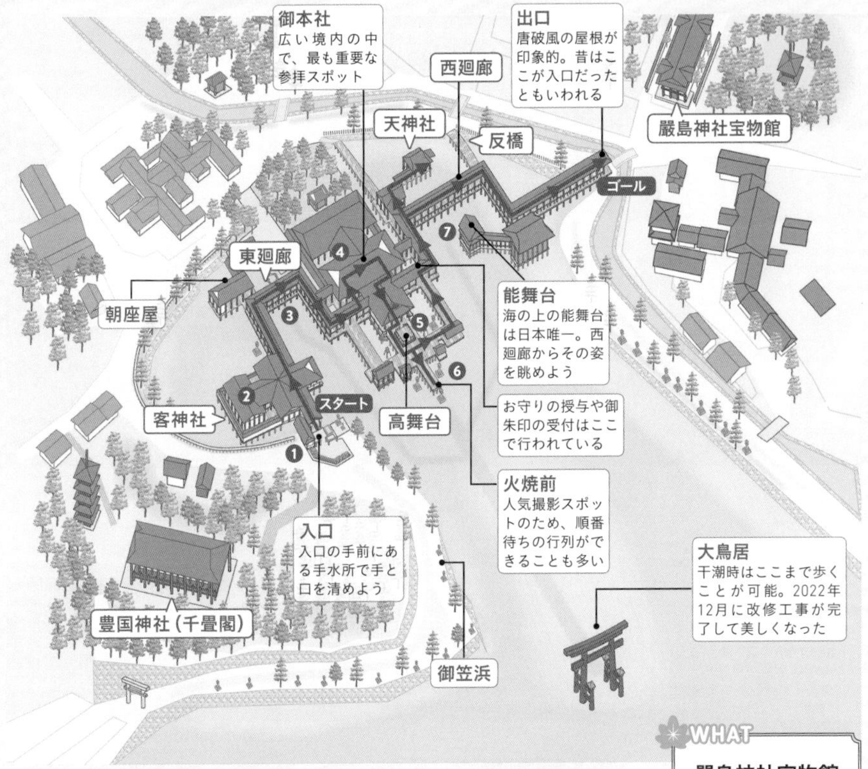

御本社
広い境内の中で、最も重要な参拝スポット

出口
唐破風の屋根が印象的。昔はここが入口だったともいわれる

西廻廊

天神社

反橋

嚴島神社宝物館

ゴール

東廻廊

朝座屋

能舞台
海の上の能舞台は日本唯一。西廻廊からその姿を眺めよう

お守りの授与や御朱印の受付はここで行われている

客神社

スタート

高舞台

火焼前
人気撮影スポットのため、順番待ちの行列ができることも多い

入口
入口の手前にある手水所で手と口を清めよう

大鳥居
干潮時はここまで歩くことが可能。2022年12月に改修工事が完了して美しくなった

豊国神社（千畳閣）

御笠浜

⑤ 高舞台
たかぶたい
天文15(1546)年に寄進された、舞楽の日本三舞台のひとつ。国宝 ※2024年4月現在修理工事中

⑥ 火焼前
ひたさき
平舞台の先端部分で、青銅製の灯籠が立っている。行列ができることもある人気の撮影スポット。国宝

⑦ 能舞台
のうぶたい
海に建てられた能舞台としては国内唯一。毛利元就の造営寄進で、毎春、桃花祭御神能が奉納。重要文化財

WHAT

嚴島神社宝物館

珍しい漆塗りのコンクリートの建物に平家納経、刀剣類など、神社に奉納された宝物の一部を展示している

嚴島神社の最大の特徴は、何といっても海の上に造られた社殿！　美しい見どころが廻廊に沿って登場する。

TOURISM 02

嚴島神社だけじゃない！
宮島でのんびり社寺めぐり

信仰の島である宮島には、嚴島神社のほかにも魅力的な社寺が多数。のんびりめぐって心身をリフレッシュしよう！

A

思わず息をのむ圧倒的なスケール

むき出しの梁や柱に注目

WOW!

江戸時代には納涼の場として親しまれ、柱に当時の川柳などが残る

A B

1 27.6mの高さを誇る五重塔は宮島のランドマークの一つ 2 かつて僧坊(僧侶の住居)だった大願寺の本堂

HOW

宮島の社寺のめぐり方

嚴島神社の周辺に社寺が集中しているので、徒歩や自転車でも回りやすい。参拝者の少ない朝のうちから回りはじめるのがおすすめ！

おすすめ散策ルート

嚴島神社に続いて、東隣の豊国神社、西隣の大願寺に参拝。弥山のふもとの大聖院まで足を延ばし、平清盛ゆかりの清盛神社で締めくくろう。

START! 宮島桟橋
▷ 徒歩10分
1 嚴島神社(→P.70)
▷ 徒歩5分
2 豊国神社(千畳閣)
▷ 徒歩10分
3 大願寺
▷ 徒歩2分
4 大本山 大聖院
▷ 徒歩10分
5 清盛神社
▷ 徒歩20分
GOAL! 宮島桟橋

WHY

宮島に社寺が多いワケ

古くから島自体が信仰の対象だったため、神社や寺院が多い。明治時代の神仏分離令で、主な7カ寺を除く多くの寺院が廃寺となった。

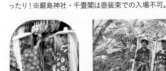

平安衣装で宮島をめぐろう

平安時代の女性の旅装束を着て島内を散策できる「平安壺装束プラン」8800円(散策1時間30分)は社寺めぐりにぴったり!※厳島神社・千畳閣は壺装束での入場不可。

みやじま紅葉の賀
みやじまもみじのが

廿日市市宮島町593-2F 表参道 ☎0829-44-0175(要予約) 営予約制 休不定休 交宮島桟橋から徒歩約5分 Pなし 宮島 ▶MAP 別P.4 C-2

財福・学問・芸事の上達を祈願

不動明王をまつる護摩堂

B

霊峰・弥山のふもとの霊験あらたかな古刹

C

弥山三鬼大権現の本坊御祈祷所である摩尼殿

松原に囲まれた平清盛ゆかりの神社

3 境内には、弁財天の使い・龍神をまつる社もある 4 大師堂の裏には、願いごとを一つだけ叶えてくれるという一願大師を安置 5 朱色の鳥居が松の緑に映えて美しい

A 秀吉と加藤清正をまつる

豊国神社(千畳閣)

ほうこくじんじゃ(せんじょうかく)

秀吉が千部経の転読供養のために建立を命じた。857畳を誇る大伽藍は島内最大の規模。

廿日市市宮島町1-1 ☎0829-44-2020(厳島神社) 営8:30〜16:30 休無休 料昇殿料100円 交宮島桟橋から徒歩10分 Pなし 宮島 ▶MAP 別P.5 D-2

B 日本三大弁財天の一つ

大願寺

だいがんじ

建仁年間(1201〜1204)に再興された古刹。かつては島全体の寺社の修理造営を司った。

廿日市市宮島町3 ☎0829-40-2070 営8:30〜17:00 休無休 料参拝自由 交宮島桟橋から徒歩15分 Pなし 宮島 ▶MAP 別P.5 E-2

C 宮島最古の歴史がある寺

大本山 大聖院

だいほんざん だいしょういん

大同元(806)年に弘法大師が開き、本尊の波切不動明王は豊臣秀吉の念持仏。

廿日市市宮島町210 ☎0829-44-0111 営8:00〜17:00 休無休 料参拝自由 交宮島桟橋から徒歩20分 Pなし 宮島 ▶MAP 別P.5 F-2

D 厳島神社の境外末社

清盛神社

きよもりじんじゃ

平清盛の遺徳をたたえるため1954年に建立。命日にあたる3月20日に神事が行われる。

廿日市市宮島町西松原 ☎0829-44-2020(厳島神社) 営参拝自由 休無休 料参拝自由 交宮島桟橋から徒歩20分 Pなし 宮島 ▶MAP 別P.5 E-3

大聖院はかつて厳島神社の別当寺で、僧侶が厳島神社の祭事を行った。

TOURISM 03

宮島グルメの代名詞
名物・あなごめしに舌鼓！

100年以上前に、駅弁として誕生した宮島のあなごめし。
宮島口の「うえの」発祥といわれ、今は宮島グルメの代表格として愛される。

あなごと味飯の共演
恍惚の奥深い旨み

menu
あなごめし上
2800円
秘伝のタレを絡めて焼き上げたアナゴの下は、アナゴだしで炊いた味飯

明治34年創業の元祖
うえの

先代が宮嶋駅（現在の宮島口駅）で駅弁を販売したことが、あなごめしのルーツとされる。シンプルな一品でありながら、秘伝のタレやアナゴだしの味飯など、唯一無二のおいしさに出合える。

廿日市市宮島口1-5-11 ☎0829-56-0006 営10:00～19:00（水曜は～18:00、弁当販売は9:00～）※売り切れ次第閉店 休無休 交JR宮島口駅からすぐ P7台
宮島口 ▶MAP 別P.4 A-3

予約不可の食事処は平日でも行列覚悟で。弁当は予約可

レトロな包みのあなごめし弁当（普通）2700円をお土産に

有名グルメガイドでも紹介された人気店

ふじたや

メニューはあなごめしのみという潔さ。白焼きを提供直前にタレ焼きで仕上げたアナゴは、ふっくらやわらかく、本来の味がしっかり楽しめる。予約不可なので開店時が狙い目。

廿日市市宮島町125-2　☎0829-44-0151　営 11:00～LO16:00　休 不定休　交 宮島桟橋から徒歩15分　Pなし

宮島 ▶MAP 別P.5 E-2

売り切れ御免！
ふっくら天然アナゴ

menu
あなごめし
3000円
使用するのは天然アナゴのみ。吸い物の内容は季節替わり（冬はカキ）

食べ応えしっかり
幅広い世代に好評

menu
あなご丼
1980円
ご飯を覆うたっぷりのアナゴは、甘すぎないタレがポイント

宮島で100年以上続く食事処

お食事処 梅山

おしょくじどころ うめやま

アナゴやカキを使った料理が充実し、定食や丼のほか一品料理も豊富に揃い、食事はもちろん昼呑みにも最適。脂ののったアナゴを贅沢に2匹も使ったあなご丼は、ボリュームも大満足の一品。

廿日市市宮島町844　☎0829-44-0313　営 10:00～17:00　休 不定休　交 宮島桟橋から徒歩5分　Pなし

宮島 ▶MAP 別P.4 B-2

職人技で仕上げる焼きたてアナゴを

いな忠

いなちゅう

明治時代に鮮魚店として創業し、1980年頃にアナゴ料理を主とした食事処に。商店街の中心にあり、店頭で焼き上げるアナゴの香りが食欲をそそる。あなごめし弁当は持ち帰りも可能だ。

廿日市市宮島町507-2　☎0829-44-0125　営 10:30～15:15　休 木曜　交 宮島桟橋から徒歩7分　Pなし

宮島 ▶MAP 別P.4 C-2

店頭に漂う香りに
思わず誘われる

menu
あなごめし
2500円
アナゴのだしで炊いたご飯と、甘辛く香ばしいアナゴが絶妙にマッチ

江戸時代に編纂された広島藩の地誌『芸藩通志』にも、「阿奈吾（あなご）」が名産として紹介されている。

TOURISM 04

あっちこっち寄り道しましょ！
表参道商店街でおいしいもの探し

スイーツからクラフトビールまで、あらゆるグルメが集まる商店街。
にぎやかな雰囲気を楽しみ、おいしいものに舌鼓を打ちながら、あちこち寄り道してみよう。

A 大正14年創業の老舗の逸品を

藤い屋 本店
ふじいや ほんてん

もみじ饅頭の老舗。焼き型を一つひとつ手で返しながら焼くなど、今も手仕事にこだわっている。

→P.48

もみじまんじゅう 1個130円

オリジナル製粉の小麦粉、北海道産小豆など素材にこだわる

B 宮島の新名物"もみクロ"

鳥居屋
とりいや

売店、休憩室などを備えた、お土産の品揃えが豊富な観光センター。もみじクロワッサンの製造工程も見学できる。

もみじクロワッサン 1個300円

パイ生地で自家製粒餡やクリームを包んだ一品。季節限定の味も

廿日市市宮島町492 ☎0829-44-2200 営8:30〜17:00 休無休 交宮島桟橋から徒歩8分 Pなし 宮島 ▶MAP 別P.4 C-2

表参道商店街

A 藤い屋 本店

Good!

アンコロネ 280円〜

店頭に並ぶコロネは定番アンコロネと季節のアンコロネが数種類

ミックスベリーミルク 500円
ミックスジュース 500円

ほどよくフルーツの果肉が残る。ミックスジュースには、ミカン、パイン、リンゴ、イチゴなどが入っている

揚げもみじ 1本200円

薄い衣は驚くほどサクサク！ 揚げたてなので中までアツアツ

D 「藤い屋」の新ブランド！

COCONCA anco
ココンカ アンコ

「藤い屋」伝統の餡作りを生かした洋菓子処。自慢の餡や瀬戸内の果実を使った新しいお菓子を楽しめる。

廿日市市宮島町490
☎0829-44-1020 営10:00〜17:00(変更あり) 休無休 交宮島桟橋から徒歩8分 Pなし
宮島 ▶MAP 別P.4 C-2

E 旬のフルーツをジュースで味わう

PriMevErE
プリムベェール

宮島唯一のジュースバー。旬の新鮮な果物を取り寄せて、ミキサーにかけた生果汁ジュースが味わえる。

廿日市市宮島町463-1
☎0829-44-1661 営10:30〜17:00 休不定休 交宮島桟橋から徒歩8分 Pなし
宮島 ▶MAP 別P.4 C-2

F サクサク揚げもみじが人気

紅葉堂 本店
もみじどう ほんてん

創業明治45(1912)年。宮島の新名物・元祖「揚げもみじ」の専門店。伝統を守りつつ、新しい挑戦を続けている。

廿日市市宮島町448-1 ☎0829-44-2241 営9:30〜17:30頃(季節により変動あり) 休不定休 交宮島桟橋から徒歩8分 Pなし
宮島 ▶MAP 別P.4 C-2

C 約27種類が揃う

勝谷菓子パン舗

かつたにかしパンほ

もみじ饅頭で有名な勝谷菓子舗がコッペパンの専門店に。こし餡の上品な甘さはそのまま、スイーツ系からおかず系まで用意。

住 廿日市市宮島町465-1 ☎080-8984-8640 営 10:00～17:00 休 木曜 交 宮島桟橋から徒歩8分 🚗Pなし

宮島 ▶MAP 別P.4 C-2

広島お好み焼き
500円
勝谷あんマーガリン
300円

大正時代からもみじ饅頭を作ってきた勝谷菓子舗の味を受け継ぐコッペパンが人気

目移り必至の宮島名物が揃う

趣ある町家通りを歩いてみよう

表参道商店街の一筋東は、昔ながらの町家が多く残る町家通り。最近はカフェや雑貨店なども増えており、のんびり散策するのも楽しい。

町家通り
鳥居屋
B
D COCONCA anco
E PriMevErE
F 紅葉堂 本店
C 勝谷菓子パン舗
G MIYAJIMA BREWERY
H お食事処 とりい

焼き牡蠣
2個500円

店頭で味わえる焼きガキ。ぷっくり肥えたカキはジューシー

YEAH～!

宮島WEIZEN
宮島OYSTER STOUT
Mサイズ各750円～

スタンドでは常時5種類前後のクラフトビールやビールに合うフードを用意している。種類は季節替わり

G 宮島唯一のクラフトビール製造所

MIYAJIMA BREWERY

ミヤジマ ブルワリー

宮島の天然水を仕込み水に使用した宮島ビールの醸造所兼ビアスタンド。できたての生ビールが味わえる。

住 廿日市市宮島町459-2 ☎0829-40-2607 営 10:30～17:00 休 無休 交 宮島桟橋から徒歩8分 🚗Pなし

宮島 ▶MAP 別P.4 C-2

H 瀬戸内の海の幸を楽しむ

お食事処 とりい

おしょくじどころ とりい

座敷もあり、家族連れにも安心。特産の焼きガキや名物のアナゴ料理など瀬戸内の海の幸をたっぷり堪能できる。

住 廿日市市宮島町大町1144
☎0829-44-2202 営 10:30～16:00
休 不定休 交 宮島桟橋から徒歩10分
🚗Pなし 宮島 ▶MAP 別P.5 D-2

嚴島神社まで続く表参道商店街は全長約350m。食べ歩きグルメのほか、お土産も充実！

TOURISM 05

ロープウエーで聖地へGO!
弥山ハイキングで絶景に感動！

島中心に位置する弥山は、山全体が神体とされる霊山。
片道最長2時間で登れる神秘の山へ、絶景を求めて出かけよう。

HOW

ハイキングの準備

険しい道が多いので、登山にふさわしい靴で。飲み物を買う場所はないので、水の持参を忘れずに。

自然のままの原始林が残る世界遺産

弥山
みせん

標高535mの自然豊かな山。頂上までは複数の経路があるが、中腹の獅子岩展望台まではロープウエーが利用できる。

廿日市市宮島町 ☎0829-44-2011（宮島観光協会） 営休料見学自由 交宮島ロープウエー獅子岩駅から徒歩30分（山頂展望台） P なし

宮島 ▶MAP 別P.5 C-3

大スケールの絶景が待つ宮島のパワースポットへ

point 1
瀬戸内海の多島美や、四国連山の山並みなどを一望できる

point 2
山頂やその付近の巨石・奇石はパワースポットとして知られる

弥山ハイキング

START!

宮島ロープウエー獅子岩駅

所要30分
約950m

徒歩2分

① 獅子岩展望台からスタート!

獅子岩駅からすぐ。標高433mで、この地点からすでに青い海と美しい島々が一望できる。

島々の眺めに
うっとり
獅子岩

瀬戸内海を航行する船や街並みも見える

徒歩20分

② 弘法大師ゆかりの弥山本堂に参拝

霊地を探し求めて宮島に立ち寄った弘法大師がここに御堂を建て、100日間の修行を行った。

WHO

弘法大師空海

平安初期の僧侶。遣唐使に随行する形で唐に渡って密教を学び、帰国後に真言宗を開いた。

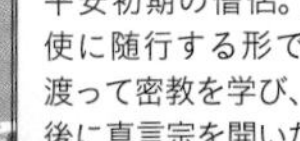

弥山の守護神・三鬼大権現をまつる「三鬼堂」も

徒歩すぐ

③ 霊火堂で無病息災を祈願

弥山本堂近くの霊火堂には、弘法大師が修行中に焚いて1200年以上燃え続けると伝わる「消えずの火」が。

徒歩4分

HOW

宮島ロープウエーの乗り方

紅葉谷駅でチケットを買って乗車

約20〜30分の空の旅

獅子岩駅に到着!

④ くぐり岩をくぐると山頂はもうすぐ

巨大な奇岩が積み重なってできたトンネル。近年の地震でだんだん低くなってきたとか。

人気の撮影
スポット!

洞内に不動明王が安置される「不動岩」も必見

徒歩すぐ

⑤ 弥山山頂から瀬戸内海を一望

一面が空と海の360°大パノラマ。瀬戸内海の島々、宮島の大鳥居、対岸の廿日市市や広島市までを一望。

展望台の2階では床に座ってゆっくりできる

GOAL!

晴れた日には
四国連山も!

ロープウエーを使わない登山コースも

紅葉谷コース 片道約1時間30分〜2時間 約2.5km

初心者向け。紅葉川沿いに登るコースで、渓谷美や表情豊かな奇岩を満喫できる。後半は急勾配なので前半で体力温存を。

大聖院コース 片道約1時間30分〜2時間 約3km

3コースある中で一番明るい登山道を歩く。石段が多いが、道中に距離を示す丁石や、石仏が点在。登山好きにおすすめ。

「弥山」の名は、古代インドの世界観で世界の中心にそびえているという「須弥山(しゅみせん)」が由来。

TOURISM 06

非日常感たっぷり！

絶景ビューの宮島カフェへ

慌ただしい日常から解放されてリラックスするのも旅の醍醐味。おいしいものに出合え、宮島の景色を堪能できたらさらによし。全てを叶えてくれるカフェをご紹介します。

ワイン片手に海を一望！
贅沢な宮島時間

絶景 point!
ガラス張りの大きな窓から瀬戸内海と宮島の町並みを一望できる。

天気のいい日は窓を開け放つことも

静かなロケーション

島民しか通わない閑静な丘の上にある

コレがおすすめ！
ケーキ&ドリンクセット
1380円
瀬戸内で育ったレモンを使用したケーキ

牡蠣屋提案のコンセプトショップ

牡蠣祝

かきわい

丘の上に立つ古民家を改装。店内は一面ガラス張りで、絶景を眺めながらカフェやワインが楽しめる。春〜秋限定のテラス席も素敵。

廿日市市宮島町422 ☎非公開 営13:00〜17:00(LO16:00) 休不定休 交宮島桟橋から徒歩15分 Pなし

宮島 ▶MAP 別P.5 D-1

絶景 point!
目線の高さに豊国神社と五重塔を一望できる庭園カフェ。

コレがおすすめ！
レモンケーキ 660円
ドリップコーヒー 110円
※別途入場料550円
やさしい味のケーキと自家焙煎珈琲

平屋建てのコーヒーサロン

天心閣

てんしんかく

スペシャルティコーヒー専門店「伊都岐珈琲」が手掛ける。日本庭園を囲むテラスで、宮島の町並みを眺めながら至福の一杯を。

廿日市市宮島町413 ☎0829-44-0611 営12:00〜17:00 休無休 交宮島桟橋から徒歩15分 Pなし

宮島 ▶MAP 別P.5 D-1

宮島の絶景とともに
いただく特別なコーヒー

縁側を思わせるテラス席

観光地の喧噪を離れてほっとひと息

絶景 point!
大鳥居を目の前に望む窓際の席が特等席！ 晴れた日はテラス席も◎

コレがおすすめ！
ケーキセット
ドリンク代＋500円
写真はカフェオレ(アイス)と自家製チーズケーキのセット1130円

宮島のシンボルが目の前に！

Cafe Lente
カフェ レンテ

嚴島神社の出口から歩いてすぐの閑静な一角に立つ。ヘルシーなランチやスイーツが楽しめるカフェのほか、2階では民泊営業も。

廿日市市宮島町北大西町1167-3
☎0829-44-1204 営11:00～16:00
休不定休 交宮島桟橋から徒歩15分
Pなし
宮島 ▶MAP 別P.5 E-2

すてき町家カフェも気になる！

コレがおすすめ！
抹茶のデザートセット
1380円
抹茶のティラミスと
煎茶の冷たいおしるこ

実家のようなくつろぎを

HEM'S HOTEL
ヘムズホテル

築約100年の町家を改装し、昼間はカフェ、夜は1日1組限定の宿として営業。器や盛り付けにもこだわった日替わりスイーツが人気。

廿日市市宮島町大和町662
☎070-8527-1228
営12:00～15:00
休不定休
交宮島桟橋から徒歩9分
Pなし
宮島 ▶MAP 別P.4 B-1

瀬戸内の恵みを堪能

宮島レ・クロ
みやじまレ・クロ

明治時代の邸宅を利用したカフェ＆レストラン。有名ホテルで総料理長を務めたシェフが、瀬戸内海の幸を贅沢に使った料理を提供。

廿日市市宮島町527-1
☎0829-30-7196 営11:30～15:00(LO14:00)、17:00～20:00(LO19:00) 休不定休
交宮島桟橋から徒歩10分
Pなし
宮島 ▶MAP 別P.4 C-1

コレがおすすめ！
デザートセット 950円
クリームブリュレなど4種から選べる

カキ専門店「牡蠣屋」が運営母体の牡蠣祝では、人気商品のカキのオイル漬けも販売！

TOURISM 07

一度は泊まってみたい！

宮島の憧れ極上宿

日本を代表する観光地・宮島には、魅力的な宿がいっぱい。
非日常感たっぷりの極上宿に泊まって、朝から晩まで宮島を満喫しよう。

数々の偉人をもてなした宮島きっての老舗旅館

極上 point
弥山のふもとの紅葉谷公園内にあり、初夏には青もみじ、秋には鮮やかな紅葉が楽しめる

明治時代に建てられた玄関母屋

紅葉谷を見守って170年

岩惣
いわそう

安政元(1854)年、紅葉谷で茶屋として開業し、明治時代から旅館を営むように。初代内閣総理大臣・伊藤博文をはじめとする政財界の要人や、夏目漱石ら文豪にも愛された。

かわいい鹿に出合えるかも

- 廿日市市宮島町もみじ谷
- ☎0829-44-2233
- 宮島桟橋から徒歩15分
- P5台

宮島 ▶MAP 別P.5 D-1

料金 1泊2食付2万9850円～
IN 15:30～19:30
OUT 10:00
客室数 38室

極上 point
夕食は、瀬戸内海の幸をふんだんに盛り込んだ見目麗しい懐石料理。秋～春にはプリプリのカキも登場！

1.森に面した大浴場には、宮島には珍しい温泉を引く 2.瀬戸内海を一望する新館客室
3.色とりどりの料理が目を楽しませてくれる 4.紅葉谷に面した離れも人気

老舗宿が手がける話題の一軒

ホテル宮島別荘

ホテルみやじまべっそう

宮島の老舗温泉旅館「錦水館」がプロデュースしたホテル。「大人のための宮島の我が家」をコンセプトに、まるで自分の家にいるかのようなくつろぎの時間を過ごすことができる。

- 廿日市市宮島町1165
- ☎0829-44-1180
- ㊋宮島桟橋からすぐ
- P5～6台

宮島 ▶MAP 別P.4 A-2

料金 1泊2食付2万5300円～
IN 15:00～20:00
OUT 11:00
客室数 42室

極上point
5階にある「光明神々温泉 湯Like(ユ・ライク)」から、瀬戸内海の景色や宮島一美しい夕日を一望できる。

"宮島暮らし"を体験できるホテル

宮島初の畳敷きの展望風呂

極上point
宮島の暮らしを「町家・海・山」の3つのコンセプトルームで表現。部屋では靴を脱いでくつろげる。

しっとりした雰囲気♪

ゆりかごのようなハンギングチェア

1.全室ベッドスタイルの客室 2.しっとりとした雰囲気の夜の正面玄関 3.ウッドデッキのテラスから宮島の緑が望める

宮島の悠久の時を感じられる老舗温泉宿

極上point
2024年2月オープンの新客室「みずをり」は、瀬戸内の波のきらめきを五感で感じられる和モダンルーム。

ビューリビングから宮島の美景を望める

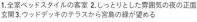

宮島の景色を一望できる老舗旅館

宮島潮湯温泉 錦水館

みやじましおゆおんせん きんすいかん

明治35(1902)年創業。目の前に瀬戸内海や嚴島神社の大鳥居、宮島の景色を望む絶好のロケーション。嚴島神社まで徒歩3分と好立地。潮湯温泉や地元の食材を使った料理も自慢。

- 廿日市市宮島町1133
- ☎0829-44-2131
- ㊋宮島桟橋から徒歩5分
- P4台

宮島 ▶MAP 別P.4C-2

料金 1泊2食付3万5000円～
IN 15:00～20:00
OUT 11:00
客室数 34室

極上point
2022年7月誕生の宮島唯一のルーフトップテラス。美しい瀬戸内海や情緒ある宮島の町並みを一望できる。

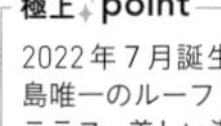

塩と温泉で身体を清めよう

1.神の島から湧き出る天然温泉 2.地産地消にこだわった「宿屋料理」 3.天気が良ければ星空を眺めることもできる

海水を含んだ宮島潮湯温泉は保温効果が高く、湯上がり後も心地良い温かさが続く。

名所がいっぱいの観光都市

広島タウン

Hiroshima Town

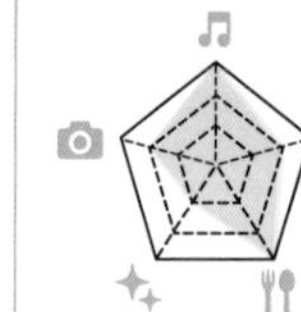

昼：◎ 夜：◎

原爆ドームなどのスポットやお好み焼きや牡蠣の専門店などが集まる広島旅行の起点。

このエリアを巡る3つのコツ

01 路面電車でのんびり旅を

広電は外の景色も楽しみのひとつ。気になるスポットとあわせて乗り降りするなど、気ままな観光を満喫するのもおすすめ！ 多彩な車両にも注目。

宮島口までアクセスが可能

02 食事に迷ったらにぎやかな八丁堀へ！

八丁堀は飲食店が多数集まる。なかでも、居酒屋やバーなどが軒を連ねる流川通り・薬研堀通りは、広島きっての夜の街として知られる。

おしゃれなカフェもあちこちに

03 街なかや広島駅でお土産を買い分けよう

お土産の購入は、定番土産のほとんどが揃う駅ビルがおすすめ。ただし駅ビルでの販売がない＆売り切れ必至の商品は早めに購入しておこう。

定番から話題のものまで充実

さらに裏ワザ！

観光に便利なバスやクルーズを活用

市内循環バス「ひろしま観光ループバス（めいぷる〜ぷ）」や、ミニクルーズ船「ひろしまリバークルーズ」も便利で楽しい♪

こんな楽しみ方も！

広島東洋カープの試合を観戦！

広島といえばカープ！ カープファンが盛り上がるスタジアムでの野球観戦も楽しい！ もちろん早めのチケット予約が必須。野球観戦とあわせて、カープゆかりのスポットや飲食店など、聖地巡りをしてみては？（→P.100）

ヒロシマピースボランティアの方と平和記念公園を巡る

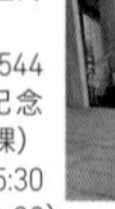

公園内の慰霊碑などを解説。
☎082-541-5544（広島平和記念資料館啓発課）
㊑10:30〜15:30（受付は〜14:30）
㊡12月30・31日※資料館内解説は休止中。公園内解説は1年前〜1週間前の同一曜日まで予約可
料金 解説は無料（資料館入館には別途）

交通案内

広電

正式名称は広島電鉄。市内を網羅しており、名所はほぼこれでアクセスOK。宮島口までもアクセスできる。

雁木タクシー

大人6人乗りの小型ボートを使用した、広島の川を走る水上タクシー。観光向けのコースもいくつかある。

レンタサイクル

広島市シェアサイクル「ぴーすくる」などのレンタサイクルは、小回りが利いて移動もスムーズにできる。

徒歩

平和記念公園〜広島本通商店街〜八丁堀辺りは、徒歩で十分移動可能。寄り道しながら歩くのも楽しい。

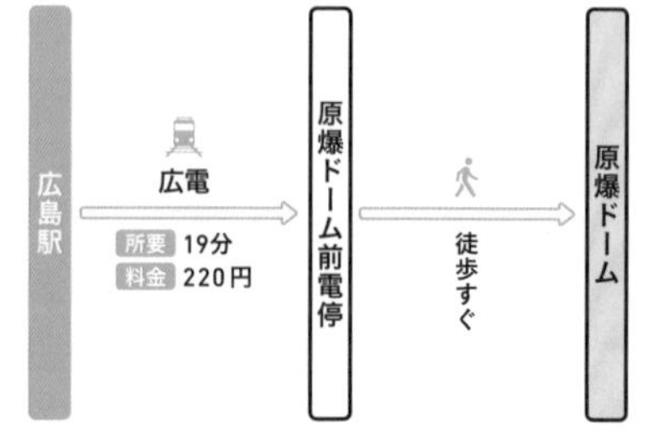

モデルコース ▷ 約7時間 約8.5km

START 広島駅 ⇨ バスで10分 ⇨ 1 広島城 ⇨ 徒歩12分 ⇨ 2 みっちゃん総本店 八丁堀本店 ⇨ 路面電車で11分 ⇨ 3 原爆ドーム ⇨ 徒歩6分 ⇨ 4 広島平和記念資料館 ⇨ 徒歩2分 ⇨ 5 平和記念公園 ⇨ 徒歩4分 ⇨ 6 おりづるタワー ⇨ バスで14分 ⇨ 7 カープ鳥 広島駅前スタジアム ⇨ バスで14分 ⇨ 8 しま商店 ⇨ 徒歩すぐ ⇨ GOAL 広島駅

おさんぽが楽しい♪

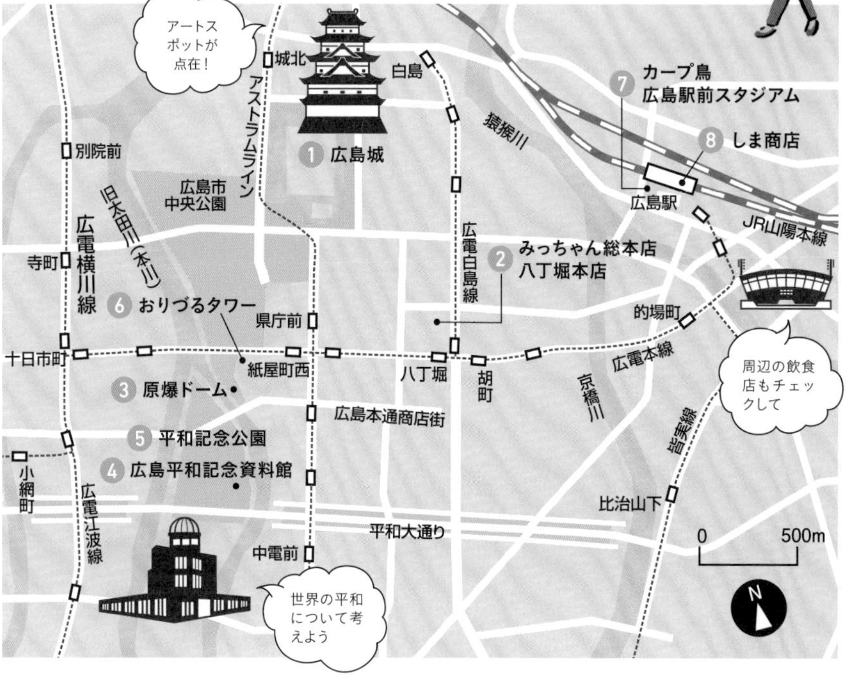

アートスポットが点在！
城北
白島
アストラムライン
1 広島城
猿猴川
7 カープ鳥 広島駅前スタジアム
8 しま商店
広島駅
JR山陽本線
別院前
旧太田川（本川）
広島市中央公園
広電横川線
寺町
広電白島線
2 みっちゃん総本店 八丁堀本店
6 おりづるタワー
県庁前
的場町
十日市町
紙屋町西
八丁堀
胡町
広電本線
京橋川
周辺の飲食店もチェックして
3 原爆ドーム
広島本通商店街
皆実線
5 平和記念公園
4 広島平和記念資料館
小網町
広電江波線
比治山下
平和大通り
中電前
0 500m
世界の平和について考えよう

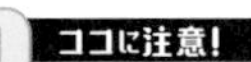

行列必至の人気店は開店時が狙い目！
お好み焼きをはじめ、広島グルメの人気店がひしめく広島タウン。できるだけ開店時を狙おう。

平和記念資料館は時間にゆとりを
資料にはそれぞれ丁寧な解説が。半日がかりで見学する人もいるので、見学時間は確保しておこう。

広電では小銭を用意
市内線は220円の均一運賃。おつりは出ないので事前に車内の両替機を。交通系ICカードも利用可。

広島駅周辺（ひろしまえきしゅうへん）

新幹線の停車駅であり、広電の発着駅となる広島駅。駅ビルには飲食店やお土産店が充実しており帰る直前まで楽しめる。駅の西側「エキニシ」にも注目！

広島城周辺（ひろしまじょうしゅうへん）

広島城を中心に、ひろしま美術館などの名所が集まる。いずれも広いスポットなので時間に余裕を持とう。広電八丁堀電停から白島駅で乗り換えを。

八丁堀（はっちょうぼり）

百貨店やショップが集まる、広島タウンの中心エリア。夜の街としても賑わう広島屈指の繁華街として知られる。

広島本通商店街周辺（ひろしまほんどおりしょうてんがいしゅうへん）

全長577mの広島最大の商店街。ショッピングもグルメも楽しめる。アーケードがあり、雨でも快適。

平和記念公園周辺（へいわきねんこうえんしゅうへん）

平和記念公園の中には、資料館や慰霊碑などが。おりづるタワーの展望台からは原爆ドームや公園が一望できる。

原爆ドームや資料館が集まる平和記念公園やおりづるタワーは、広島駅から広電一本でアクセス可能。

TOURISM 08

緑に包まれた祈りの公園

平和記念公園めぐり

世界遺産に登録されている原爆ドームや広島平和記念資料館、原爆死没者慰霊碑、原爆の子の像などが立つ平和記念公園。世界の恒久平和を願いながら回ろう。

広島市の中心部から平和への祈りを捧げる

広島市の中心部にある公園で爆心地に近いこの場所に造られた

核兵器の恐怖を知る

平和記念公園

へいわきねんこうえん

昭和初期まで広島市の繁華街として栄えた場所。現在は原爆死没者の慰霊と世界恒久平和を祈念し、公園として整備される。

住 広島市中区中島町1、大手町1-10 ☎ 082-247-6738(広島市観光案内所)
営 休 料 散策自由 交 広電原爆ドーム前電停からすぐ 🚗 Pなし

平和記念公園周辺 ▶MAP 別P.6 B-2

公園内のあちこちに色鮮やかな千羽鶴が見られる

本川と元安川の2つに挟まれて立つ平和記念公園

WHAT

8月6日の出来事

昭和20(1945)年、人類史上最初の原子爆弾が広島市内に投下された。広島市内は一瞬にして灰燼と化した

Attention

平和記念公園を めぐる際の注意

原爆ドーム、公園内の石碑、平和記念資料館など見るべきポイントが多いので、見学時間は2時間程度とっておくのがおすすめ

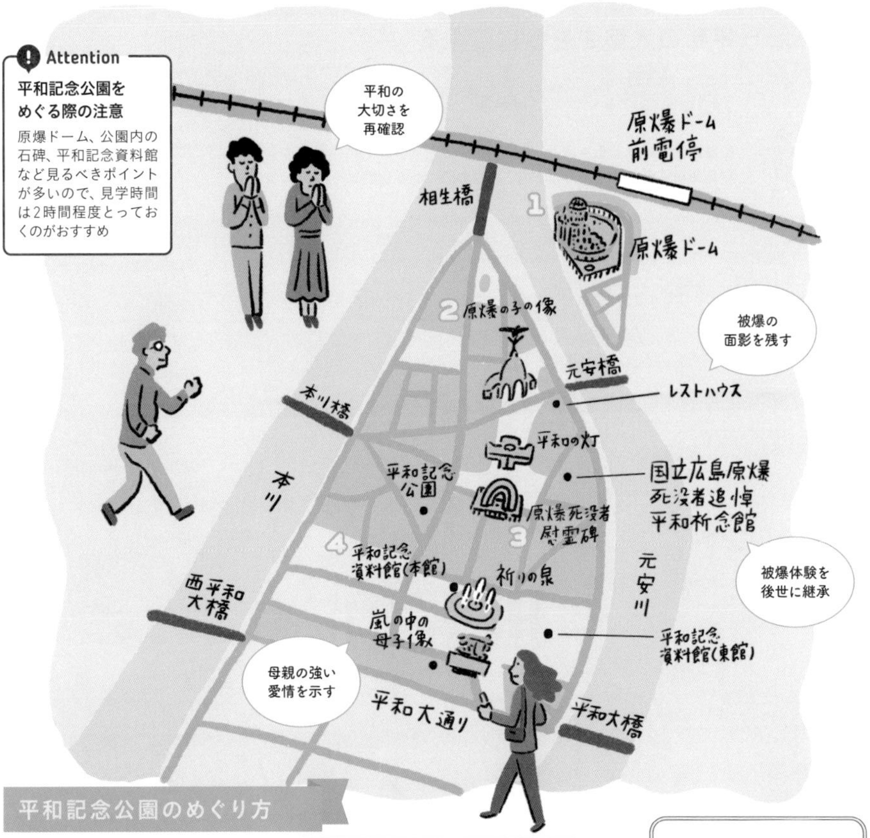

平和の大切さを再確認

原爆ドーム前電停

相生橋

1 原爆ドーム

2 原爆の子の像

被爆の面影を残す

元安橋

レストハウス

本川橋

平和の灯

国立広島原爆死没者追悼平和祈念館

平和記念公園

本川

3 原爆死没者慰霊碑

4 平和記念資料館(本館)

祈りの泉

元安川

被爆体験を後世に継承

西平和大橋

嵐の中の母子像

平和記念資料館(東館)

母親の強い愛情を示す

平和大通り

平和大橋

平和記念公園のめぐり方

SPOT 1 原爆ドーム

被爆した当時の姿のまま。核兵器の廃絶と世界の恒久平和を訴える

SPOT 2 原爆の子の像

佐々木禎子さんをはじめ犠牲となった子どもの霊を慰める

SPOT 3 原爆死没者慰霊碑(広島平和都市記念碑)

アーチ型の慰霊碑で、原爆死没者名簿が石室に納められている

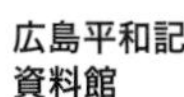

SPOT 4 提供／広島平和記念資料館

広島平和記念資料館

被爆者の遺品や被爆の惨状を示す資料などを多数展示

8月6日の平和行事

毎年8月6日は世界平和の実現を祈る日として広島市が定めた「平和記念日」。

☎ 082-504-2103(広島市市民局市民活動推進課)

18時頃から平和への願いを書いた約8000のとうろうを元安川に流す。

☎ 082-245-1448(とうろう流し実行委員会)

平和への願いを込めて鳴らされる平和の鐘の音は、環境省が選んだ「残したい日本の音風景100選」に選ばれた。

TOURISM 09

平和の大切さを今に伝える
原爆ドーム・平和記念資料館へ

広島市内の観光でまず向かいたいのが、原爆ドームや資料館のある平和記念公園。平和を祈る各施設を巡りながら、原爆の恐ろしさを学ぼう。

原爆の惨劇と平和の大切さを
時代を超えて世界へ

ドームがあるなど当時は珍しいヨーロッパ風の建物だった

元は広島の物産品の展示・販売をする施設で展覧会なども催された

原爆により館内は全焼したが、中心部は奇跡的に全壊を免れた

ライトアップは不定期で

恒久平和のシンボル

原爆ドーム
げんばくドーム

広島県物産陳列館として建設され、ここから南東160mの上空で原爆がさく裂。当時の傷跡が生々しく残り、原爆の惨劇を今に伝える。建物は平成8(1996)年に世界文化遺産に登録された。

広島市中区大手町1-10 平和記念公園内
☎ 082-247-6738(広島市観光案内所) 営 休 料 見学自由(見学は外観のみ) 交 広電原爆ドーム前電停からすぐ P なし
平和記念公園周辺 ▶MAP 別P.6 B-2

提供/広島平和記念資料館

SPOT 1
韓国人原爆犠牲者慰霊碑

当時、強制労働で広島に連行されていた数万人の朝鮮人も被爆。多くの犠牲者の霊を弔うために建てられた。

SPOT 2
レストハウス

元安橋のたもとにあり、被爆前の面影を唯一残す建物。現在は観光案内所兼休憩所で、2020年にリニューアル。

提供/広島平和記念資料館

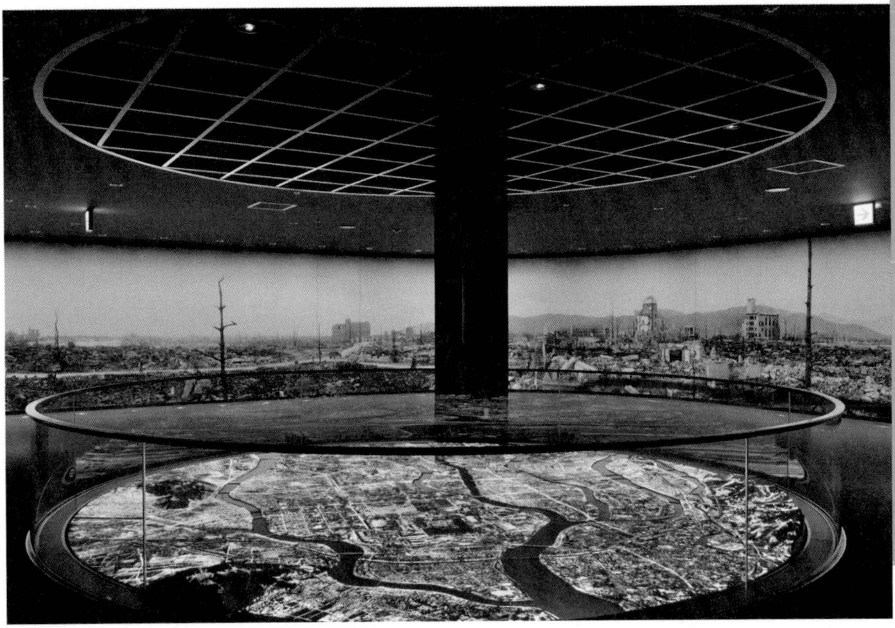

導入展示では、立体模型にCG映像を投影し、被爆前後の街の様子を伝える

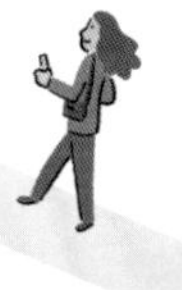

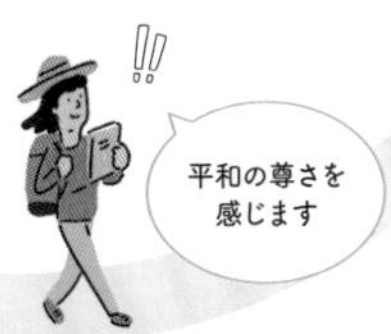

HOW

平和記念資料館のめぐり方

1階受付から3階に上がり、順路に沿って見学して。より深く学びたい人は音声ガイドを

核の非人道性と被害者の声を伝える

広島平和記念資料館

ひろしまへいわきねんしりょうかん

無差別に多くの命を奪った一発の原子爆弾。本館・東館合わせて4つの展示ゾーンがあり、被爆者の遺品展示や証言などを通して、その惨状を伝える。核兵器の脅威や復興の展示などもある。

広島市中区中島町1-2
☎082-241-4004
㊫HPを要確認
㊡12月30・31日、2月中旬の3日間 ㊕常設展示見学200円
㊋広電原爆ドーム前電停から徒歩10分 Pなし
平和記念公園周辺
▶MAP 別P.6 B-2

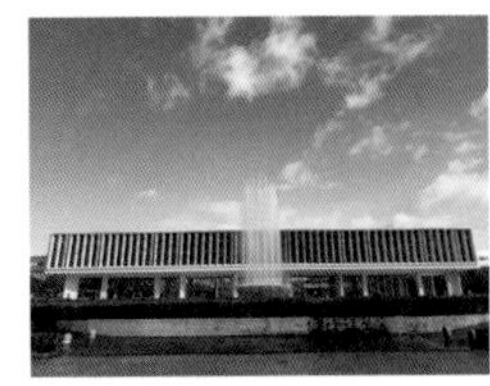

提供／広島平和記念資料館

本館

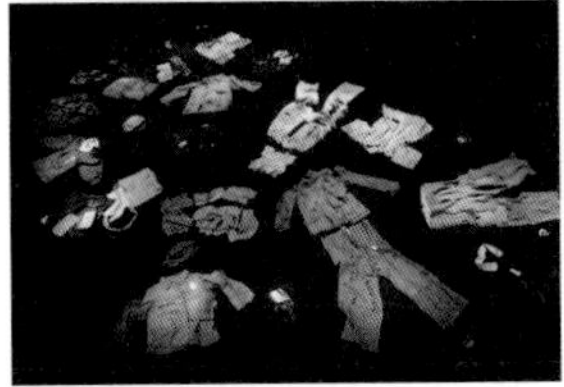

本館・被爆の実相(8月6日のヒロシマ)

惨状を伝える写真や遺品、市民が描いた絵などを展示する「8月6日の惨状」、放射線の資料を展示する「放射線による被害」で構成。

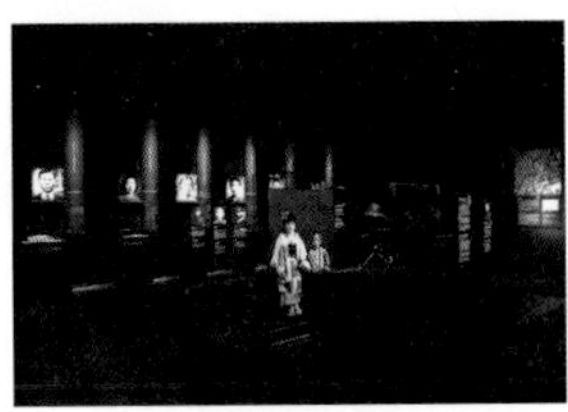

本館・被爆の実相(被爆者)

寄贈された遺品の展示が中心。家族が大切に保管し続けたものなど、一つひとつの遺品が命の大切さを伝える。被爆者の手記も紹介。

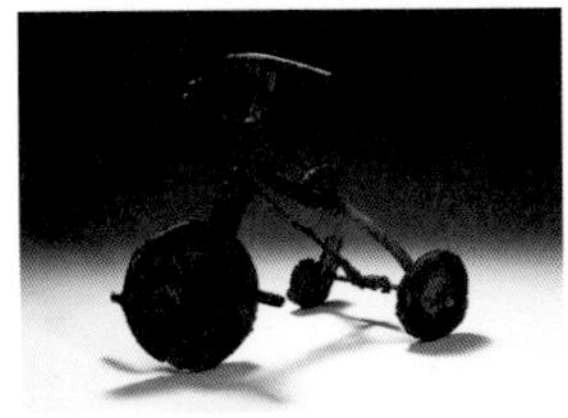

寄贈／鉄谷信男氏
所蔵／広島平和記念資料館

当時、3歳の子どもがこの三輪車で遊んでいるときに被爆。父親が遺体と三輪車を庭に埋葬し、40年後に遺骨とともに掘り起こされた。

東館3F

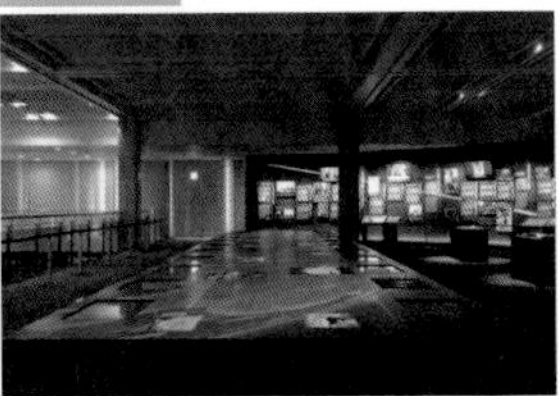

メディアテーブル

原爆の開発や脅威、核兵器廃絶などの項目について検索できる、タッチパネル式の大型装置。

世界中から多くの人が訪れるため、当日窓口では1時間以上並ぶことも。ぜひWEBチケットの事前購入を。

TOURISM 10

展望台からの景色は必見
おりづるタワーに潜入

世界遺産「原爆ドーム」の東隣に立つおりづるタワー。広島の「過去」「今」「未来」の街並みの変遷を通じて、平和への願いや重みを感じられる施設を散策しよう。

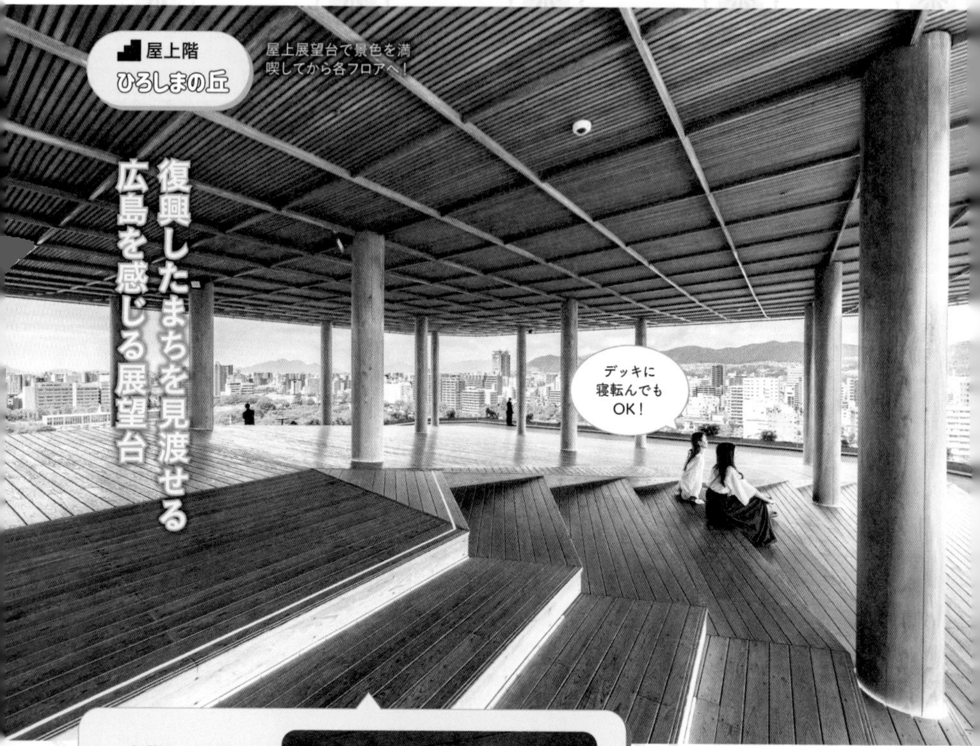

屋上階 ひろしまの丘

屋上展望台で景色を満喫してから各フロアへ！

復興したまちを見渡せる広島を感じる展望台

デッキに寝転んでも OK！

夕暮れもステキ

来場当日に限り、何度でも再入場が可能。昼にのんびり日向ぼっこをして過ごし、夕暮れに合わせて夕日＆夜景を見に来るのもおすすめ。屋上にはテイクアウト専門のカフェも併設。

HOW おりづるタワーを楽しむコツ

1 まずは展望台へ

9層のらせん状のスロープを1階から屋上まで歩いてみては。

⇩

2 体験エリアをチェック

おりづるを折ったり、デジタルコンテンツを楽しんだりできる。

⇩

3 オリジナルグッズをゲット

定番から新商品まで地元で愛される豊富な広島土産が並ぶ。

広々とした空間に楽しみがいっぱい

HIROSHIMA ORIZURU TOWER

ヒロシマ　オリヅル　タワー

原爆ドームの隣に立つタワーで建築家・三分一博志氏が設計。映像コンテンツがある「おりづる広場」や広島市内が一望できる展望台「ひろしまの丘」が見どころ。

広島市中区大手町1-2-1　☎082-569-6803　㊋展望台･物産館10:00～18:00（展望台最終入場17:30)、カフェ10:00～18:00（17:30LO）※最新情報はHPで確認　㊡不定休　㊙入場2200円、おりづる投入100円　㊋広電原爆ドーム前電停からすぐ　Pなし　平和記念公園周辺 ▶MAP 別P.6 B-2

広島の今とこれからをつなぐ タワーのシンボル

高さ約50mのガラス張りの壁面に、12Fから折ったおりづるを投入

12F おりづるの壁/おりづる広場

1 折り鶴が積み重なり完成する「おりづるの壁」 2 専用の折り紙を購入して参加しよう！

県産の素材を使ったカクテル

屋上階 ROOF TOP BAR

日中の営業終了後は、夜景を楽しめるバーとして再オープン

1F～屋上階 スパイラルスロープ "散歩坂"

1階～屋上を上り下りできるスロープの壁面には戦後100年への願いを描いたウォールアートの鑑賞も可能

1F 物産館「SOUVENIR SELECT 人と樹」

県を代表する銘品や話題の商品、お土産など約1000品がずらり

オリジナルポーチ
各1324円
瀬戸内海のおだやかな気候に恵まれたレモンがデザインされている

クーラーバッグ
各1274円
「おりづるタワー」のロゴをあしらったクーラーバッグ

1F・屋上階 握手カフェオーガニック

広島や瀬戸内の素材を使った充実したメニューはテイクアウトもOK

物産館「SOUVENIR SELECT 人と樹」では旬の食材を使った商品を販売する限定イベントも実施する予定。

TOURISM 11

広島タウンのシンボル
ひろでんに乗っておさんぽ

路面電車のひろでんで広島観光へ。のんびり車窓の景色を眺めつつ、気になるスポットがあればふらり寄り道。気ままな電車旅を。

レトロでかわいい♡

かわいすぎるスイーツにきゅん

うのまち珈琲店 広島店
うのまちこーひーてん　ひろしまてん

スイーツ・軽食と本が楽しめるブックカフェ。本には店のしおりを挟んでOKなので、次回も続きから読書が可能。6種類ある人気のクリームソーダは推し色をチョイスしよう！

広島市中区基町5-25 SHIMINT HIROSHIMA B棟 2F ☎082-225-8853 営11:00～20:00 休無休 交広電原爆ドーム前電停から徒歩5分 🚗Pなし

平和記念公園周辺 ▶MAP 別P.6 B-2

うのまち
クリームソーダ 800円
クレームブリュレの
季節のパフェ 1100円

クリームソーダのイチオシは青

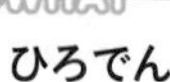

ひろでん
広島を走る路面電車で、正式名称は広島電鉄。市内を中心に走る市内線と、宮島口までを結ぶ宮島線がある。

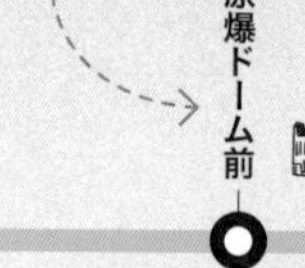

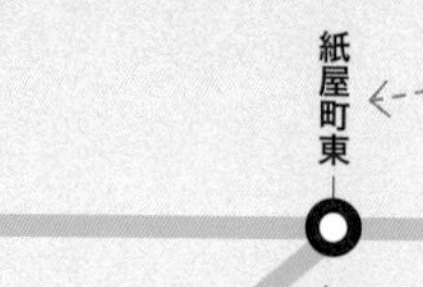

温かみのある雑貨がいっぱい

贈りモノ雑貨店 LISU LISU
おくりモノざっかてん リシュリシュ

一つひとつ表情が異なるハンドメイド雑貨やキッチン用品、アクセサリー、ベビーギフトなどが揃う店。県内外の作家たちによるアイテムも。やわらかな雰囲気の店内もすてき。

広島市中区袋町2-13 ☎082-544-2633 営11:00～20:00 休無休 交広電本通電停から徒歩4分 🚗Pなし

広島本通商店街 ▶MAP 別P.6 C-2

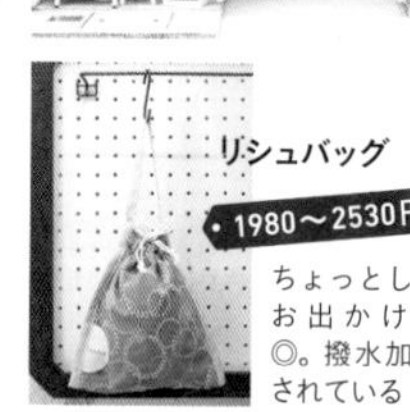

リシュバッグ
1980～2530円
ちょっとしたお出かけに◎。撥水加工されている

803円
おかおの巾着
巾着にあしらった顔は職人により手作業で刺繍される

ショコラパフェ
2000円

甘すぎない大人な味わい

目でも舌でも味わえる

Daguet
ダゲ

味わいが異なる数種類のチョコレートが盛られたパフェを中心に、華やかなデザートを提供する。ランチでカレーなどの提供や、テイクアウトの焼き菓子も販売。

広島市中区中島町2-5 ☎070-8584-5273 営12:00～19:00(12:00～13:00はランチ、土・日曜は11:00～) 休不定休 交広電中電前電停から徒歩5分 🚗Pなし

平和記念公園周辺 ▶MAP 別P.6 A-3

日没後にはライトアップも行われる

市内を見守る大天守

広島城

ひろしまじょう

毛利輝元が天正17(1589)年に築いた城。原爆によって全壊したが、昭和33年に大天守の外観が復元された。現在は歴史博物館として、企画展示なども行う。

広島市中区基町21-1 ☎082-221-7512 営9:00～17:30(12～2月は～16:30) 休12月29～31日 ※その他臨時休館あり 料天守閣370円 交広電紙屋町東電停から徒歩15分 Pなし

広島城周辺 ▶MAP 別P.6 B-1

四季折々の草花が彩る名庭

縮景園

しゅっけいえん

元和6(1620)年、広島藩主・浅野長晟が別邸として作庭した大名庭園。原爆により壊滅的な被害を受けたが、約30年をかけた復旧により現在の姿に至る。

広島市中区上幟町2-11 ☎082-221-3620 営9:30～17:30(9月16日～3月15日は～16:30) 休無休 料入園260円 交広電縮景園前電停から徒歩3分 P29台(有料)

広島城周辺 ▶MAP 別P.6 C-1

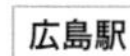

池には大小の島が浮かび、渓谷や橋が配されている

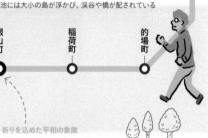

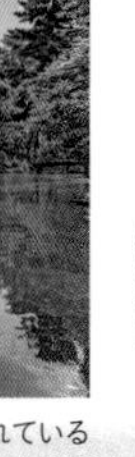

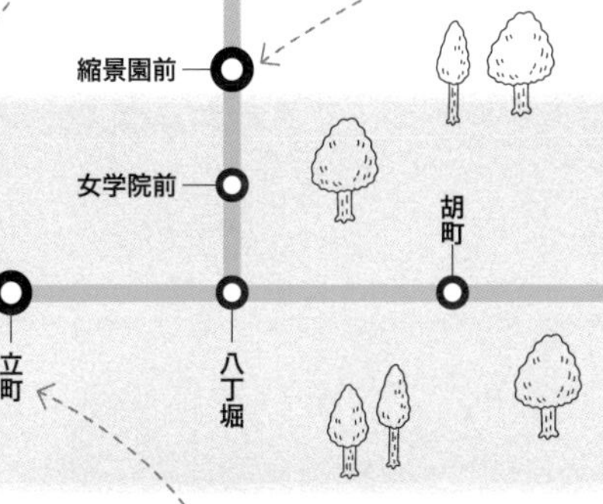

広島カープマカロン
2500円

本型ボックス8個入。広島土産にぴったり!

多彩なスイーツがスタンバイ

MELANGE De SHUHARI 広島店

メラン・ドゥ・シュハリ ひろしまてん

マカロンをはじめ、かわいいスイーツが揃うパティスリー。モダンなカフェが併設され、スイーツ以外にガレットやパスタなどのフードも楽しめる。

広島市中区本通8-8 ☎082-249-1404 営11:00～19:00(販売は～20:00) 休不定休 交広電立町電停から徒歩5分 Pなし

八丁堀 ▶MAP 別P.6 C-2

祈りを込めた平和の象徴

世界平和記念聖堂

せかいへいわきねんせいどう

昭和29(1954)年、原爆・戦争の犠牲者の冥福と、世界平和を祈って建立された。設計は日本を代表する建築家・村野藤吾で、戦後建築物として初の国の重要文化財に指定されている。

広島市中区幟町4-42 ☎082-221-0621 営9:00～17:00 休無休 料見学無料 交広電銀山町電停から徒歩5分 Pなし

広島駅周辺 ▶MAP 別P.7 D-2

着工から完成まで約4年の歳月がかけられた

世界平和を祈ろう

広電は路線の総延長、車両総数ともに路面電車としては日本一。広島になくてはならない存在。

TOURISM 12

ユニークな施設が目白押し！
広島タウンアートスポットへ

広島市内のアートスポットとして外せない2つの美術館。美術館以外にも、個性的な建物のアートスポットが揃うので、あわせて散策して。

原爆ドームを模した本館

名だたる巨匠の作品を鑑賞

ひろしま美術館
ひろしまびじゅつかん

「愛とやすらぎ」をテーマに、昭和53(1978)年に設立。モネ、ルノワール、ゴッホなど印象派を中心としたフランス近代美術をはじめ日本洋画、日本画などを所蔵。

広島市中区基町3-2(中央公園内) ☎082-223-2530 ㊟9:00～17:00(入館は16:30まで) ㊡月曜日(祝日の場合は翌平日休／特別展会期中を除く)、年末年始、展示替え期間 ㊑特別展毎に設定 ㊋広電紙屋町西または紙屋町東電停から徒歩5分 Pなし(障がい者等専用駐車場のみあり)

広島城周辺 ▶MAP 別P.6 B-1

巨匠たちの作品が並ぶ本館展示室

フィンセント・ファン・ゴッホ
《ドービニーの庭》1890年
ひろしま美術館

エドゥアール・マネ
《灰色の羽根帽子の婦人》
1882年 ひろしま美術館

ミュージアムショップ

カフェジャルダン

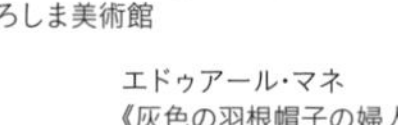
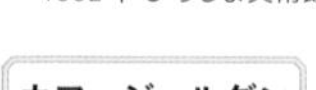
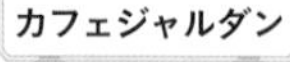

1540円

季節のデリプレート

2種類の季節のサラダに3種類のパンやスープなどがつく
※季節によって内容は変動

各1430円

刺繍ソックス

ワンポイント刺繍が。絵柄は3種類、サイズ:23cm～26cm

各1540円

手ぬぐい

所蔵作品をモチーフにしたオリジナルの手ぬぐい

HOW

ひろしま美術館のおすすめポイント

① 充実したコレクション展示

コレクションからフランス近代美術を中心に約80点を常設展示。特別展の開催については公式ウェブサイトをチェック

② ミュージアムショップやカフェにも注目

美術館所蔵の作品をモチーフにしたグッズなどを販売する。中庭を眺めながら過ごせるアンデルセン監修のカフェにも注目

ミュージアムショップ「339」

カフェ「KAZE」

Photo: TakeshiYanagiya

Photo: Kenichi Hanada

緑豊かな比治山の丘稜に立つ

広島市現代美術館

ひろしましげんだいびじゅつかん

現代美術を専門的に扱う美術館で、斬新な建物の設計は建築家・黒川紀章氏によるもの。2023年3月にリニューアルし、カフェや多目的スペース「モカモカ」が設けられた。

Photo: SATOH PHOTO Kazunari Satoh

広島市南区比治山公園1-1
082-264-1121 営10:00〜17:00（入館は16:30まで） 休月曜（祝休日、8月6日は開館しその翌平日休館） 料展示会により異なる 交広電比治山下電停から徒歩10分 比治山公園駐車場利用
広島駅周辺 ▶MAP 別P.7 E-3

まだあるアートスポット

これが駅？と驚くデザイン

新白島駅

しんはくしまえき

アストラムラインとJR山陽線の乗り換えの駅として開設。アーチ型の屋根には、たくさんの丸い天窓が見られる。

広島市中区西白島町154-1
なし 営休料見学自由
Pなし
広島市郊外 ▶MAP 別P.3 F-2

映画のロケ地でも有名

広島市環境局中工場

ひろしましかんきょうきょくなかこうじょう

プラント設備をアート作品のように見せるごみ焼却工場で、建築家・谷口吉生氏が手掛けた。建物デザインは自由に見学できる。

広島市中区南吉島1-5-1
082-249-8517 営9:00〜16:30 休無休 料無料 交バス停南吉島から徒歩5分 Pあり
広島港周辺 ▶MAP 別P.3 E-3

権現山中腹のカフェ

cafe DUSTY ARTS

カフェ ダスティ アーツ

空中に浮いているような建物が印象的なカフェ。世界中から集めた33銘柄のコーヒーなどが味わえる。

広島市安佐南区毘沙門台2-3-16 082-962-2364 営11:00〜21:45（LO21:00） 休月曜（祝日の場合は翌日） 交アストラムライン毘沙門台駅から徒歩15分 P8台
毘沙門台 ▶MAP 別P.2 A-2

ダスティプレミアムブレンド（ハンドドリップ抽出） 550円
コーヒーパンケーキ 660円

コーヒーは甘みと苦みが絶妙

cafe DUSTY ARTSから眺められる広島市内の景色は必見。夜景が特におすすめ。夜はアルコールメニューも！

TOURISM 13

時間がないときの救世主
広島駅でおみやげまとめ買い

広島駅の活用法

広島駅には便利な施設やサービスもたくさん。駅に到着したら、まずこの3つを確認するべし！

☑ **パンフレットを集める**

駅構内にある観光案内所では、さまざまな観光案内やパンフレットを提供。まずはここで旅の予定を立てるのも◎。

☑ **重い荷物はロッカー or ホテルへ**

重い荷物を引きずりながらの移動は大変！ 到着後はもちろん、出発まで時間があるときにもロッカーが便利。

☑ **広電・バス乗り場をチェック**

広島の陸の玄関口・広島駅は広電やバスなど複数の交通機関の起点。乗り方や路線を確認して上手に移動しよう。

銘菓

お土産に迷ったらまずは銘菓。幅広い世代に愛される商品がズラリ

誰に贈っても喜ばれるおいしさ

八天堂
くりーむパン 1個320円～

ふんわりとろけるたっぷりのクリームが贅沢！ 種類もいろいろ Ⓐ

尾道市農業協同組合
因島のはっさくゼリー

因島発祥の八朔の果実がたっぷり。ほのぼのするイラストも人気Ⓒ

藤い屋
もみじまんじゅう（5種5個入）
650円

こし餡、粒餡、抹茶餡、カスタード、チョコの5種が揃う Ⓐ Ⓑ

kaedenoki
メープルもみじフィナンシェ
8個入1296円

もみじ形に焼き上げたメープル風味のフィナンシェⒶ

やまだ屋
桐葉菓
3個入 580円

もち粉の生地で餡を包んだ一品。もちもちっとした食感が独特 Ⓐ Ⓑ

カープ

県民が愛するカープの商品も充実。どれも真っ赤で目を引く存在！

ファンでなくても思わず欲しくなる！

バッケンモーツアルト
からす麦の焼きたてクッキーカープ帽パッケージ（10枚入） 1080円

帽子の箱の中には挽きたてアーモンドを使ったからす麦のクッキー Ⓐ

にしき堂
勝鯉のカープまんじゅう
5個入 1000円

カステラ生地の中にあまおうジュレが。ランダムで缶バッジ1つも付く Ⓐ

広島駅MAP

南口 / JR広島駅 / 在来線改札口 / みどりの窓口 / 南北自由通路 / 新幹線改札口 / 広島駅総合案内所 / 北口 / 2F / 1F

Ⓑ アントレマルシェ
ekie BOOKS&コンビニ
Ⓐ ekie
ekie KITCHEN
ekie おみやげ館
- Ⓓ しま商店 P.61・97
- Ⓒ しま市場アバンセ

ekie ザッカマルシェ
ekie CLINIC &SERVICE
ekie DINING TERRACE

エキエバル P.98
- 鮨 広島 あじろや P.99
- 和久バル P.99

ekie DINING P.98
- むさし P.98
- 酔心 P.98
- 魚魚一 P.98
- DASHIとSOBA 水車 P.35
- 瀬戸内イタリアン Massa P.34

廣島ぶちうま通り P.98
- みっちゃん総本店 P.99
- くにまつ+武蔵坊 P.99

中四国最大級のお土産の品揃え

Ⓐ ekie
エキエ

広島駅の線路上空・高架下エリアに位置する商業施設。圧倒的な品揃えを誇るお土産ゾーンのほか、広島グルメが集まるグルメゾーンなど充実。

広島市南区松原町1-2
☎ 082-567-8011　営 10:00～21:00
※各ゾーンにより異なる　休 不定休
交 JR広島駅直結　P 提携あり
広島駅周辺 ▶MAP 別P.7 E-1

旅の途中はできるだけ荷物を減らしておきたいから、お土産は帰る前にまとめ買いが鉄則。広島駅には、愛され続ける定番品から話題のアイテムまで、幅広いお土産が勢揃い！

AKEMILEMON
レモンジャム
130g 950円

ほのかな苦みとやさしい甘みが印象的。80gは648円 Ⓐ

レモン

国産レモンの生産量全国1位の広島から、さわやかな香りをお届け

キュンとするような甘酸っぱいおいしさ

アンデルセン
瀬戸田レモンケーキ＆マドレーヌ（各3個入）
1361円

レモンの香りがさわやかなレモンケーキとマドレーヌの詰め合わせ Ⓐ

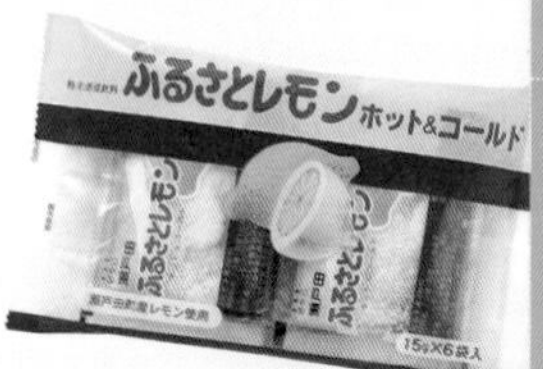

三原農業協同組合
ふるさとレモン
15g×6袋 550円

瀬戸田産レモンを使った粉末レモネード。お湯か水に注いで溶かすだけ！ Ⓒ

バッケンモーツアルト
広島レモンケーキ
5個入 1296円

レモンのコンフィチュールを生地に混ぜて焼いたふんわりソフトなレモンケーキ Ⓐ

工芸品

歴史と風土が育んだ伝統の技。手仕事が生きる逸品を手に入れよう

技が光るアイテムでちょっと差をつけて

WHAT
広島針
程よい弾力があり曲がりにくい手芸用針で、広島の特産品。糸通りもなめらかだ。

しま商店
チューリップ広島針
各セット 880円(左)

しま商店
チューリップ針山
各1980円(右)

一本一本心を込めて作られた手縫い針は、布通りよく弾力性に優れている。針山は季節の色をイメージ Ⓓ

しま商店　暦清社
箔のペーパークラフト（錦鯉、富士山、達磨）
2750円〜

伝統的な箔文化を現代の感性に合わせたペーパークラフト。達磨や富士山など、縁起物を題材としている Ⓓ

出発直前まで立ち寄れて便利！
Ⓑ アントレマルシェ

広島駅改札内コンコースにある駅ナカスポット。お土産やコンビニ、「カルビープラス」などの専門店などで構成される複合店舗となっている。

広島市南区松原町2-37
☎082-568-1147　営7:00〜20:00
休 無休　交 JR広島駅直結　🚗Pなし
広島駅周辺 ▶MAP 別P.7 E-1

広島発のコンセプトショップ
Ⓒ しま市場 アバンセ
しまいちば アバンセ

広島の高級食材を揃えるショップ。本物の品質やワンランク上のおいしさにこだわった商品は、お土産として喜ばれるものばかり。

広島市南区松原町1-2 ekie 2F NORTHエリア　☎082-263-6010
営8:00〜21:00　休 無休
交 JR広島駅からすぐ　🚗Pなし
広島駅周辺 ▶MAP 別P.7 E-1

地元の良いモノが揃うセレクトショップ
Ⓓ しま商店
しましょうてん

ひろしま・せとうち生まれや、ひろしま・せとうちのクラフトを揃える。伝統工芸品も雑貨も、ひとつひとつ作り手の思いが感じられる。

→P.61

もみじ饅頭はたいていの店でバラ売りしているので、いろんなお店で買って食べ比べするのがおすすめ。

TOURISM 14

広島名物が勢揃い
広島駅グルメを徹底チェック

お好み焼き店や海鮮居酒屋をはじめとする、魅力的な広島グルメが広島駅に集結。バラエティ豊かな駅弁も見逃せない！

広島グルメを網羅！

ekie DINING
エキエ ダイニング

広島駅直結の商業施設「ekie」の中にあるレストラン街。広島屈指の人気店や瀬戸内の食材をふんだんに使った料理を提供する店など、幅広い広島グルメが集まる。

広島市南区松原町1-2
☎082-567-8011
営11:00～23:00※店舗により異なる 休不定休
交JR広島駅直結 Pなし
広島駅周辺 ▶MAP 別P.7 E-1

駅直結なので、新幹線に乗る直前まで広島の味が楽しめる

海鮮居酒屋

お値打ち価格の海鮮料理

魚魚一
とといち

瀬戸内の鮮魚を中心に、全国の漁港から直送される魚介を使った料理を楽しめる。鮮度抜群の魚介を広島の地酒と一緒に味わおう。

☎082-207-1713 営11:00～15:00、17:00～22:00
広島駅周辺 ▶MAP 別P.7 E-1

広島郷土料理

広島の郷土料理を味わう

酔心
すいしん

創業七十余年を誇る老舗。看板メニューの土鍋釜飯は、注文を受けてから炊き上げる。カキやアナゴ料理などの郷土料理が自慢。

☎082-567-5519 営11:00～22:00
広島駅周辺 ▶MAP 別P.7 E-1

むすび・うどん

愛され続ける素朴なおいしさ

むさし

「広島の味」として地元の人にも愛される老舗。炊きたてご飯をふわっと握った名物のむすびと、だしがきいたうどんを提供する。

☎082-261-0634 営11:00～20:00
広島駅周辺 ▶MAP 別P.7 E-1

お好み焼き作り体験も！

作る楽しさ＆おいしさを体験！

お好み焼き体験 広島駅 OKOSTA-オコスタ
おこのみやきたいけん ひろしまえき オコスタ

プロさながらの本格的な鉄板で、お好み焼きを焼くことができる施設。おいしく焼くコツを丁寧に教えてもらえるので、初めてでも安心。自分で焼いたお好み焼きのおいしさは格別！

☎082-207-1277 営10:00～20:30※完全予約制
広島駅周辺 ▶MAP 別P.7 E-1

定番 広島お好み焼き体験

所要時間 1時間30分
料金 1980円※体験2日前までに要申し込み。前日15時までは電話にて要問い合わせ

広島随一の有名店

みっちゃん総本店

みっちゃんそうほんてん

お好み焼き

戦後に屋台からスタートした歴史あるお好み焼き店で、広島のお好み焼き店の元祖とされる。行列必至の人気店の味を広島駅で堪能しよう。

☎082-263-2217 営11:00～21:30

広島駅周辺 ▶MAP 別P.7 E-1

クセになるおいしさ！

くにまつ＋武蔵坊

くにまつぷらすむさしぼう

汁なし担担麺

汁なし担担麺の火付け役である「くにまつ」と、自家製香辛料の風味が独特の「武蔵坊」がコラボ。ヤミツキになる2店舗の味を楽しめる。

☎082-262-5123 営11:00～22:00

広島駅周辺 ▶MAP 別P.7 E-1

広島の味を楽しむなら！

廣島ぶちうま通り

ひろしまぶちうまどおり

「ekie DINING」にあるご当地グルメエリア。「みっちゃん総本店」をはじめとするお好み焼きの名店のほか、汁なし担々麺の人気店のコラボなど話題店が集まる。

☎082-567-8011
営11:00 ～ 22:00 ※各店舗により異なる

広島駅周辺 ▶MAP 別P.7 E-1

旅の最後まで味わい尽くす

エキエバル

瀬戸内の新鮮な魚介を楽しめる寿司店やスペインバル、韓国酒場など、多彩なラインアップが魅力。新幹線に乗る前に「ちょっと一杯飲みたい！」というときにも便利。

☎082-567-8011
営11:00～23:00※店舗により異なる

広島駅周辺 ▶MAP 別P.7 E-1

寿司

最高品質の寿司を気軽に

鮨 広島 あじろや

すし ひろしま あじろや

瀬戸内で獲れた魚介を中心に、各地の旬の鮮魚をおりまぜ用意。名物の煮穴子はふっくらやわらかな食感が魅力だ。

☎082-258-5858 営11:00～22:00

広島駅周辺 ▶MAP 別P.7 E-1

日本料理バル

料亭の味を新スタイルで

和久バル

わきゅうバル

広島カキの老舗「かなわ」の味を気軽に楽しめる日本料理バル。昼は御膳メニューなども用意。

☎082-236-3730
営11:00～14:30、16:30～22:00

広島駅周辺 ▶MAP 別P.7 E-1

駅弁セレクション

夫婦あなごめし

1380円

秘伝のタレでやわらかく炊いたアナゴが2本入ってボリューム満点

しゃもじかきめし

1600円

かき飯やカキフライなどカキ三昧！ 杓子をかたどった容器も人気

もみじ弁当 1280円

アナゴの押寿司やカレイ西京焼など伝統の味が詰まった幕の内弁当

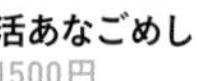

活あなごめし

1500円

自家製タレで焼きあげた穴子のだしで炊き込んだご飯が相性抜群

＼ ココで買えます ／

廣島驛辨當

ひろしまえきべんとう

広島駅新幹線改札内「ひろしま銘品館」にある駅弁売店。名物駅弁の他、サンドイッチ・おにぎり・ドリンクも販売。

☎082-261-1678 営5:30～21:30

広島駅周辺 ▶MAP 別P.7 E-1

お好み焼き店を中心に、人気店は行列必至。お目当てがある場合は開店直後を狙おう。

TOURISM 15

ゆかりのスポットがいっぱい

広島東洋カープ聖地をめぐる

広島市内には、広島東洋カープにまつわるスポットやお店があちこちに！
野球観戦とあわせて訪れたいカープゆかりのスポットをご紹介。旅にプラスしてみよう。

まずはここへ！

熱い戦いが繰り広げられる

MAZDA Zoom-Zoom スタジアム広島

マツダ ズーム ズーム スタジアム ひろしま

広島東洋カープの本拠地。30タイプ以上の観客席が揃い、選手プロデュースフード、ユニークな応援グッズなども充実する。

広島市南区南蟹屋2-3-1 ☎082-568-2777（広島市民球場指定管理事務室） ㊖9:00～17:00 ㊡12月29日～1月3日 ㊥施設HP参照 ㊯JR広島駅から徒歩10分 🚗Pなし※プロ野球開催日は変更あり（施設HP参照）

広島駅周辺 ▶MAP 別P.7 F-2

WHAT

広島東洋カープ

昭和25（1950）年、親会社を持たない市民球団として誕生。2016～2018年に球団初のリーグ3連覇を果たす

リーグ優勝＆日本一を記念

写真提供：NEW HIROSHIMA GATEPARK

カープの功績を称える

勝鯉の森

しょうりのもり

旧広島市民球場跡地と電車通りの間に佇む。カープのリーグ優勝と衣笠祥雄元選手の連続出場記録を称えるレリーフがある。

広島市中区基町5
☎なし
㊖㊡㊥見学自由
㊯広電原爆ドーム前電停から徒歩2分
🚗Pなし

平和記念公園周辺
▶MAP 別P.6 B-2

CHECK カープ坊やマンホール

スタジアム周辺にはさまざまな絵柄のマンホールが！

カープ坊や（通常）

V7優勝記念バージョン

V8優勝記念バージョン

V9優勝記念バージョン

黒田博樹投手メモリアルプレート

くろだひろきとうしゅメモリアルプレート

広島本通商店街にある。黒田投手のサインと手形があるほか現役時代の背番号が記されている。

広島本通商店街内 ☎082-248-1518（広島本通商店街振興組合） ㊖㊡㊥見学自由 ㊯広電本通電停から徒歩2分 🚗Pなし

広島本通商店街周辺 ▶MAP 別P.6 C-2

鯉モチーフの授与品が

広島護国神社

ひろしまごこくじんじゃ

広島城址公園内の戦没者や原爆の犠牲者を祀る神社。シーズン前に広島東洋カープの選手が必勝祈願に訪れることからカープファンの信仰も熱い。

広島市中区基町21-2
☎082-221-5590 ㊖9:00～17:30 ㊡無休 ㊥散策自由 ㊯アストラムライン県庁前駅から徒歩10分
🚗要問い合わせ

広島城周辺 ▶MAP 別P.6 B-1

必勝祈願で選手が訪れる

鯉おみくじ
300円

HOW

広島護国神社の巡り方

① 参拝

鳥居をくぐって社殿へ。戦没者に手を合わせて

なで なで

② 昇鯉の像

本殿前の像を撫でるとご利益があるのだとか

かわいい！

③ 授与品

幸せを呼ぶこい守1000円。桃色もある

POINT
アットホームな雰囲気が魅力。大画面で試合を観戦できる
平打ちのモチモチ麺♪
貴重なグッズに囲まれてカープ談議に花を咲かそう

ゆかりグルメ 1

ユニークなメニューに注目！

カープ鳥 広島駅前スタジアム

カープどり ひろしまえきまえスタジアム

広島東洋カープの選手の名前が付いた焼き鳥が名物。焼き鳥の名前は毎年開幕前に選手やプレースタイルをヒントに決めているそう。

広島市南区松原町2-62 広島JPビルディング1F ☎082-568-8089 営11:50～23:00 休不定休 交JR広島駅から徒歩5分 Pなし

広島駅周辺 ▶MAP 別P.7 D-1

menu
ベストナイン焼鳥9本セット 1969円
店長おすすめの焼き鳥が9本。焼き鳥には選手の名前がついている

歴代選手の使用アイテムを展示

menu
殻付カキ酒蒸し
1ヶ429円
広島県産の大きな牡蠣が年中味わえる。1個から注文可能

menu
うまいでがんす
594円
魚のすり身に玉ねぎや唐辛子を入れて揚げる。店内で手作りする

ゆかりグルメ 2

最初の一杯から〆まで楽しむ

呉麺屋 カープロード店

くれめんや カープロードてん

看板メニューは呉冷麺。まずはそのまま、そのあとは酢などで味変してみて。豚の胃袋を干して揚げたせんじがら400円やからあげ5個入り580円と一緒にどうぞ。

広島市南区松原町2-14 ☎082-262-0881 営11:00～14:00、18:00～23:30 休不定休※野球のホームゲーム開催時は要確認 交JR広島駅からすぐ Pなし

広島駅周辺 ▶MAP 別P.7 E-1

menu
呉冷麺
850円
呉で発展したご当地麺。きゅうり、玉子、えび、ワンタンがのる

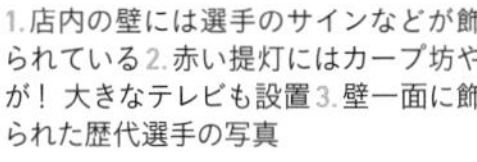

YEAH～！

1.店内の壁には選手のサインなどが飾られている 2.赤い提灯にはカープ坊やが！ 大きなテレビも設置 3.壁一面に飾られた歴代選手の写真

TOURISM 16

夜はまだまだこれから！ エキニシでカンパイ♪

近年、おしゃれな飲食店が増加し、若い世代からも注目を集めているエキニシエリア。広島駅から歩いて行けるので、新幹線に乗る前に一杯するのもおすすめ！

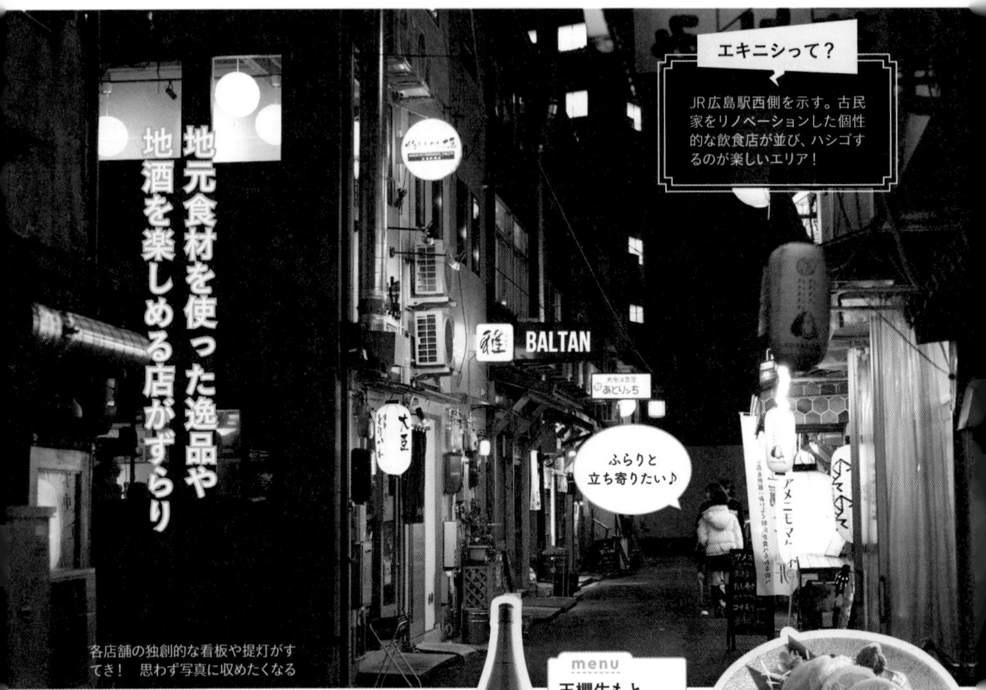

地元食材を使った逸品や地酒を楽しめる店がずらり

エキニシって？

JR広島駅西側を示す。古民家をリノベーションした個性的な飲食店が並び、ハシゴするのが楽しいエリア！

ふらりと立ち寄りたい♪

各店舗の独創的な看板や提灯がすてき！ 思わず写真に収めたくなる

古民家を改装した落ち着く和モダンな和食居酒屋

地産地消と旬の食材にこだわる

バルタン本店

バルタンほんてん

古民家をDIYした店内で、因島の指定農家や鳥取県・島根県の漁港、石見ポークなど旬の食材を使った料理が堪能できる。広島の地酒をはじめ、180種類以上のお酒を用意。

広島市南区大須賀町13-21 ☎082-258-2337 営18:00～24:00（LO22:30） 休不定休 交JR広島駅から徒歩5分 Pなし

広島駅周辺 ▶MAP 別P.7 D-1

menu
玉櫻生もと純米改良雄町
半合858円
無濾過で1年以上の熟成期間を設けていて、豊かな風味が楽しめる

menu
胡麻ぶり 1188円
胡麻がかかった、しっかりと味の染みた柔らかいぶりの刺身

menu
説明不要のもつ煮込み
638円
朝引きの石見ポークを出汁とネギで炊き上げた、お酒に合う逸品！

menu
牡蠣フライ
528円
サクサク＆トロトロの「かき小町」に自家製タルタルがたっぷり！

ワイン片手に味わう本格イタリアン

menu
定番ミートソースパスタ 1100円
人気ナンバーワンメニュー。もちもちの生パスタを使用

menu
前菜盛り合わせ 605円
広島レモンサーモンやじゃがいもと鶏肉のグリルなどがのる

menu
原木生ハム 605円
肉の味をしっかりと感じられる生ハム。ワインとよく合う

赤い扉が目印。1階がカウンター席、2階が個室となっている

賑やかな空間も魅力!

欧風酒場 perezoso

おうふうさかばペレッソ

「気軽に楽しめるイタリアン」がコンセプト。厳選した食材を使った料理は絶品。ワインはもちろん、ウイスキーの種類も豊富。

広島市南区大須賀町13-27
☎082-259-3032
営 18:00～24:00(LO23:00) ※日曜、祝日は14:00～22:00
休 不定休
交 JR広島駅から徒歩5分
Pなし
広島駅周辺 ▶MAP 別P.7 D-1

牡蠣が山盛りのったお好み焼きに舌鼓

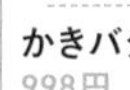

menu
かきバター 998円
大ぶりで新鮮な広島のかきを堪能できる人気メニュー

menu
日本酒 856円～
地元・広島の地酒を常時5種類以上用意。料理とベストマッチ!

menu
マシマシ牡蠣 2647円
牡蠣が約15個もトッピングされたお好み焼きに、バターをオン

広島名物を心ゆくまで

広島赤焼えん 駅西本店

ひろしまあかやきえん えきにしほんてん

化学調味料を一切使わないお好み焼きや広島名物が堪能できる鉄板居酒屋。目の前で焼いてくれる「鉄板前の席」がおすすめ。

広島市南区大須賀町13-19
☎082-569-8873
営 17:00～22:00(入店～20:30)
休 日曜 交 JR広島駅から徒歩5分
Pなし
広島駅周辺 ▶MAP 別P.7 D-1

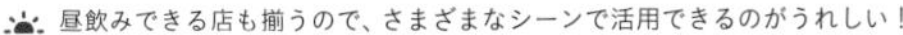
昼飲みできる店も揃うので、さまざまなシーンで活用できるのがうれしい!

TOURISM 17

注目ホテルがあちこちに！
広島タウンのNEWホテル

NICE

新旧が織りなす広島だからこそ、新しくできたホテル＆リニューアルされたホテルも見逃せない！　話題沸騰のいちおしホテルをご紹介。

全室家電・キッチン完備
レジデンシャルホテル

ココがpoint
キッチンが完備されていて、食器や調理器具の用意も。長期滞在にもおすすめ！

最先端の家電製品を備える

ココがpoint
海外ブランドホテルも使用している大きなバスタブなので、ゆっくりと入浴を満喫できる

2023年3月OPEN

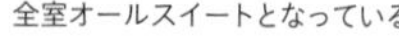
全室オールスイートとなっている

リビング主体の構成

ランドーホテル広島プレステージ

ランドーホテルひろしまプレステージ

住めるホテルと題し、ゲストが部屋でくつろげるようリビングが充実している。広い客室、最新家電付きのキッチンを完備、ゆったり入れる大きめのバスタブなどが特徴。長期の利用も人気。

広島市南区西荒神町1-38　☎082-261-1030
JR広島駅から徒歩５分　Pなし
広島駅周辺 ▶MAP 別P.7 E-2
料金 1泊素泊まり1万2000円～
IN 15:30　OUT 11:00　客室数 43室

1. 露天風呂が付いた特別な部屋も 2. 10Fのテラスでは絶景とともにスイーツが味わえる 3. 平均40㎡以上の日当たり良好な快適空間 4. JR広島駅から徒歩5分という良好な立地

ココがpoint
6タイプ29部屋の客室は、すべてに異なるデザインを採用

1. 52号室「ミラージュスイート」 2. 51号室「クラウンスイート」 3. 上質な寝具を使用している 4. 豊富でオリジナリティある飲食メニューが充実

2022年7月OPEN

“ヨーロッパの雰囲気”がコンセプト

Y-HOTEL

ワイ ホテル

広島の繁華街・薬研堀に佇む落ち着いた雰囲気のホテル。自然をモチーフとしたデザインの異なる客室。サウナや人工温泉の露天風呂など特別な客室もある。観光はもちろん、ワーケーションもおすすめ。

広島市中区薬研堀9-6
☎082-240-5570
㊋ 広電銀山町電停から徒歩6分
P7台
八丁堀 ▶MAP 別P.7 D-2
料金 1泊素泊まり1室1万2000円～ IN 15:00 OUT 12:00
客室数 29室

フードは部屋にお届け

リラックスした眠りを実現
こだわりサイズのベッド

ココがpoint
スーパーホテルの特徴の一つ、ベッドは全室ゆっくり眠れる150cm幅のダブルなので広々

各部屋に充電器が用意してある

旅の疲れが癒される快適空間

スーパーホテル広島

2023年3月リニューアル

スーパーホテルひろしま

「安眠」に力を入れているスーパーホテルだけに、こだわりのベッドの幅や眠りを誘う照明など、自然と眠りにつきやすい環境を整えているので旅や出張の疲れが癒される。朝食無料。

広島市中区西平塚町8-11
☎082-504-9000
㊋ 広電銀山町電停から徒歩7分
P提携駐車場あり
八丁堀 ▶MAP 別P.7 D-2
料金 2名1室4300円～
IN 15:00 OUT 10:00
客室数 105室

毎朝6時半からいただける

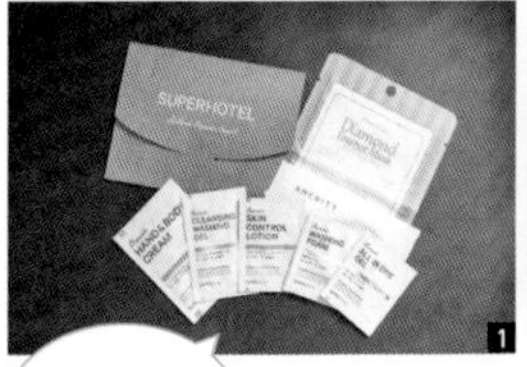

オーガニックアメニティ

1. 女性宿泊者用 2. 入口 3. 日替りメニューをビュッフェで味わえるOrganicサラダやご当地メニューがある健康朝食

旧海軍の歴史を現代に伝える町

呉

Kure

昼：◎ 夜：△

かつて世界屈指の軍港として栄えた港町。旧海軍ゆかりのスポットが目白押し！

このエリアを巡る3つのコツ

01 路線バスの1日乗車券を活用

広島電鉄の路線バスがエリア限定で1日乗り放題となる乗車券「1Day呉パス」500円を購入すると、割引になる施設もあるのでとってもお得。

呉市内中心部1日乗車券「1Day呉パス」

02 船や電車の時間を事前にチェック

広島と呉を結ぶ電車、船の時間は事前に調べておくのが便利。etSETOra（エトセトラ）、シーパセオなど、乗り物もチェックして。

呉の海を知るには「てつのくじら館」へ

03 街なかやJR呉駅でお土産を買い分ける

呉観光は移動が多いので、「もみじ饅頭」など定番のお土産はまとめてJR呉駅での購入がおすすめ。街なかでは呉ならではのお土産を探そう！

海自グッズはマストでゲットしたい！

さらに裏ワザ！

艦船を見るならツアーがおすすめ！

湾内を30分かけて周遊する「夕呉クルーズ」ツアーでは、海上自衛隊OBの解説を聞きながら呉のサンセットビューも楽しめる。

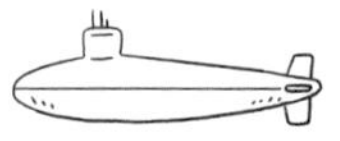

こんな楽しみ方も！

海軍＆海自ゆかりのスポットをハシゴ！

呉の歴史と文化を語るうえで欠かせない旧海軍ゆかりのスポットと、海上自衛隊関連のスポットがたくさんあるので、博物館などをハシゴして理解を深めたい。

美術館通りで野外彫刻巡り

全長263mのゆるやかな坂道に、19点の野外彫刻が点在。様々な角度から作品を鑑賞するも良し、ゆったりお散歩するも良し。自分なりの方法で楽しんで。

呉ならではのご当地グルメを堪能

市内で楽しめる「呉海自カレー」は、呉のご当地グルメの代表格。呉ハイカラ食堂（→P.112）では、潜水艦「そうりゅう」テッパンカレーが味わえる。

交通案内

徒歩

大和ミュージアム、入船山記念館など呉駅周辺のスポットは徒歩で。れんがどおりの商店街も徒歩圏内。

船

呉港の呉中央桟橋には、広島や松山と結ばれた船も発着している。旅のプランに合わせて利用したい。

路線バス

広島電鉄の路線バスは、駅周辺から少し離れた歴史の見える丘などに行く際に便利。

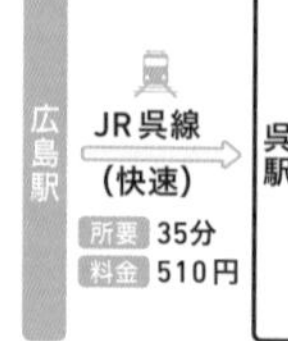

モデルコース ▷ 約1時間21分 約5.7m

START 呉駅 ⇨ 徒歩5分 ⇨ 1 てつのくじら館 ⇨ 徒歩すぐ ⇨ 2 大和ミュージアム ⇨ 徒歩2分 ⇨ 3 呉ハイカラ食堂 ⇨ 徒歩16分 ⇨ 4 れんがどおり ⇨ 徒歩5分 ⇨ 5 びっくり堂 ⇨ 徒歩14分 ⇨ 6 美術館通り ⇨ 徒歩14分 ⇨ 7 歴史の見える丘 ⇨ 徒歩16分 ⇨ 8 呉艦船めぐり ⇨ 徒歩9分 ⇨ GOAL 呉駅

ココに注意！

郊外へは路線バスがおすすめ

路線バスならば、歴史の見える丘やアレイからすこじまなど、呉郊外にも行きやすい。中心街から距離があるので、帰りの時間などを考慮して時間配分に注意を。

施設見学の時間配分に注意を

大和ミュージアムやてつのくじら館など、じっくり見たい価値がある資料を揃える施設が多い。事前に予定を決めておくと、時間配分しつつスムーズに見学を楽しめる。

呉駅周辺

JR呉線で呉駅に着いたら、駅構内2階の呉市観光案内所で観光情報やパンフレットを入手して、快適な旅をスタート！　ペデストリアンデッキ経由で呉港方面へ。
徒歩圏内の観光スポットもたくさんあるので、街並みとあわせて楽しんで。

れんがどおり周辺

ソウルフードや名物おやつを探すなら、びっくり堂(→P.113)など地元にも観光客にも愛されるご当地グルメ店が軒を連ねるれんがどおりへ。レンガが敷かれたレトロな雰囲気も散策にぴったり。周辺にも田舎洋食 いせ屋(→P.112)や珍来軒(→P.114)など人気店がたくさん。

呉郊外

これぞ呉！な風景が広がる郊外。呉港の東側に位置する歴史の見える丘(→P.111)からは呉の町の変遷が眺められる。周辺に旧海軍工廠のレンガ建造物が並ぶアレイからすこじま(→P.111)には、現役の艦船がずらり。すさまじい迫力を実際に感じよう。

TOURISM 18

洗練された機能美！

大迫力の艦船に圧倒！

戦艦「大和」誕生の地として知られ、世界屈指の軍港として発展してきた港町・呉。旧海軍ゆかりの史跡や施設など、平和の大切さや命の尊さを実感することができる。

船上からの写真撮影もOK！

特等席は屋上のオープンデッキ

呉艦船めぐり

くれかんせんめぐり

海上自衛隊OBの解説付きで呉湾内を30分かけて周遊できる。護衛艦や潜水艦などを間近に見ることができ、写真撮影も自由。日没時刻に合わせた夕呉クルーズは2日前までの事前予約制。

呉市宝町4-44 呉中央桟橋ターミナル☎082-251-4354 ㊐定期便は10:00、11:00、13:00、14:00の1日4便（土・日曜、祝日は12:00を加えた1日5便）※夕呉クルーズは日の入り時刻の20分前に出航（完全予約制） ㊡火曜（祝日の場合は運航）、荒天時運休 ㊕1700円 ㊋JR呉駅から徒歩8分 Pなし

呉 ▶MAP 別P.9 B-2

海上自衛隊見学ツアーもチェック！

毎月第1･3日曜日に無料開催。事前予約制で建物や防空壕跡、艦艇を見学できる。

海上自衛隊 呉地方総監部 第1庁舎（旧呉鎮守府庁舎）

かいじょうじえいたい くれちほうそうかんぶ だい1ちょうしゃ（きゅうくれちんじゅふちょうしゃ）

呉市幸町8-1 HP www.mod.go.jp/msdf/kure/（海上自衛隊 呉地方総監部 広報推進室） ㊐毎月第1･3日曜、要事前予約（HP参照） ㊕見学無料 ㊋JR呉駅から広電バス呉倉橋島線桂浜方面行きなどで5分、総監部前下車すぐ Pなし

呉 ▶MAP 別P.9 C-2

海上自衛隊 呉基地係船堀

かいじょうじえいたい くれきちけいせんぼり

呉市昭和町 HP www.mod.go.jp/msdf/kure/（海上自衛隊 呉地方総監部 広報推進室） ㊐毎月第1･3日曜、要事前予約（HP参照） ㊕見学無料 ㊋JR呉駅から広電バス呉倉橋島線桂浜方面行きなどで8分、昭和埠頭前下車すぐ Pなし

呉 ▶MAP 別P.9 C-3

船上から眺めるダイナミックな艦船の姿

「大和ひろば」には
戦艦「大和」の模型が

呉の歴史や科学技術などを紹介する施設

呉の歴史と平和の大切さが学べる

大和ミュージアム

やまとミュージアム

呉が生んだ戦艦「大和」を中心に、呉の歴史や、その礎となった造船・科学技術を紹介する。人間魚雷「回天」などの貴重な実物資料も展示。

呉市宝町5-20 ☎0823-25-3017 営9:00～17:30※2025年2月中旬～2026年3月まで休館 休火曜(祝日の場合は翌日) 料500円※企画展・特別展は別途有料 交JR呉駅から徒歩5分 P65台

呉 ▶MAP 別P.9 B-2

日本初の本物の潜水艦を
展示した博物館
2004年まで活躍して
いた潜水艦「あきしお」
COOL!

潜水艦「あきしお」の内部に入れる

てつのくじら館

てつのくじらかん

正式名称は海上自衛隊呉史料館で、海上自衛隊の活動を実物展示や映像などの資料によって紹介する。本物の潜水艦「あきしお」内部に入れる展示も人気。

呉市宝町5-32 ☎0823-21-6111 営10:00～17:30最終入館 休火曜(祝日の場合は翌日) 料入館無料 交JR呉駅から徒歩5分 Pなし

呉 ▶MAP 別P.9 B-2

海軍&海自グッズをゲット！

日本遺産登録のレンガ倉庫群

澎湃館

ほうはいかん

日本遺産にも登録されていて、旧海軍の品を再現したものや、海上自衛隊グッズが人気。

呉市昭和町6-6 呉貿倉庫運輸(株)内 ☎0823-36-6800 営10:00～17:00 休不定休(SNSを確認) 交JR呉駅から広電バス呉倉橋島線桂浜方面行きで12分、貿易倉庫前下車すぐ 市営駐車場を利用 呉 ▶MAP 別P.9 C-3

海軍さんの文様

旧海軍風呂敷

990円

旧海軍のシンボルマーク(鎖とギザギザ波)の風呂敷

マークがポイント

オリジナル海自Tシャツ

990円

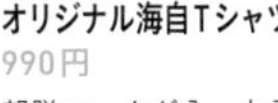

部隊マークが入ったTシャツ。背面にはロゴをプリント

マリンなモチーフ

オリジナル海自マグカップ

770円

海上自衛隊の部隊マークをあしらったマグカップ。柄は6種

JR「呉駅」周辺に観光スポットが点在していて、コンパクトに観光ができる。海と山のコントラストも魅力。

TOURISM 19

アートと絶景を目指して

呉の街を散策しよう！

海上自衛隊五大基地の一つである呉に来たからには、潜水艦など呉ならではの絶景観光スポットは外せない！ アートや歴史にふれつつゆったり散策しよう。

呉の歴史や文化に触れて学ぶ
レトロでおしゃれ！

英国風のハーフティンバー様式

公園の中のミュージアム

入船山記念館

いりふねやまきねんかん

国の重要文化財に指定された旧呉鎮守府司令長官官舎を中心に、旧東郷家住宅離れなどの日本遺産がある。展示館では、海軍とともに歩んできた呉の歴史を見学できる。

呉市幸町4-6 ☎0823-21-1037 営9:00～17:00 休火曜（祝日の場合は翌日）12月29日～1月3日 料入館250円 交JR呉駅から徒歩13分 P122台（1時間100円）

呉 ▶MAP 別P.9 C-2

1.旧呉海軍工廠塔時計
2.旧呉鎮守府司令長官官舎。屋根は天然スレートの魚鱗葺き

3分

自然林に囲まれたタイル張りの美術館

年3回の所蔵品展と数回の特別展を開催

著名作家の作品を多数収蔵

呉市立美術館

くれしりつびじゅつかん

地下1階、地上2階で構成された美術館。日本瓦寄棟造りの屋根と六角タイルを張り詰めた外観が特徴。ルノワールの絵画やブールデルのブロンズ像などを所蔵する。

呉市幸町4-9入船山公園内 ☎0823-25-2007 営10:00～17:00（16:30最終入館） 休火曜（祝日の場合は翌平日） 料展覧会により異なる 交JR呉駅から徒歩13分 Pなし

呉 ▶MAP 別P.9 C-2

すぐ

赤煉瓦のゆるやかな坂道

美術館通り

びじゅつかんどおり

全長263mの中に、19点の野外彫刻が点在する通り。「日本の道100選」や「手づくり郷土賞」に選出されており、散策や憩いの場として老若男女問わず親しまれる。

のんびり散策を楽しもう

呉市幸町入船山公園内 ☎なし 営休料自由 交JR呉駅から徒歩13分 P122台（1時間100円）

呉 ▶MAP 別P.9 C-2

いろんな角度から鑑賞！
バラエティに富んだ作品が点在

松やケヤキなど街路樹が立ち並ぶ

14分

明治時代以降の
呉の歴史を一望

軍港都市から平和産業港湾都市へ

歴史の見える丘

れきしのみえるおか

戦艦「大和」が造られたドック跡や、海上自衛隊 呉地方総監部 第1庁舎などが一望できる。丘の上には戦艦「大和」の記念碑や正岡子規の句碑なども。

🏠呉市宮原5 ☎0823-23-7845(呉市観光案内所) 営休料見学自由 交バス停子規句碑前からすぐ 🚗Pなし

呉▶MAP 別P.9 C-2

絶景ナビ
旧呉鎮守府庁舎や戦艦「大和」を建造したドックの上屋が望める

⇩ 21分

圧巻の迫力を間近で体感

アレイからすこじま

旧呉海軍工廠の赤レンガ倉庫跡や、魚雷積載用クレーンなどが間近で見られる海辺の公園。海上自衛隊呉基地に近く、園内から艦船や潜水艦も見える。

🏠呉市昭和町
☎0823-23-7845
(呉市観光案内所)
営休料入場自由
交バス停潜水隊前からすぐ
🚗P41台

呉▶MAP 別P.9 C-3

魚雷積載用クレーンなど、旧海軍の遺構が点在

現役の潜水艦や艦船がずらりと並ぶ

絶景ナビ
潜水艦を間近で見ることができる、世界でも珍しい公園

COOL

⇩ すぐ

日本で唯一
潜水艦が見える喫茶店

絶景ナビ
目の前に広がる海と大迫力の潜水艦。夕日の時間帯もおすすめ

時間を忘れて絶景に見惚れる

港町珈琲店

みなとまちコーヒーてん

潜水艦を望みながら過ごせるカフェ。サクッともちっと食感がたまらない自慢のワッフルは、特注の型で焼き上げるアメリカンサイズ。

540円
990円

港町ブレンドコーヒーとバナナチョコワッフル

🏠呉市昭和町6-17 セブン-イレブン2階 潜水艦桟橋前
☎0823-27-6855
営11:00～18:00(LO 17:30)、日曜8:00～
休火曜 交バス停潜水隊前からすぐ
🚗P15台

呉▶MAP 別P.9 C-3

港町珈琲店では写真用に海軍帽のレプリカを貸してもらえるので、思い出にぜひ。

TOURISM 20

マストで食べたい！
ご当地グルメを堪能する

カレーをはじめとする海軍ゆかりの洋食文化が根付く呉。身体の中から元気になるランチと、呉市民に愛されるご当地スイーツで呉グルメを楽しみ尽くそう！

潜水艦で食べられている特別なカレー

menu
潜水艦「そうりゅう」テッパンカレー
1600円
ココでしか食べられない、潜水艦「そうりゅう」の艦長から認定を受けたカレー

A

WHY
なぜ日本海軍は洋食を食べるように？
江戸時代から明治にかけて流行した病・脚気（かっけ）の対策として、肉が多い洋食を提供し始めたためと伝わる。

代々継承されるスパイシーなデミグラス

menu
戦艦大和のオムライス（デミ、紅茶付き）
1000円
海軍仕込みの、伝統のスパイシーなデミグラスが決め手の名物グルメ

B

海軍時代を再現素朴でシンプルなカレー

C

menu
海軍時代のカレー
900円
ラードを使用するなど、昔ながらのレシピで当時の味を再現

人気店でいただきます
A 呉ハイカラ食堂
くれハイカラしょくどう

カレーには肉じゃがやクジラカツなど栄養価の高いメニューが添えられており、ボリューム満点。潜水艦の中をイメージした内装も魅力。

コレもおすすめ！

明治海軍式チキンライス
1400円

呉市宝町4-21 折本マリンビル 3号館2F ☎0823-32-3108 営 11:00～15:00 休 火曜 交 JR呉駅から徒歩4分 P 220台（有料） 呉 ▶MAP 別P.9 B-2

旧海軍ゆかりの味を守り伝える
B 自由軒
じゆうけん

創業60年を超える老舗。オムライスの上のグリーンピースは、「船が割れないように」という縁起をかつぎ、奇数個になっている。

コレもおすすめ！
みんちかつ
650円

呉市中通3-7-15 ☎0823-24-7549 営 11:30～14:00、17:00～20:30 休 木曜 交 JR呉駅から徒歩12分 Pなし 呉 ▶MAP 別P.9 C-1

世代を超えて愛される創業103年の老舗
C 田舎洋食 いせ屋
いなかようしょく いせや

大正10年（1921）創業。一番人気のいせ屋特製カツ丼は、牛カツの上にデミグラスソースがのった独自のアレンジが利いた逸品。

呉市中通4-12-16
☎0823-21-3817
営 11:00 ～ 15:00（LO14:30）、17:00～20:00（LO19:30）
休 木曜、不定休 交 バス停呉本通三丁目からすぐ Pなし
呉 ▶MAP 別P.9 B-1

焼きたてのふんわり生地

NICE

やさしい味わいにほっこり
地元の愛されおやつ

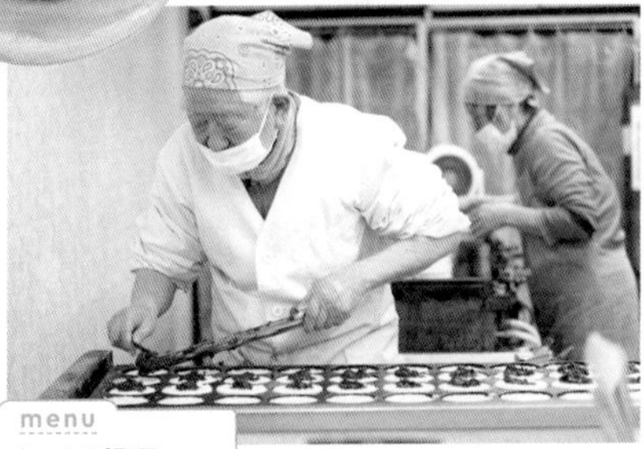

menu
びっくり饅頭
120円
一番人気のクリームと赤あん、白あんの3種類が揃う

D

珍しいラグビーボール型！

できたてほかほか
呉のソウルフード

COOL

日本人に合わせたアイスを
パリパリのモナカでサンド

menu
アイス最中
140円〜
何個でも食べられそうなクリーミーであっさりした甘さ

F

menu
メロンパン
225円
サクッと生地の中にはなめらかなカスタードクリームがたっぷり

E

呉市民のおやつと言えばコレ！

D びっくり堂
びっくりどう

創業60年を超える老舗。各地域で呼び名が違う大判焼きが「びっくり饅頭」という名で呉市民に親しまれている。生地も餡もすべて自家製。

呉市中通3-5-5 ☎0823-24-8611
㊔10:00〜17:00
㊡火曜（祝日の場合は翌日）
㊋バス停呉本通三丁目から徒歩3分
Pなし
呉 ▶MAP 別P.9 B-1

創業時の味を今に伝える

E メロンパン本店
メロンパンほんてん

創業時と変わらない味を提供し続ける、戦前から続く名店。メロンパンのほかにも、自家製あんこがぎっしり詰まった瑳珴の小倉庵も大人気。

コレもおすすめ！

瑳珴の小倉庵
322円

呉市本通7-14-1 ☎0823-21-1373
㊔6:30〜なくなり次第終了 ㊡日曜
㊋バス停呉本通七丁目からすぐ
P7台 呉 ▶MAP 別P.2 B-2

種類豊富なアイスにわくわく

F 巴屋 片山店
ともえや かたやまてん

試行錯誤を繰り返して日本人の好みに合うアイスクリームを開発。以降60年以上愛される逸品に。こってりランチの後にもぴったり。

呉市西中央5-13-10
☎0823-24-3433
㊔12:30〜16:30（土・日曜は9:30〜11:00、12:00〜17:30）
㊡月、火曜 ㊋バス停体育館前から徒歩5分 Pなし
呉 ▶MAP 別P.9 B-1

大判焼きがびっくり饅頭と呼ばれるように、呉では世間一般のメロンパンがコッペパンと呼ばれる。

TOURISM 21

クセになるおいしさ

名物「呉冷麺」をめぐる

見た目は冷やし中華にそっくりだけど、味は全くちがう呉発祥のオリジナル冷麺。
お店で異なるアレンジにも注目しながら、酢の利いた中毒性のある呉冷麺をいざ実食！

老若男女に愛される元祖・呉冷麺はコレ！

WHAT

呉冷麺とは？

甘酸っぱいスープと平打ち麺をベースにした呉市民のソウルフード。酢に唐辛子を漬けた「酢辛子」を愛用する店が多い。

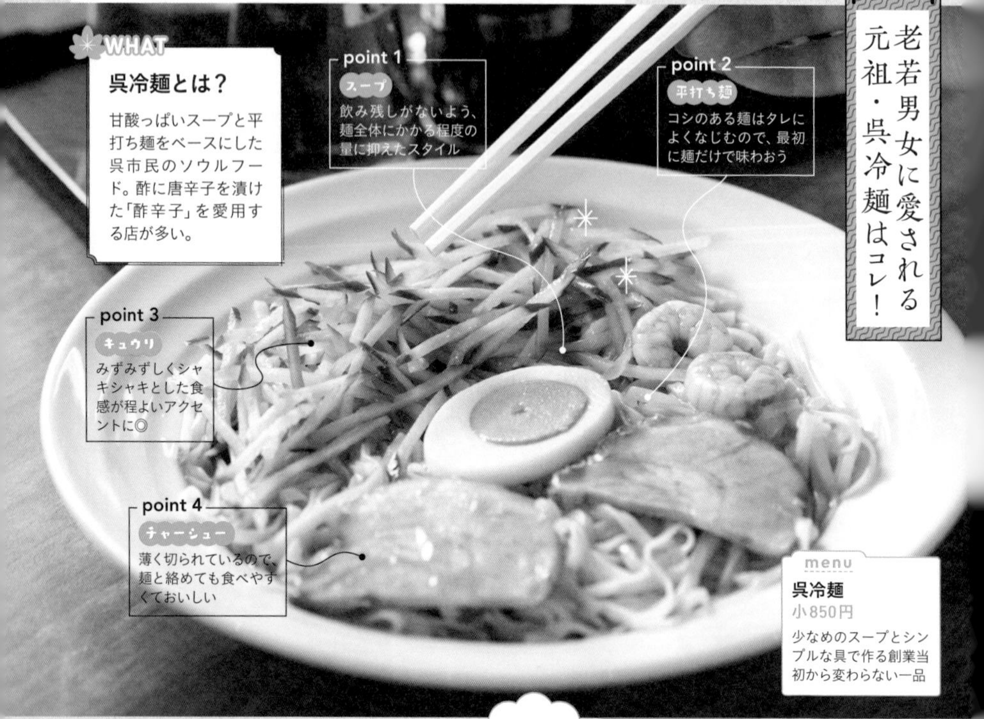

point 1 スープ
飲み残しがないよう、麺全体にかかる程度の量に抑えたスタイル

point 2 平打ち麺
コシのある麺はタレによくなじむので、最初に麺だけで味わおう

point 3 キュウリ
みずみずしくシャキシャキとした食感が程よいアクセントに◎

point 4 チャーシュー
薄く切られているので、麺と絡めても食べやすくておいしい

menu
呉冷麺
小850円
少なめのスープとシンプルな具で作る創業当初から変わらない一品

しっかり混ぜて召し上がれ！
追い酢辛子がとまらない！
アレンジ！

甘みとピリリとした辛さがクセになる「酢辛子」を足してみよう！

取材で訪れた有名人のサインがたくさん

これもオススメ
広東えび餃子
4個 500円
プリップリのエビと特製ダレが相性抜群

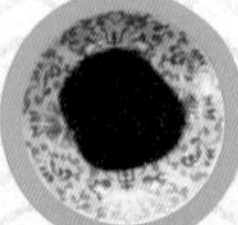

Good！

呉冷麺発祥の店

珍来軒
ちんらいけん

「夏のメニューがほしい」と考案したのが始まりで、腹持ちもよくさっぱりとした冷麺は、瞬く間に呉の名物的存在に。調味料である「酢辛子」もこの店から生まれた。

呉市本通4-10-1
☎0823-22-3947
営11:30～15:30
(売り切れ次第閉店)
休 火曜　交 バス停本通3丁目からすぐ
Pなし
呉 ▶MAP 別P.9 C-1

これもオススメ
カツカレー(並)
900円
40種類のスパイスが溶け込んだ本格カレー

YEAH〜!

煮干しベースの出汁とコシのあるもちもち麺

煮干しの
旨みがぎゅ
ぎゅっと凝縮

客足の絶えない人気店
くれ星製麺屋
くれぼしせいめんや

テレビでも紹介された人気店で、JR呉駅から徒歩すぐと立地も抜群。こだわりの冷麺は、鶏と豚の2種類のレアチャーシューを使うなど細やかなこだわりが光る。

呉市中央1-9-4 ☎0823-25-1104
営11:00〜14:00、17:00〜21:00(売り切れ次第閉店) 休不定休 交JR呉駅からすぐ Pなし
呉 ▶MAP 別P.9 B-2

menu
くれ星冷麺
850円
すっきりした後味で最後までさっぱり。酢漬けのえびがアクセント

一人でも入りやすい仕切りつきのカウンター

あたたかい具材と冷麺が絡む進化系呉冷麺

自家製チャーシュー&とろ〜り半熟味玉

menu
冷麺 半熟味玉のせ
920円
中太麺と具材の間にキャベツをたっぷり置くことでそれぞれを保温

店内にはカウンターと掘りごたつがある

これもオススメ
がんす丼
350円(ミニサイズ)
魚のすり身をパン粉で揚げた呉名物を丼物に

趣向を凝らした麺メニューが話題
旬麺 晴れる家
しゅんめん はれるや

和食店出身の店主が手がける。定番から期間限定まで、常時5〜6種類の冷麺やラーメンがラインアップ。お酒やアラカルトも揃うので夜の利用にもおすすめ。

呉市広本町1-1-3 ☎0823-72-0650
営11:30〜14:00、18:00〜22:00
休日曜
交JR広駅から徒歩13分
P2台
呉 ▶MAP 別P.2 B-2

TOURISM 22

“呉ならでは”がいっぱい

個性派いろいろ! 呉の注目ホテル

ただ泊まるだけではもったいない。さまざまなコンセプトに沿った、ワクワクする個性豊かなホテルに宿泊して、唯一無二の体験を。旅の思い出が増えるはず。

和モダンなライフスタイルホテル

COOL

ココに注目!
和の心とモダンデザインを融合させ、名所や美しい自然景観を持つ呉の魅力を引き出す。

まるでビルのような四角い呉のホテル

大人気の海自カレー

呉の魅力を存分に引き出す

無垢 入船の宿

むく いりふねのやど

2023年8月オープン。無垢な素材の持つ味わいや落ち着きを感じられる旅館テイストホテル。呉の歴史と和の魅力を堪能しながら過ごせる落ち着いた空間。

呉市本通1-6-15
0823-69-7200
JR呉駅から徒歩8分
P8台
呉 ▶MAP 別P.9 C-2
料金 1泊素泊まり1室1万2000円～
IN 15:00 OUT 11:00
客室数 11室

セーラー服をイメージした館内着

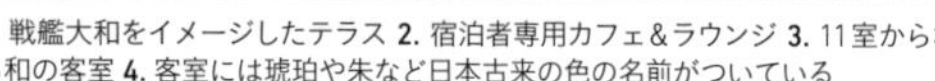

1. 戦艦大和をイメージしたテラス 2. 宿泊者専用カフェ＆ラウンジ 3. 11室からなる和の客室 4. 客室には琥珀や朱など日本古来の色の名前がついている

潜水艦がコンセプトのゲストハウス

RED SUBMARINE

レッド サブマリン

造船で栄えた町、呉市にある潜水艦がテーマのゲストハウス。乗組員の一人になったような宿泊体験が楽しめる。併設の老舗公衆浴場「赤ビル温泉」は入浴無料。

呉市中通2-4-5 赤ビル4F
☎070-4461-3563
JR呉駅から徒歩9分
P1台（有料）
呉 ▶MAP 別P.9 B-1

料金 1泊素泊まり3300円～
IN 15:00～26:00
OUT 11:00
客室数 6室

元乗組員がデザイン協力
潜水艦ゲストハウス

ココに注目！
施設内の共用部は夜間になると、実際の潜水艦でも用いられる赤色灯が点灯する。

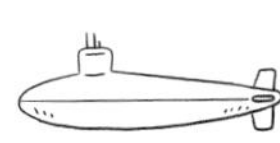

1. 潜水艦では艦長待遇の個室 2. 宿泊者は銭湯に無料で入浴可能 3. 潜水艦の丸い天井を模した「士官室」

呉の玄関口で
グルメと景色を堪能する

ココに注目！
旧海軍をイメージしたコンセプトルーム「大和」には、旧海軍士官軍帽などが設置※1室限定。

呉らしい体験を提供

呉阪急ホテル

くれはんきゅうホテル

JR呉駅から徒歩すぐに佇む。オリジナルの呉グルメが豊富で、海自カレーなどが楽しめるのもうれしい。最上階のレストランからは呉の景色が一望できる。

呉市中央1-1-1 ☎0823-20-1111（代表）
JR呉駅からすぐ P30台（有料）
呉 ▶MAP 別P.9 B-2
料金 1泊素泊まり1室8800円～
IN 14:00 OUT 12:00 客室数 70室

1. シックにまとめられた客室 2. 高級感のある正面入り口 3. 呉の特産品「レモン」をふんだんに使用したホテルオリジナル呉レモンカレー

呉湾を見渡せる海辺のシティリゾート

クレイトンベイホテル

旧海軍と造船の街に立つ。海側では運が良ければ海上自衛隊艦船の出入港を見ることができ、山側では標高737mの灰ヶ峰や呉市の街並みを楽しめる。

呉市築地町3-3
☎0823-26-1111
JR呉駅から車で5分
P50台
呉 ▶MAP 別P.9 A-2

料金 1泊素泊まり1室7700円～
IN 15:00
OUT 11:00
客室数 60室

ココに注目！
シングルルームや3つのタイプのツインルームなど清潔で使い勝手の良い部屋が選べる。

リゾートとシティの機能を備えた絶景ホテル

WOW!

1. 1日1部屋限定の特別室大和ルーム 2. 呉駅から車で5分の好立地 3. スパは宿泊時（有料）やスパ&ランチのプランで利用できる

海と山に囲まれた坂道の町

尾道

Onomichi

昼：◎ 夜：△

瀬戸内の島々を望む港町。映画のロケ地になるなど、昔ながらの美しい街並みが魅力。

このエリアを巡る3つのコツ

01 ONOMICHI U2には午前中に行こう

若い女性を中心に大人気の施設。昼どきは混み合うので、比較的ゆっくり買い物もできる午前中に、モーニングとセットで立ち寄ってみよう。

瀬戸内がテーマのグルメやアイテムが充実

02 千光寺に行くなら尾道本通り商店街を抜けて

千光寺へは、ロープウェイを使って行く人が大半。尾道本通り商店街のちょうど中間辺りに乗り場があるので、商店街を抜けて行くルートが◎。

千光寺は標高約144mの千光寺山にある

03 しまなみ海道とセットで楽しむ

尾道に1泊してしまなみ海道に足をのばすのもおすすめ。今治まで行かず目当ての島を2〜3島巡るだけでも、瀬戸内の絶景を十分堪能できる。

レンタサイクルで巡るのもおすすめ

さらに裏ワザ！

便利でお得なフリーパスを活用

おのみちバスの1日乗り放題券と千光寺山ロープウェイ往復券がセットになった乗車券「おのみちフリーパス」がお得で便利！

こんな楽しみ方も！

尾道本通り商店街&海岸通りをぶらり

尾道駅から1.5km続く尾道本通り商店街と、これに並行して海沿いにウッドデッキが続く海岸通りにはお店がたくさん。ご当地グルメを取り扱う土産物店や、地元のおしゃれな雑貨店でハイセンスなお土産をゲットしよう。

猫を見つけながら街を歩こう

猫の町としても知られる尾道。特に千光寺山周辺の坂道や路地では、いたるところにかわいい猫たちがほのぼのと過ごしている様子が見られる。土産物店や雑貨店で販売されている猫関連のグッズも要チェックだ。

JR尾道駅もチェックしよう！

2019年に建て替えられ、生まれ変わった尾道駅。2022年にさらにリニューアルを果たし、2階にホテルがオープン。1階には、瀬戸田産柑橘のジュースが楽しめるジューススタンドと週末限定の立ち飲み屋などがある。

交通案内

徒歩

小回りが利く徒歩での移動がベスト。千光寺へは、行きはロープウェイ、帰りは徒歩で坂道や路地を散策するプランも◎。

バス

少し離れた場所に行くには、市内を循環するおのみちバスがおすすめ。お得な切符も販売されているので要チェック。

車

瀬戸内の風景が堪能できる、しまなみドライブもセットで楽しむなら、駅前のレンタカーショップを利用しよう。

フェリー

レンタサイクルに挑戦するならフェリーが便利。JR尾道駅周辺で自転車を借りて、目当ての島までフェリーを利用しよう。

モデルコース ▷ 約1時間25分 約4.5m

START 尾道駅 → 徒歩5分 → ① ONOMICHI U2 → 徒歩10分 → ② 尾道本通り商店街 → 徒歩5分 → ③ 藤井製帽 → 徒歩3分 → ④ 尾道ラーメン丸ぼし → 徒歩7分 ロープウェイ3分 → ⑤ 千光寺頂上展望台PEAK → 徒歩6分 → ⑥ 千光寺 → 徒歩5分 → ⑦ 猫の細道 → 徒歩4分 → ⑧ LOG → 徒歩13分 → GOAL 尾道駅

潮風が吹いて心地いい〜

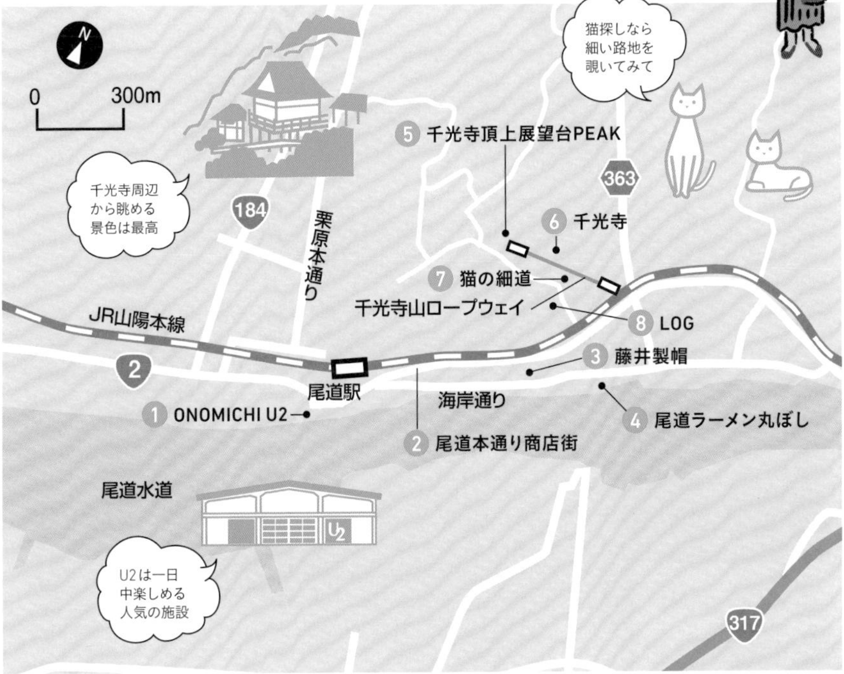

0 300m
猫探しなら細い路地を覗いてみて
千光寺周辺から眺める景色は最高
U2は一日中楽しめる人気の施設
⑤ 千光寺頂上展望台PEAK
⑥ 千光寺
⑦ 猫の細道
千光寺山ロープウェイ
⑧ LOG
③ 藤井製帽
④ 尾道ラーメン丸ぼし
② 尾道本通り商店街
① ONOMICHI U2
尾道駅
海岸通り
JR山陽本線
栗原本通り
尾道水道
184
363
2
317

ココに注意!

山手エリアの坂道や商店街は徒歩で

山手の坂道や商店街は道が狭く、車では入れない場所もあるので、近くの駐車場に車を停めて、徒歩で巡ろう。住宅が並ぶエリアでもあるので、私有地に注意しながらマナーを守って散策しよう。

バスの本数や停留所は事前にチェック

バス停の数や運行数があまり多くないので事前に確認が必要。体力がある人は自転車を借りてサイクリングや、街並みを楽しみながら歩くのがおすすめ。交通量が多い場所もあるので気を付けて。

千光寺山ロープウェイ・猫の細道

迷路のように入り組んだ坂道に、歴史ある寺社が点在している尾道。ノスタルジックな路地や坂道でたくさんの猫に出合えるのも尾道ならではだ。カメラ片手にすてきな風景を切り取って。

千光寺周辺

1200年以上の歴史をもつ古刹・千光寺。赤堂とも呼ばれる朱塗りの本堂からは尾道の町を一望できる。千光寺山の頂上辺りには展望台もあり、瀬戸内の島々まで見渡すことができる。

尾道本通り商店街・海岸通り

尾道を代表するショッピングストリート。尾道メイドの逸品や尾道グルメを扱う店が軒を連ねる。海岸通りには、流行りのおしゃれなカフェなど注目の店が集うのでお買い物を楽しんで。

ONOMICHI U2

尾道水道に面した海運倉庫をリノベーションした商業施設。レストランやカフェ、ショップのほか、自転車ごと宿泊できるホテルなどが入る。老若男女を問わず楽しめる充実のスポット。

TOURISM 23

尾道のシンボル 千光寺山の絶景スポットを攻略！

2015年、「箱庭的都市」として日本遺産に認定された尾道市。レトロな街並みや坂の路地などの観光地を境内やロープウェイ、展望台の絶景スポットから一望しよう。

1200年以上 尾道で愛され続ける古刹

絶景 spot

対岸の向島へは、尾道駅前から船で約5分の距離

WOW!

WHAT

まだある！巨岩奇石

くさり山

本堂の裏手に鎮座する岩山。本堂にお参りしてから、鎖を使って岩に登る修行体験に挑戦しよう。奉納料100円

鼓岩（ポンポン岩）

珍しい形の巨岩の上に設置してあるトンカチで叩くと、「ポンポン」と音がする。絶景をバックに撮影しよう

岩の頂の玉は夜になると3色に輝く

尾道を代表する観光名所

千光寺

せんこうじ

大同元（806）年に弘法大師によって創建されたとされる寺院。境内にある「玉の岩」「くさり山」「鏡岩」などの巨岩奇岩群も見もの。

尾道市東土堂町15-1 ☎0848-23-2310 ㊡9:00～17:00 ㊡無休 ㊞参拝志納 ㊯千光寺山ロープウェイ山頂駅から徒歩5分 P千光寺公園駐車場を利用 尾道 ▶MAP 別P.11 E-1

大パノラマにくぎづけ！

HOW

ロープウェイの乗り方（山麓駅乗車の場合）

山麓駅はバス停長江口からすぐ

⇩

山麓駅できっぷを購入しよう

⇩

3分間の空中散歩がスタート！

ゴンドラから眺める尾道水道と瀬戸内の島々

絶景 spot
天気が良ければ、瀬戸内の島々だけでなく四国まで見えることも

尾道のガイド付き運行！

千光寺山ロープウェイ

せんこうじやまロープウェイ

千光寺山の山麓と山頂を結ぶ全長365mのゴンドラ。車窓からは尾道の街並みや千光寺の巨岩群などを望む。チケット売り場で観光MAPの配布も。

尾道市長江1-3-3（山麓駅） ☎0848-22-4900 営9:00～17:15（15分ごとに運行） 休 無休（荒天時、臨時休業あり） 料 片道500円、往復700円 交 JR尾道駅から徒歩15分 P なし

尾道 ▶MAP 別P.11 E-1

展望台とはひと味違う景観が楽しめる

「主役は風景」がコンセプト

千光寺公園視点場MiTeMi

せんこうじこうえんしてんばミテミ

PEAKから徒歩10分ほどの場所にある、旧尾道城の土台部分を活用したビュースポット。広々としたデッキは、JR尾道駅や尾道本通り商店街を眼下に望む。

尾道市三軒家町22-29 ☎0848-38-9184（尾道市観光課） 営休料 散策自由 交 JR尾道駅から徒歩10分
P 千光寺公園駐車場（有料）を利用

尾道 ▶MAP 別P.10 C-2

尾道駅周辺の眺望が開ける

視点場とは展望台のこと。手すりは透明で開放的

風景と調和する個性的でふしぎな外観も見どころ

さえぎるもののない千光寺山頂の絶景ポイント

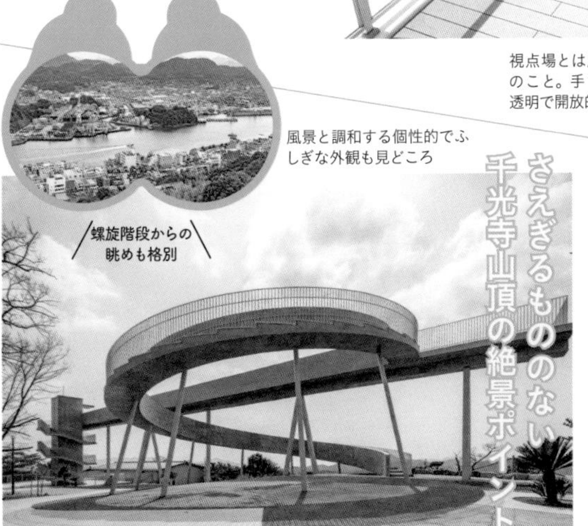

螺旋階段からの眺めも格別

尾道の新たなランドマーク

千光寺頂上展望台PEAK

せんこうじちょうじょうてんぼうだいピーク

2022年3月に完成した展望台。橋のような全長63mの展望デッキから、情緒あふれる街並みや尾道水道の大パノラマが眺められる。エレベーターもあるので安心。

尾道市西土堂町19-1 千光寺公園内 ☎0848-38-9184（尾道市観光課） 営休料 散策自由（エレベーターの利用は9:00～17:15） 交 千光寺山ロープウェイ山頂駅からすぐ P 千光寺公園駐車場（有料）を利用

尾道 ▶MAP 別P.11 D-1

観光スポットが多い尾道は絶景の宝庫。尾道水道の水面に反射するライトがきれいな夜景もおすすめ。

TOURISM 24

穏やかな風景に癒されて

坂道の町をめぐる尾道さんぽ

千光寺山周辺には、映画の舞台にもなった坂道や細い路地が張り巡らされ、気ままに暮らす猫たちに出合うことも多い。昔ながらの町をほのぼのと散策しよう。

猫の細道
ねこのほそみち

たくさんの猫が気ままに暮らす、猫好きの聖地。多数の福石猫が置かれたことから名づけられた。

尾道市東土堂町
営休料 散策自由
交 JR尾道駅から徒歩15分
P なし
尾道 ▶MAP 別P.11 E-2

猫好きが集う町で のんびりお散歩

坂道は階段も多いので気を付けて歩こう

出てきた瞬間をパシャリ！

猫のアートがあちこちに

周辺には猫たちはもちろん、石垣に描かれた猫アートが点在

路地奥にも発見！

日向ぼっこ中…

民家に出入りする猫も多い。マナーを守って通行しよう

尾道の町中パワースポット

A 艮神社
うしとらじんじゃ

尾道市内最古の神社。境内のクスノキは樹齢900年で、幹の周囲は7mにも及ぶ。映画「時をかける少女」のロケ地。

尾道を守り続ける大きなクスノキ

尾道市長江1-3-5 ☎0848-37-3320 営休料境内自由
交 JR尾道駅から徒歩20分 P なし 尾道 ▶MAP 別P.11 E-1

大正時代の民家をリノベーション。愛らしい「福石猫」も必見

千差万別！数千もの招き猫に出合う

約3000点の招き猫を展示

B 招き猫美術館in尾道
まねきねこびじゅつかんいんおのみち

尾道在住の招福絵師・園山春二氏が手がけるミュージアム。全国から集めた招き猫や、石や板、和紙に招き猫を描いた作品が並ぶ。

尾道市東土堂町19-26 ☎090-7122-2960 営11:00～16:00(要予約※当日可) 休木曜 料300円 交 JR尾道駅から徒歩20分 P なし 尾道 ▶MAP 別P.11 E-2

尾道を代表する絵画のような風景

C 天寧寺 海雲塔
てんねいじ かいうんとう

嘉慶2(1388)年に五重塔建立。その後損傷の激しかった上の二重を取り払い、元禄5(1692)年三重塔になった。

塔越しに眺める風景が美しい

尾道市東土堂町17-29 ☎0848-22-2078 営休料境内自由
交 JR尾道駅から徒歩15分 P なし 尾道 ▶MAP 別P.11 E-2

ドラマや映画にもしばしば登場

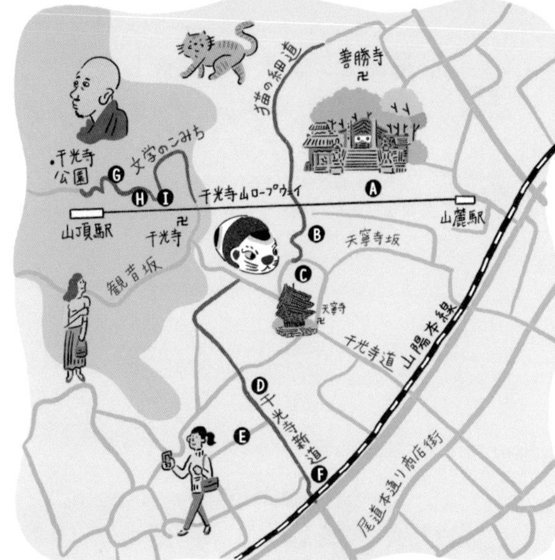

千光寺新道
せんこうじしんみち

尾道屈指のフォトスポットとして知られる石畳の階段。古い街並みと海、対岸を一度に眺められる。

尾道市東土堂町周辺 ☎0848-36-5495（尾道観光協会） 営休料 散策自由 交 JR尾道駅から徒歩15分 Pなし 尾道 ▶MAP 別P.11 E-2

宿泊可能な複合施設

 D LOG
ログ

ホテルやカフェ、ダイニング、ショップ、ギャラリーなどを併設。千光寺につづく石段の途中にある。

尾道市東土堂町11-12 ☎0848-24-6669
営ランチ12:00～LO13:30、ディナー18:00～LO20:30（要予約）※カフェ利用は11:00～LO16:30
休不定休（HPを要確認） 交 JR尾道駅から車で5分と徒歩12分 Pなし
尾道 ▶MAP 別P.11 E-2

→P.134
ランチやディナーは事前予約制

自然と港町の景色を堪能

E 尾道文学公園
おのみちぶんがくこうえん

千光寺新道の近くにある、尾道ゆかりの作家の文学碑が立つ公園。尾道水道を望む豊かな眺望景観が楽しめる。

尾道市東土堂町8-28
☎0848-20-7514（尾道市文化振興課）
営休料園内自由
交 JR尾道駅から徒歩15分
Pなし
尾道 ▶MAP 別P.11 E-2

周辺のお店でテイクアウトして楽しむのも◎

活版印刷体験ができる雑貨店

F 活版カムパネルラ
かっぱんカムパネルラ

古民家を改装した店内で活版印刷の紙もの文具や雑貨を販売している。気軽にできる印刷体験も受付中（予約優先）。

尾道市東土堂町11-2 ☎0848-51-4020
営10:00～18:00 休無休 料Aコース（所要時間約15分）880円～、Bコース（所要約1時間半）2530円～ 交 JR尾道駅から徒歩10分 Pなし
尾道 ▶MAP 別P.11 E-2

日本各地から集まった古い道具でいっぱい

文学のこみち
ぶんがくのこみち

尾道ゆかりの作家・林芙美子や志賀直哉などの文学碑が25基並ぶ全長約1kmの遊歩道。

尾道市東土堂町周辺
☎0848-36-5495（尾道観光協会） 営休料 散策自由
交 千光寺山ロープウェイ山頂駅からすぐ P千光寺公園駐車（有料）場利用
尾道 ▶MAP 別P.11 E-1

明治時代を代表する文学者

G 正岡子規文学碑
まさおかしきぶんがくひ

尾道の風景を見て詠んだ「のどかさや 小山つづきに塔二つ」と刻まれた石碑。

多くの辞典を手がけた言語学者

H 金田一京助文学碑
きんだいちきょうすけぶんがくひ

国語辞典を編纂したことで有名。尾道で旅の疲れを癒す和歌が刻まれている。

尾道ゆかりの小説家

I 林芙美子文学碑
はやしふみこぶんがくひ

学生時代を尾道で過ごした小説家で、代表作『放浪記』の一節を読むことができる。

千光寺山に点在する自然石に刻まれている。千光寺公園から千光寺に向かう途中にある

付近は地元の人が暮らす住宅が並んでいるので、マナーを大切に観光しよう。

TOURISM 25

尾道をアクティブに楽しむ！
向島サイクリングでカフェめぐり

しまなみ海道の本州側のスタート地点として知られる向島。海に囲まれた抜群のロケーションの中、サイクリングが楽しめる。おしゃれなグルメスポットもお忘れなく。

潮風が心地よい港町を横断
穏やかな海に癒される旅

尾道水道がキラキラ〜

尾道駅近くの海岸沿いにはデッキが設けられた場所も

HOW

向島へGO！

フェリーは3種類

尾道から向島へ渡るフェリー乗り場は3カ所。いずれも自転車での乗船が可能で、リーズナブルに移動可能

乗船時間は5分

通学・通勤に利用されるフェリーは所要時間も短く快適。目的地に合わせて乗船場所を選ぶのがポイント

FERRY DATA

料金 60〜100円（自転車＋10円）
時間 6:00〜22:00頃 10分間隔で運航

駅前渡船 えきまえとせん
尾道（駅前）〜向島（富浜）
住所：尾道市東御所町9

尾道渡船 おのみちとせん
尾道（土堂）〜向島（兼吉）
住所：尾道市土堂1-16

福本渡船 ふくもととせん
尾道（土堂）〜向島（小歌島）
住所：尾道市土堂1-12

レンタサイクルを提供するカフェ

りん Onomichi カフェとレンタルサイクル

りんオノミチ カフェとレンタルサイクル

「喫茶とナチュラルワイン」をテーマに、旬の食材を使ったおつまみ、スイーツを提供する。自転車返却後にひと休みするのもおすすめ。

尾道市土堂1-8-9 ☎0848-38-7715 ㈫レンタサイクル9:00〜18:00（冬季休業あり）、カフェ13:00〜20:00 ㈱不定休（HPを要確認） ㈶1台1時間1500円〜（HPより要予約※土・日曜、祝日のみ貸出） ㊯JR尾道駅から徒歩5分 Pなし

尾道 ▶MAP 別P.11 D-2

HOW

レンタサイクル4ステップ♪

① カラーを選ぼう

車種はデンマーク発のMATE. BIKE。スタイリッシュでカラバリも豊富！

② 使い方をレクチャー◎

山道にも対応できる電動自転車。機械の操作方法などをマスターしよう

③ 乗りこなしポイントを伝授

ハンドルの細かい動作など、スタッフさんが丁寧に教えてくれるので安心

④ 安全運転でいざ出発！

運転時はヘルメットを被って安全運転！交通ルールも意識して

TOURISM
宮島
広島タウン
呉
尾道

向島（富浜）渡船場から
🚲で約30分

ビーントゥバーのチョコ

USHIO CHOCOLATL

ウシオ チョコラトル

世界のカカオ農園から仕入れたカカオ豆と砂糖のみで作るチョコレートや、地元食材を交えたものなど、これまでに100種類以上を手がける。

尾道市向島町立花2200 自然活用村2F ☎0848-36-6408 ㊋11:00～16:00(ドリンクLO15:30) ㊡火・水曜 ㊫駅前渡船で向島へ5分、向島（富浜）渡船場から車またはタクシーで10分 P20台

向島 ▶MAP 別P.12 C-1

menu
カカオミルク 660円
チョコレートケーキ 583円
カルダモンやハッカクなど、数種類のスパイスを組み合わせたチョコレートメニューは必見

TAKE OUT

ドリンクや店内で販売されているチョコをテイクアウトするのも◎

旧校舎を活用した施設の2階にあり、立花海岸を一望できる

オーガニックにこだわるチョコレート工場でひと休み

チョコの魅力を再発見！

店内は明るくアーティスティックな雰囲気

スペシャルティーコーヒーの専門店でお土産探し

さまざまな産地のコーヒー豆がずらり

向島（富浜）渡船場から
🚲で約4分

コーヒーを「淹れて楽しむ」魅力を発信

珈琲豆 ましろ

コーヒーまめ ましろ

南米やアフリカを中心に世界中から厳選したコーヒー豆を販売。4～10月にはアイスコーヒーとアイスカフェオレのテイクアウトを実施。

menu
ゆるねこむかいしまコーヒー
1箱3バッグ入り598円
異なるブレンドが3種類入った、贈り物にも最適なギフトセット

尾道市向島町富浜5557-17
☎0848-29-9078
㊋10:00～18:00
㊡月・木曜（祝日は営業）
㊫駅前渡船で向島へ5分、向島（富浜）渡船場から徒歩8分
P3台

向島 ▶MAP 別P.12 C-1

青いテントが目印。オンラインショップも展開する

ハイセンスなお店でお手頃ランチを堪能

menu
ランチコース
2200円
メイン料理にキッシュなどの前菜3品、スープ、バゲット、ドリンクが付く

向島（富浜）渡船場から
🚲で約6分

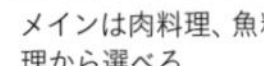

メインは肉料理、魚料理から選べる

店内は女性一人でも入りやすい雰囲気

地元食材をフレンチ風にアレンジ

BISTRO SIMA亭

ビストロ しまてい

長年洋食店で経験を積んだ女性店主が手がける。地元の新鮮な食材のほか、広島県産のワインなど、店主のこだわりが光る。

尾道市向島町6032-1 ☎0848-38-2790 ㊋11:30～18:00（LO17:30）※ランチ～LO14:30（第1・3土曜は13:00～22:00） ㊡水曜、第1・3日曜 ㊫駅前渡船で向島へ5分、向島（富浜）渡船場から徒歩15分 P3台

向島 ▶MAP 別P.12 C-1

向島はしまなみ海道の広島県側から1つ目の島。フェリーで5分ほどなので、気軽に島旅を楽しもう。

TOURISM 26

海街ならではの逸品を探して 尾道本通り商店街をぶらり散策

どこかレトロな雰囲気が感じられる尾道本通り商店街。
老舗からおしゃれな話題店まで、気になるお店がいっぱい！

どこに寄り道しよう

あれもこれも食べたい！

パン・ド・ロデヴ 1320円

石臼挽き全粒粉を使用。小麦の風味とさわやかな酸味が楽しめる

ずんだペッパーチーズベーグル 390円

枝豆を練り込んだベーグル生地に北海道産クリームチーズをプラス

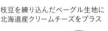

チョコのチャバッティーナ 280円

もっちりとした生地にビターなチョコレートがたっぷり！

Ⓐ パン屋航路

INFO

尾道のメインストリート

尾道本通り商店街

おのみちほんどおりしょうてんがい

山々と海岸に挟まれた東西1.2kmのレトロな商店街。地元の人の生活を支える商店街として、長きにわたり親しまれている。

尾道 ▶MAP 別P.11 E-2

Ⓐ 尾道を代表するベーカリー

パン屋航路

パンやこうろ

小さな店ながらハード系にクロワッサン、惣菜系など多彩なパンがズラリ。小麦の風味を感じるパンを目当てに遠方から訪れるファンも。

尾道市土堂1-3-31
☎0848-22-8856 営7:00～売り切れ次第終了 休月・火曜 交JR尾道駅から徒歩6分 P2台

尾道 ▶MAP 別P.11 D-2

SWEET

←尾道駅

とうふドーナツ 170円～

素朴でやさしい甘さのドーナツは何個でも食べられそう

夕やけカフェドーナツ Ⓑ Ⓒ からさわ

COOL

アイスモナカ 180円

たまごアイスをパリパリの最中皮でサンド

Ⓑ ふんわり♡のとうふドーナツ

夕やけカフェドーナツ

ゆうやけカフェドーナツ

国産大豆の豆腐や北海道産小麦粉、純国産米ぬかのこめ油など、安心素材で作られたドーナツが名物。トッピングの種類も豊富！

尾道市土堂1-15-21
☎0848-22-3002 営10:00～17:30 休火・水曜 交JR尾道駅から徒歩7分 Pなし

尾道 ▶MAP 別P.11 D-3

散歩途中のおやつに♡

Ⓒ 昔ながらのおいしさを

からさわ

昭和14（1939）年創業のアイスクリーム店。オリジナルのたまごアイスは昔ながらの懐かしいおいしさ。お店の佇まいもノスタルジック！

尾道市土堂1-15-19 ☎0848-23-6804 営10:00～17:00（季節で変更あり） 休火曜（祝日の場合は翌日、10～3月は火曜と第2水曜） 交JR尾道駅から徒歩7分 P10台

尾道 ▶MAP 別P.11 D-2

コーンアイス 290円

通常の2倍の卵を使った、濃厚たまごアイス

D 世界のカカオ×地域の素材

Coco by 久遠

ココ バイ くおん

厳選された世界各国のカカオと地元ならではの食材のマリアージュを。尾道産の柑橘類を使ったチョコレートはお土産にぴったり。2階にはカフェも併設。

尾道市土堂1-4-17 ☎0848-51-5516 営10:00～17:00 休木曜 交JR尾道駅から徒歩7分 Pなし

尾道 ▶MAP 別P.11 D-2

カラフルでかわいい！

QUONテリーヌ 各270円～

ドライフルーツやナッツがぎっしり入った個性的なチョコレート

E 笑顔になれるスイーツ

10月のさくら

じゅうがつのさくら

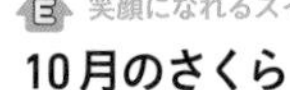

卵をはじめ、地元の食材を使ったスイーツを用意。伝統的な焼き菓子やカラフルなマカロンなどが勢揃い！

尾道市土堂2-3-23 ☎0848-38-7562 営10:00～14:00、15:00～18:00 休火・水・木曜 交JR尾道駅から徒歩12分 Pなし

尾道 ▶MAP 別P.11 F-2

冷やしてもおいしいよ

尾道産苺のマドレーヌ 1個270円

木苺&レモン入りのアイシングでマドレーヌをコーティング

尾道マカロン 1個200円

苺・いちじくショコラ・抹茶ネーブルなど種類豊富にスタンバイ

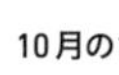

10月のさくら E　F 尾道ええもんや

尾道本通り商店街

D Coco by 久遠

WOW!

海岸通り

因島のはっさくゼリー 200円

因島生まれのゼリーは果実たっぷり！ かわいいパッケージも人気

八朔ようかん 580円

はっさくの果肉が練り込まれている。さわやかな香りがたまらない！

猫チョコ 380円

「猫の町」としておなじみ尾道ならではの一品。個包装だから便利

INFO

ぶらり散歩にぴったり

海岸通り

かいがんどおり

尾道本通り商店街に並行する散歩道。カフェやハイセンスな雑貨店が軒を連ね、歩くだけで楽しい。海沿いにウッドデッキが続くおしゃれな通りで、フォトスポットとしても人気。

尾道 ▶MAP 別P.10 C-3

F 尾道土産ならココ！

尾道ええもんや

おのみちええもんや

お菓子、調味料、海の幸、お酒、雑貨など、尾道にこだわったあらゆる商品が揃う。尾道最大級の土産物店とあって、品揃えはさすが！

尾道市十四日元町4-2 ☎0848-20-8081 営10:00～18:00 休不定休 交JR尾道駅から徒歩15分 Pなし

尾道 ▶MAP 別P.11 F-2

ええもんいっぱい！

尾道本通り商店街は日本有数の長さを誇るアーケード街。天候に左右されずに観光が楽しめる。

TOURISM 27

海運施設をおしゃれにリノベ

ONOMICHI U2を徹底解剖

JR尾道駅から南へ徒歩5分、海岸沿いで賑わう尾道の新たなランドマークとして存在感を放つONOMICHI U2。一日中楽しめるさまざまなコンテンツをご紹介！

スタイリッシュな空間に心惹かれる複合施設

＼COOL／

POINT 01

HOTEL CYCLE

サイクリストにうれしい自転車を持ったままチェックインできるホテル。自然素材を用いた内装もすてき

HOTEL INFO

料金 1泊素泊まり1室1万9800円～
IN 15:00
OUT 11:00
客室数 28室

POINT 02

建物は元海運倉庫！

1943（昭和18）年に建てられた「県営上屋（うわや）2号倉庫」を改装。有名建築家が手がけた洗練されたデザインが魅力

ハイセンスなデザイン

瀬戸内の魅力を発信

ONOMICHI U2

オノミチ ユーツー

元海運倉庫をリノベーションした、尾道水道沿いに立つ複合施設。おしゃれなショップやカフェ、ホテルなどが入り、衣食住のすべてが揃う尾道の新名所。

尾道市西御所町5-11
☎0848-21-0550
営休ショップにより異なる
交JR尾道駅から徒歩5分
Pなし
尾道 ▶MAP 別P.10 A-3

POINT 03 焼きたてベーカリー!

天然酵母を使用した焼きたてパンがずらり。地元の生産者とコラボしたオリジナルの商品も提供する

地元食材を活かした種類豊富なパン

HOW

テーマは「まちの中のちいさなまち」

約2000㎡の敷地に店舗が連なる館内は、小さな店と路地でできた尾道本通り商店街から着想を得たという

POINT 04 一日中食事を楽しめる

瀬戸内の新鮮な食材を仕入れるレストランやカフェ、フード類も充実のバーなど、シーン別で利用できる

POINT 06 テラス席でのんびり

海風を感じながら、購入したパンやドリンクをいただけるテラス席も。天気のいい日はテイクアウトもおすすめ

抜群のロケーション♪

瀬戸内の魅力溢れる暮らしの雑貨が揃う
Good!

POINT 05 お買い物も充実

「瀬戸内暮らし」をテーマにした、雑貨や衣服、書籍などを取り扱うショップ。地域の文化に触れてみよう

U2限定グッズをチェック!

U2に入る「SHIMA SHOP」「Butti Bakery」では、ご当地のセレクト商品やU2オリジナル商品を販売!

にんじんドレッシング
各630円
レストランで大人気のドレッシングが待望の商品化!

タオル
各1210円
吸収力抜群でサイクリストにも人気の万能アイテム

オリジナルスリッポン
1万6720円
備後デニムを使用したベーシックなデザイン

U2ショップトートバッグ
3960円
白地にロゴ入りのシンプルなデザインで使い勝手も◎

2014年3月のオープン以来、全国からサイクリストが集まる拠点に。レンタサイクルも充実のラインアップ!

TOURISM 28

ソウルフードをいただきます！

やっぱり食べたい尾道ラーメン

尾道を代表するローカルグルメ「尾道ラーメン」。庶民の味として地元民はもちろん、観光客からも愛されている。尾道きっての絶品グルメの虜になること間違いなし！

やさしくもコク深い不動の人気を誇る中華そば

特製だしのいい香り～

席数は全部で10席。満席が続くこともしばしば

中華そば・天婦羅うどん みやち

menu

てんぷら中華

680円

小エビのかき揚げ天ぷらをオン。エビや衣の風味が絶妙にマッチ

衣が染みてコク深さUP

スープを吸った天ぷらのふわとろ食感もリピートしたくなる

もう一品

menu

いなり寿司　2個 140円

ジューシーかつさっぱりとした味わいで、ラーメンのお供に最適

尾道で80年近く続く老舗

めん処 みやち

めんどころ みやち

連日地元の人や観光客で賑わい、2人で切り盛りするご夫婦のあたたかい人柄も人気の理由。看板メニューの「てんぷら中華」は売り切れ次第終了なので、早めの来店がベター。

尾道市土堂1-6-22　☎0848-25-3550
㊪11:00～16:00　㊡水・木曜
㊫JR尾道駅から徒歩10分　Pなし
尾道 ▶MAP 別P.11 E-2

尾道本通り商店街の一角にある。中華そば、うどん、そばを基本としたアレンジメニューも豊富

WHAT

尾道ラーメンって？

80年以上前に誕生した、尾道のソウルフード

瀬戸内の小魚のだしを使った醤油ベースのスープに背脂でこってり感を出すスタイルが基本。麺は中太のストレートや平打ち麺、トッピングはシンプルなのが特徴だ

尾道で行列のできる人気店

尾道ラーメン 丸ぼし

おのみちラーメン まるぼし

平日でも訪れる人が絶えない人気店。地元の食材から作るスープは、大きめの豚の背脂が浮き、オリジナル麺とのバランスも好評。訪れる際は時間をズラすのが◎

尾道市土堂2-8-16 ☎0848-24-5454 営10:30～20:10LO（売り切れ次第終了） 休水曜 交JR尾道駅から徒歩15分 P2台

尾道 ▶MAP 別P.11 E-2

麺とスープが程よく絡む正統派の尾道ラーメン

ちぢれ麺がポイント！

麺は加水率と卵白の量を季節によって調整し、小麦のおいしさが引き立つ。濃厚なスープと相性抜群に味わえる

menu
尾道ラーメン
800円
シンプルながらも旨味が凝縮された逸品。熱いスープが特徴

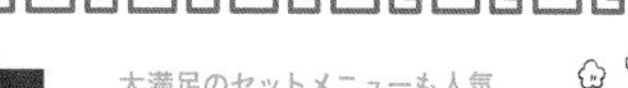

menu
尾道ラーメン
770円
安定した味を引き出すため使う水はすべて磁化水と水にもこだわる

秘伝のタレで作るチャーシューも◎

熱々スープが自慢！

素材の旨味引き立つこだわりスープに舌鼓

大満足のセットメニューも人気

尾道ラーメンたに

おのみちラーメンたに

魚介や鶏ガラなどを煮込んだ醤油スープにかえし醤油を入れた奥深い味わいのラーメンが名物。毎日おかずが変わる「日替わり定食」990円もおすすめ。

尾道市東御所町1-7 駅ビル1F ☎0848-23-7800 営11:00～21:00 休木曜 交JR尾道駅からすぐ Pなし

尾道 ▶MAP 別P.10 B-3

店内はカウンター席のみで23席。駅からのアクセスも良好

尾道ラーメンは尾道市内だけでなく、福山市や三次市など広島県東部で広く食されている。

TOURISM 29

贈り物にも自分用にも！

おいしいかわいい尾道みやげ

地元食材を使ったスイーツや、愛らしいデザインの雑貨が勢揃い！ 思わず手に取りたくなるようなビジュアルのお菓子やグッズをチェックして。

レモンタルト

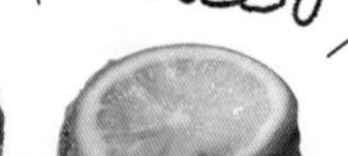

尾道産レモンタルト
1個 270円

軽くトースターで焼くとサクサク食感になる看板スイーツ

瀬戸内産の柑橘を使用

10月のさくら

じゅうがつのさくら

尾道おやつコンテストグランプリ受賞のパティスリー。地元食材を使ったマカロンや焼き菓子も人気。

→P.127

プリン

尾道プリン
1個 480円

付属のレモンソースをかけて2度おいしい、なめらかなプリン

老若男女に人気の菓子店

おやつとやまねこ

猫が描かれたデザインがかわいい瓶詰めプリンが名物。ビスコッティやクッキーなども取り扱う。

尾道市東御所町3-1　☎0848-23-5082　営11:00～18:00(売り切れ次第終了)　休月曜(祝日の場合は変更あり)　交JR尾道駅から徒歩2分　Pなし
尾道 ▶MAP 別P.10 C-3

ジャム

ジャム
1個 388円～

八朔&アールグレイなど、地元食材を組み合わせた種類が豊富

無添加ジャムの専門店

創作ジャム工房おのみち

そうさくジャムこうぼうおのみち

尾道の新鮮な果物を使った手作りのジャムを30種類以上販売。ジャムは素材の食感と香りが感じられるのが特徴。

尾道市土堂1-3-35　☎0848-24-9220　営11:30～17:30　休水・木曜　交JR尾道駅から徒歩5分　Pなし
尾道 ▶MAP 別P.11 D-2

かまぼこ

Good!

柿天 1個 300円
駒焼 1個 280円

名物は干し柿の形をした柿天。将棋駒の形をした蒲鉾もおすすめ

昔ながらの本格蒲鉾を

桂馬蒲鉾商店

けいまかまぼこしょうてん

1913(大正2)年創業の老舗。瀬戸内の魚介を原料にした、保存料、化学調味料不使用の蒲鉾が評判。

尾道市土堂1-9-3　☎0848-25-2490　営9:00～17:00　休木曜、8月26～29日　交JR尾道駅から徒歩6分　P17台
尾道 ▶MAP 別P.11 D-2

陶器アイテム

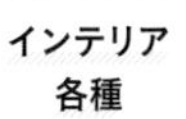

インテリア各種

フリーカップ2800円～や一輪挿し2000円～など。心地よい手触りも◎

アクセサリー各種

ネックレス7500円～など陶器ならではの艶があるアクセサリーも人気

多彩な陶器アイテムが揃う

陶房CONEL

とうぼうコネル

かわいらしく日常使いが可能な陶器を提案。女性作家が手がける作品の数々は繊細な色使いにファン多数。

尾道市東土堂町2-14 ☎なし 営10:00～16:00 休不定休(Instagramを要確認) 交JR尾道駅から徒歩10分 Pなし 尾道 ▶MAP 別P.11 D-2

おしゃれ小物

オリジナル帽子

サイドに折り畳みが可能な素材を使用するなど機能性に優れたものも

Boco straw
23000円

おしゃれなインテリアのようなシルエットが特徴のバッグ

尾道で70年以上続く

藤井製帽 小売部

ふじいせいぼう こうりぶ

1948(昭和23)年創業。シンプルで洗練されたデザインが多く、着け心地も評判。FUJII SEIBOとtoč itの2ブランドを展開。

尾道市土堂1-15-17 ☎0848-22-5660 営11:00～19:00 休火曜 交JR尾道駅から徒歩9分 Pなし 尾道 ▶MAP 別P.11 D-2

猫グッズ

尾道手拭
各770円

レモンやネコ、港をモチーフにした、尾道らしいデザイン

尾道最大級の土産物店

尾道ええもんや

おのみちええもんや

NICE

尾道にまつわるお菓子や雑貨を取り扱うショップ。かわいい猫グッズのほか、おつまみや調味料なども販売する。

→P.127

おこねこ尾道三景ポストカード(3枚入り)
495円

猫好きに送りたいかわいらしいイラストのポストカード

テラコッタ絵付体験
2255円～

猫型のテラコッタに絵を描き、自分だけの猫雑貨の制作体験ができる

キュートな猫グッズが豊富

あめかんむり

ロープウェイ山麓駅近くのネコグッズと広島土産の店。手荷物の一時預かりも展開しているので要チェック。

尾道市久保1-1-17 ☎070-6496-0393 営10:00～18:00 休水・木曜 交JR尾道駅から徒歩15分 Pなし 尾道 ▶MAP 別P.11 F-2

TOURISM 30

旅のお目当てはココ！

目指して行きたい 尾道のすてき宿

瀬戸内海に面した尾道は、どこか懐かしさを感じる港町。レトロな街並みや路地などのんびりとした時間が流れている。ホテルに戻ってからも、"尾道時間"を過ごしませんか。

ランタンのような柔らかい光で 尾道をやさしく照らす

＼WOW!／

尾道山手の景観に溶け込む建築

LOGオリジナルドリンクの提供も

夕方までは誰でも利用可能

すてき♥point
音楽とともに国産ワインやシーズナルカクテルも楽しめる尾道水道を望むカフェ＆バー

カフェ＆バー「アトモスフィア」

複合施設として再生したアパート

LOG
ログ

千光寺山の中腹にあったアパートを、インドの建築家集団スタジオ・ムンバイと共にリノベーションしたホテル。「Lantern Onomichi Garden」の略。ランタンのような柔らかい光で、街をやさしく照らしている。

尾道市東土堂町11-12
☎0848-24-6669
Ⓧ JR尾道駅から車で5分（徒歩12分）
Pなし
尾道 ▶MAP 別P.11 E-2
料金 1泊素泊まり1室1万9250円〜
IN 15:00 OUT 11:00
客室数 6室

すてき♥point
3Fの客室宿泊者専用フロアやライブラリー、バーなど宿泊者だけのお楽しみ時間を過ごせる

1. 新鮮な果物や野菜を使った朝食 2. 宿泊者だけが使用できるライブラリー 3. 床、壁、天井に和紙を張った部屋 4. ホテルの前には瓦屋根の正門が

「尾道の伝統や食文化」を感じられる

おのみち帆聲

おのみちはんせい

二百五十余年の歴史を受け継ぐ、和モダンクラシックがテーマの全11室の料亭小宿。元料亭ならではの料理をはじめ、館内にいながらも尾道の伝統を身近に感じられる滞在を演出する。

尾道市久保2-15-15
☎0570-015-544
㊫JR尾道駅から車で8分(徒歩20分) P10台
尾道 ▶MAP 別P.12 C-1
料金 1泊2食付き ダブルルーム1名2万8600円〜
IN 15:00〜18:00
OUT 11:00
客室数 11室

250余年の歴史を受け継ぐ料亭小宿
和モダンクラシックがコンセプト
極上point
伊藤博文や幕末の志士に愛された料理宿「胡半(えはん)」を前身とした料亭「藤半」をリニューアルした。

郷愁と旅情あふれる久保地区に佇んでいる

すてきpoint
「最初から最後まで」尾道の食にこだわり、メインには瀬戸内海が育む豊富な海の幸を堪能できる

1. 元料亭ならではの料理を味わえる 2. 館内装飾や客室内装にも和モダンクラシックなテイストが 3. 疲れた体を癒すのに最適なヒノキ風呂

多彩な過ごし方ができる新スタイルホテル

HOTEL BEACON ONOMICHI

ホテル ビーコン オノミチ

2022年7月にオープンした、JR「尾道駅」2階直結の未来型ホテル。レストラン&バー、ワーケーションラウンジ、プライベートバス、ソロサウナなども楽しめる。

尾道市東御所町1-1
☎0570-040-033
㊫JR尾道駅2F
Pなし
尾道 ▶MAP 別P.10 B-3
料金 1泊朝食付き 2名1室9900円
IN 15:00 OUT 11:00
客室数 16室

好みに応じてチョイスできるコンセプトルーム
愛車を持ち込める
極上point
ホームシアター付きビーコンスイートやサイクルツイン、キッチン付きバンクベッドルームなどから選べる

ロードバイク専用ラックを完備したコーナーサイクルツイン(イメージ)

すてきpoint
シーフード&オイスター料理や旬の瀬戸内食材を使ったグリル料理など多彩な創作メニューが味わえる

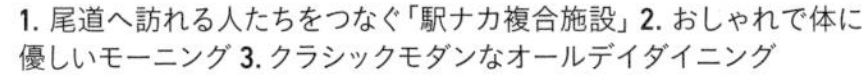
1. 尾道へ訪れる人たちをつなぐ「駅ナカ複合施設」 2. おしゃれで体に優しいモーニング 3. クラシックモダンなオールデイダイニング

のどかな島時間を満喫

しまなみ海道

SHIMANAMIKAIDO

「しまなみ海道」の愛称で親しまれる、尾道と愛媛県・今治を結ぶ全長約60kmの西瀬戸自動車道。個性あふれる6島には見どころたっぷり！

フォトスポット満載

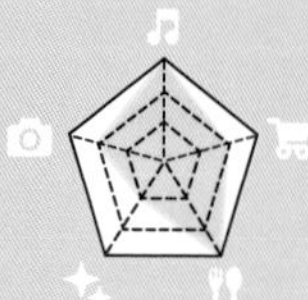

昼：◎ 夜：△

展望台やアートスポットなど、カメラ必須のスポットが点在！

ACCESS

どう回る？

車

移動の基本は車。尾道駅周辺でレンタカーを借りて、尾道大橋ICから高速に乗ってドライブを楽しもう。フェリーで移動する方法もあり。

自転車

サイクリストの聖地として名高いしまなみ海道。尾道駅や尾道港であらかじめ自転車をレンタルするのがベスト。早めの予約がベター。

さらに裏ワザ！

西瀬戸道（瀬戸内しまなみ海道）を利用

島々を訪れるなら、移動は西瀬戸道（瀬戸内しまなみ海道）で。移動時間はそこまで長くないが、乗降するたび高速料金がかかるので、目的地を絞るのも手。

島内のレンタサイクルを賢く利用

サイクリングなら尾道で自転車を借りるのが基本だが、島内のレンタサイクルを利用しても○。途中まで車で行き、半日だけ島めぐりを楽しむことも可能。

ドライブの最後はサンセットで！

しまなみ海道の最南端にある大島の亀老山展望公園は、しまなみ海道屈指の絶景スポット。瀬戸内海に沈むサンセットは一見の価値あり！

モデルコース ▷ 所要1時間20分 約53km

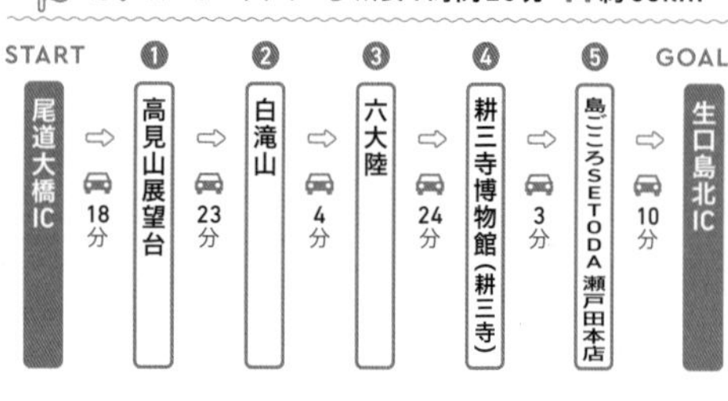

ココに注意！

ハーフインターに注意！

西瀬戸道には、片方面からしか乗降できないハーフICがある。事前に訪れるスポットを決めて、乗降するICを確認しておこう。

船やバスは本数に限りあり！

船やバスは電車のように本数が多くない。「行ったけど戻れない」なんてことにならないよう、必ず事前に時刻表を確認しておこう。

SHIMANAMIKAIDO 01

映画のロケ地も多数！昭和レトロな向島を散策

尾道に一番近く、レトロな雰囲気。古い建物を利用したショップも増加中。

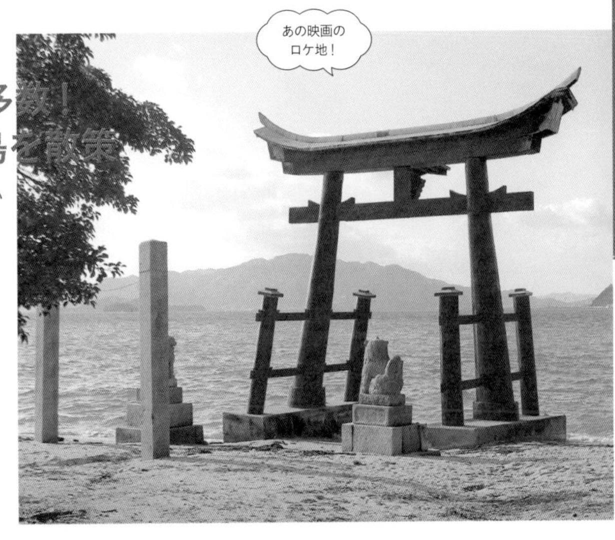
あの映画のロケ地！

海に寄り添う大鳥居

岩子島厳島神社

いわしじまいつくしまじんじゃ

海岸に大鳥居が立ち、満潮時は海上に立つ鳥居に。境内は鳥居の先の海まで続く。『男たちの大和／YAMATO』のロケ地になった。

尾道市向島町岩子島 ☎0848-38-9184（尾道市観光課）営休料参拝自由 交西瀬戸道向島ICから車で20分 P10台

向島 ▶MAP 別P.12 C-1

しまなみの絶景を見るならココ！

しまなみ海道の多島美を！

❶高見山展望台

たかみやまてんぼうだい

標高283mの高見山の山頂に広がる展望台で、360度の大パノラマが楽しめる。かつては村上水軍の見張り台だったとも伝えられている。

尾道市向島町立花 ☎0848-38-9184（尾道市観光課）営休料入場自由 交西瀬戸道向島ICから車で15分 P80台

向島 ▶MAP 別P.12 C-1

HOW

しまなみ海道をサイクリング

START

尾道土堂港

ひんぱんに運航している向島行きフェリーに乗船

推奨ルートを示すブルーラインを目印に進もう！

美しいビーチなど、絶景を思う存分楽しんで♪

GOAL

島に宿泊

レトロでかわいい！

後藤鉱泉所

ごとうこうせんしょ

昭和5（1930）年創業のジュース製造所。昭和レトロな瓶に入ったドリンク各270円～が人気。瓶は現在製造していないので、飲めるのは現地だけ。

尾道市向島町755-2 ☎0848-44-1768 営8:30～17:30 休水曜（季節により変更あり）交西瀬戸道向島ICから車で10分 P1台

向島 ▶MAP 別P.12 C-1

ドリンク 270円～

チョコレート 1080円～

山中の小さなショコラトリー

USHIO CHOCOLATL

ウシオ チョコラトル

世界中の厳選したカカオ豆で作る無添加チョコレートは、シンプルなものから変わりダネまで多種多様！カラフルなパッケージもすてき。 →P.125

しまなみ海道全体の距離は約60km。まずは一部区間を走ったり、途中で1泊したりしながら挑戦を。

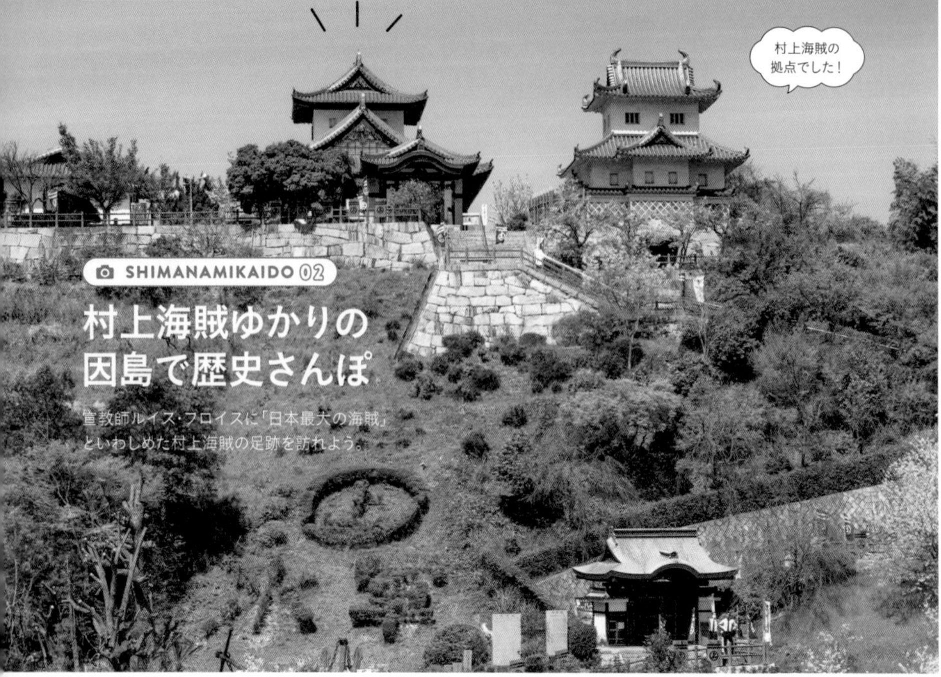

村上海賊の拠点でした！

SHIMANAMIKAIDO 02

村上海賊ゆかりの因島で歴史さんぽ

宣教師ルイス・フロイスに「日本最大の海賊」といわしめた村上海賊の足跡を訪れよう。

村上海賊ゆかりの地

因島水軍城

いんのしますいぐんじょう

因島村上氏が残した武具や資料などを展示している城郭型の資料館。村上海賊の活躍を知ることができる。城の麓にある金蓮寺には、村上海賊代々の墓がある。

尾道市因島中庄町3228-2 ☎0845-24-0936 ㊒9:30～16:30 ㊡木曜（祝日の場合は開館） ㊕330円 ㊇西瀬戸道因島北ICから車で5分、因島南ICから車で10分 P50台

因島 ▶MAP 別P.12 C-2

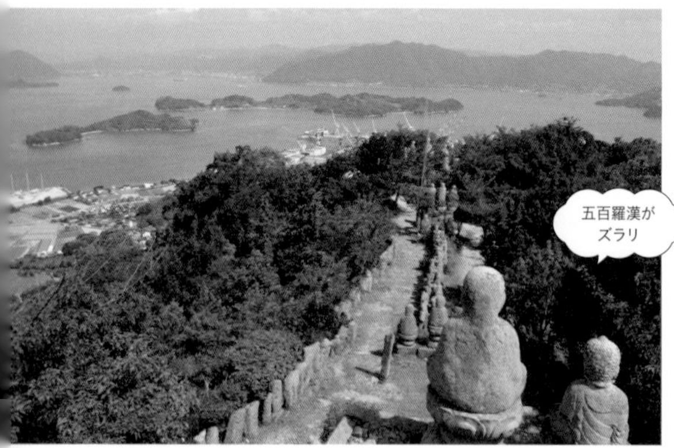

山頂からの絶景は必見！

2 白滝山

しらたきやま

山の中腹から山頂にかけて、さまざまな表情の石仏が約700体並ぶ。頂上からは因島大橋や瀬戸内の島々を一望でき、夕日のビュースポットとしても人気。

尾道市因島重井町 ☎0845-26-6111（因島観光協会） ㊒㊡㊕散策自由 ㊇西瀬戸道因島北ICから車で10分、因島南ICから車で20分 白滝フラワーライン8合目駐車場利用（P20台）

因島 ▶MAP 別P.12 C-1

村上海賊

戦国時代に活躍した日本最大の海賊・村上海賊。因島・能島・来島を本拠とし、海の戦いに備えるほか、瀬戸内の東西交通を支え、芸予諸島の全域に影響を及ぼした。国内の流通や漁業に携わるなど、さまざまな顔があった。

村上海賊の中でも特に力をもっていた能島村上氏の本拠地・能島城跡

SHIMANAMIKAIDO 03

島じゅうが美術館！生口島でアートめぐり

多くの有名画家を生んだアートの島として名高い生口島。個性あふれるスポットに出合おう。

極彩色の三重塔がそびえる

潮音山 向上寺

ちょうおんさん こうじょうじ

室町初期に建立された曹洞宗寺院。潮音山山頂に立つ国宝の三重塔は、永享4(1432)年に建てられたもの。

🏠尾道市瀬戸田町瀬戸田57 ☎0845-27-3377 ㊠8:00～17:00 ㊡無休 ㊫参拝自由（三重塔は別途100円） ㊋西瀬戸道生口島北ICから車で10分 🚗P5台

生口島 ▶MAP 別P.12 B-2

潮音山公園から見る三重塔越しの風景が美しい

独創性豊かなアートが点在

島ごと美術館

しまごとびじゅつかん

瀬戸田サンセットビーチなど、島のあちこちに17の野外アート作品を展示。1989年から開催された「せとだビエンナーレ」の際に作られたもの。 →P.21

🏠尾道市瀬戸田町一帯 ☎0845-27-2210(尾道市瀬戸田支所しまおこし課) ㊠㊡㊫見学自由（一部の作品は要事前連絡） ㊋西瀬戸道生口島北IC・生口島南IC下車 🚗周辺駐車場を利用

生口島 ▶MAP 別P.12 B-2

思わず目を引く独創的なアートと青い海との融合が見事

まるでギリシャにいるかのような雰囲気

庭園内の「カフェ クオーレ」で絶景を眺めながら休憩を

大理石に囲まれた庭園

❹ 耕三寺博物館（耕三寺）

こうさんじはくぶつかん（こうさんじ）

彫刻家・杭谷一東氏によって作られたアートな庭園「未来心の丘」は、白亜の大理石が印象的。

🏠尾道市瀬戸田町瀬戸田553-2 ☎0845-27-0800 ㊠9:00～17:00 ㊡無休 ㊫1400円 ㊋西瀬戸道生口島北IC・生口島南ICから車で10分 🚗P40台

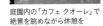

生口島 ▶MAP 別P.12 B-2

SHIMANAMIKAIDO 04

スタミナ満点！海鮮ランチで腹ごしらえ

温暖な瀬戸内海に面する広島は、カキだけでなくアナゴなどの魚も絶品。海鮮グルメを食べ尽くそう！

甘辛いタレが魅力の一つ
重箱で提供される「あなご飯定食」

器からはみ出るくらいのお刺身
1日30食限定の「六大陸ランチ」

アナゴと海鮮のおいしい和食店

お食事処 かねよし

おしょくじどころ かねよし

瀬戸内の鮮魚が味わえ、「あなご丼」や広島名物のアナゴを使った「あなごしゃぶしゃぶ」が人気。

尾道市瀬戸田町沢209-27 ☎0845-27-0405 営11:30～14:00、18:00～22:00(LO21:30)※日曜夜は～21:30(LO21:00) 休水曜 交西瀬戸道生口島北ICから車で10分 P12台

生口島 ▶MAP 別P.12 B-2

海も見える木のぬくもりを感じられる店内

絶品島グルメがいただける！

❸ 六大陸

ろくたいりく

しまなみ海道の北側にあり、しまなみで獲れた魚をメインとした料理や海鮮丼を堪能できる。

尾道市因島重井町989 ☎0845-25-1525 営11:30～15:00(LO14:00) 休火曜、水曜不定休 交西瀬戸道因島北ICから車で3分 P7台

因島 ▶MAP 別P.12 C-1

SHIMANAMIKAIDO 05

バラエティ豊かな柑橘おやつにキュン♡

瀬戸内の温暖な気候で育てられた柑橘を使った胸キュンスイーツが勢揃い。

はっさく
はっさく大福 1個230円

レモン
レモンジャム 140g 1080円
レモンケーキ 1個 270円
©島ごころ

あまくさ
あまくさジャム 660円
あまくさシロップ 800円

因島生まれのお菓子

はっさく屋

はっさくや

「因島大橋記念公園」内にある大福の店。名物ははっさくの実と白餡が絶妙なバランスの「はっさく大福」。

尾道市因島大浜町246-1 ☎0845-24-0715 営8:30～売り切れ次第終了 休月・火曜(月曜が祝日の場合は火・水曜) 交西瀬戸道因島北ICから車で10分 P30台

因島 ▶MAP 別P.12 C-1

太陽の恵みを受けた生口島発祥の柑橘

❺ 島ごころSETODA 瀬戸田本店

しまごころセトダ せとだほんてん

県内一のレモンの出荷量を誇る瀬戸田町にあり、果肉をたっぷり練りこんだ「レモンケーキ」が看板商品。

尾道市瀬戸田町沢209-32 ☎0845-27-0353 営10:00～18:00 休無休 交西瀬戸道生口島北ICから車で10分 P30台

生口島 ▶MAP 別P.12 B-2

爽やかな柑橘おやつを探しに

道の駅 伯方S・Cパーク マリンオアシスはかた

みちのえき はかたエスシーパーク マリンオアシスはかた

伯方・大島大橋のたもとにあり、伯方の塩を使った商品や希少柑橘「あまくさ」のジャムなどを販売している。

愛媛県今治市伯方町叶浦甲1668-1 ☎0897-72-3300 営9:00～17:00(レストランは11:00～14:00) 休無休(冬季は休業日あり) 交西瀬戸道伯方島ICから車ですぐ P321台

伯方島 ▶MAP 別P.12 B-2

SHIMANAMIKAIDO 06

“泊まれる○○”でスペシャルステイを！

ただ寝るだけではもったいない！　築140年の邸宅、銭湯宿、地域住民との交流が楽しめる“観光地”になる宿泊施設をご紹介。

1階の客室には垣根で仕切られた個別の庭が

築140年の豪商邸宅で過ごす

\ NICE /

Azumi Setoda
アズミ セトダ

旅館ブランド「Azumi」の第1号。製塩業や海運業で栄えた豪商・堀内家の邸宅を受け継いで誕生した。伝統と新しさが融合した空間で、邸宅に招かれたかのようなくつろぎのひとときを過ごすことができる。

尾道市瀬戸田町瀬戸田269 ☎0845-23-7911 IN 16:00 OUT 12:00 料1泊朝食付7万円～ 交西瀬戸道生口島北ICから車で15分 P14台 ※yubuneと共同
生口島 ▶MAP 別P.12 B-2

瀬戸内の野菜を使ったフレンチのコース料理

吹き抜けの木造2階建て

疲れを癒す銭湯宿

yubune
ユブネ

しおまち商店街に立ち、旅を深めながらも疲れをほぐせるよう銭湯を併設。商店街の飲食店で地域の人や食と触れ合うのも楽しみの一つ。

尾道市瀬戸田町瀬戸田269 ☎0845-23-7917 IN 15:00 OUT 12:00 料1泊素泊まり1万2000円～ 交西瀬戸道生口島北ICから車で15分 P14台 Azumi Setodaと共同
生口島 ▶MAP 別P.12 B-2

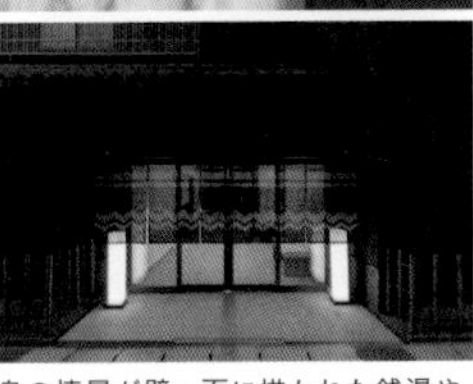
島の情景が壁一面に描かれた銭湯や、国産ヒノキ材や畳を使用した客室

コーヒーと一緒に焼き菓子もどうぞ

階段状に席の高さを変えているので、どこに座っても海が見える

瀬戸田の街のリビングルーム

SOIL SETODA
ソイル セトダ

瀬戸田港から徒歩1分の好立地が魅力の、宿泊や食堂などを備えた複合施設。旅行者と地域住民のコミュニケーションが生まれる空間を目指す。

尾道市瀬戸田町瀬戸田254-2 ☎0845-25-6511 IN 16:00 OUT 11:00 料共用ドミトリールーム6230円～（～4名利用） 交西瀬戸道生口島北ICから車で15分 Pなし
生口島 ▶MAP 別P.12 B-2

古代から栄えた潮待ちの港

鞆の浦

TOMONOURA

万葉の時代から、船が出港に適した潮を待つ「潮待ちの港」として栄えた。江戸時代には朝鮮通信使も立ち寄ったほか、幕末の志士・坂本龍馬ともゆかりが深い。

絶景スポット多数！

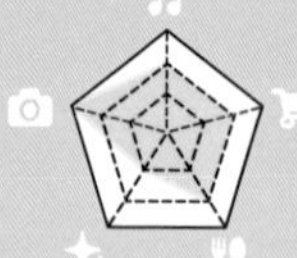

昼：◎ 夜：△

景勝地や史跡が中心。観光するなら昼間がおすすめ。

ACCESS

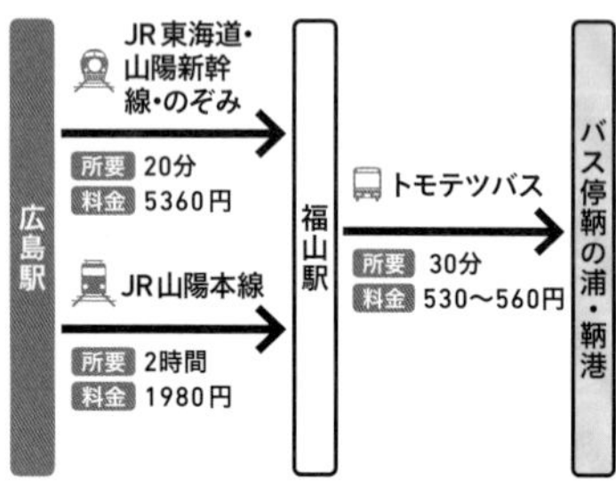

どう回る？

徒歩

バス停鞆の浦や鞆港を起点にすれば、主立った観光スポットはほぼ徒歩圏内。常夜燈や太田家住宅周辺は車両通行NGの道も。

バス

JR福山駅から鞆の浦への移動は、トモテツバスで約30分。主要なスポットはバス停鞆の浦、鞆港周辺に集中している。

船

ひと足延ばして仙酔島へ渡るなら、市営渡船場から出航する渡船を利用しよう。龍馬にちなんだ「平成いろは丸」で約5分。

さらに裏ワザ！

JR福山駅をアクセスの起点に

公共交通機関を使う場合、JR福山駅からスタートしてバスで鞆の浦へ向かうのがスムーズ。車の場合、尾道とセットでめぐるのも手。

コンパクトな街だけど歩きやすい靴で！

徒歩でも半日あれば回りきれるが、医王寺のように高台に立つ施設もあるので、街歩きにふさわしい履き慣れた靴で出かけよう。

鞆の浦MAP

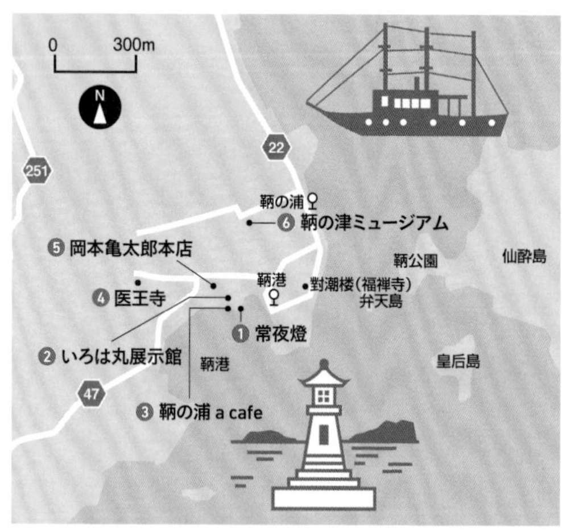

モデルコース ▷ 所要30分 約950m

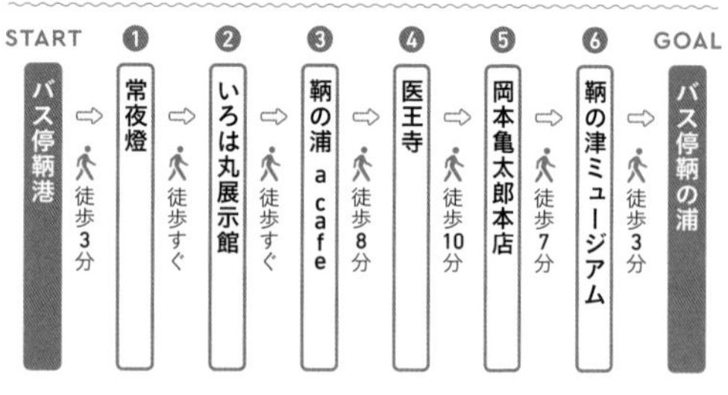

ココに注意！

駐車場は数カ所だけ

鞆の浦の各施設には駐車場がないのが基本。車利用の場合は、バス停鞆の浦周辺に数カ所ある公営駐車場に停めて徒歩で散策しよう。

お土産は最後に

保命酒などの瓶ものもあるので、お土産を買うなら散策の最後に。バス停の近くの鞆の浦観光情報センターにも店が集まっている。

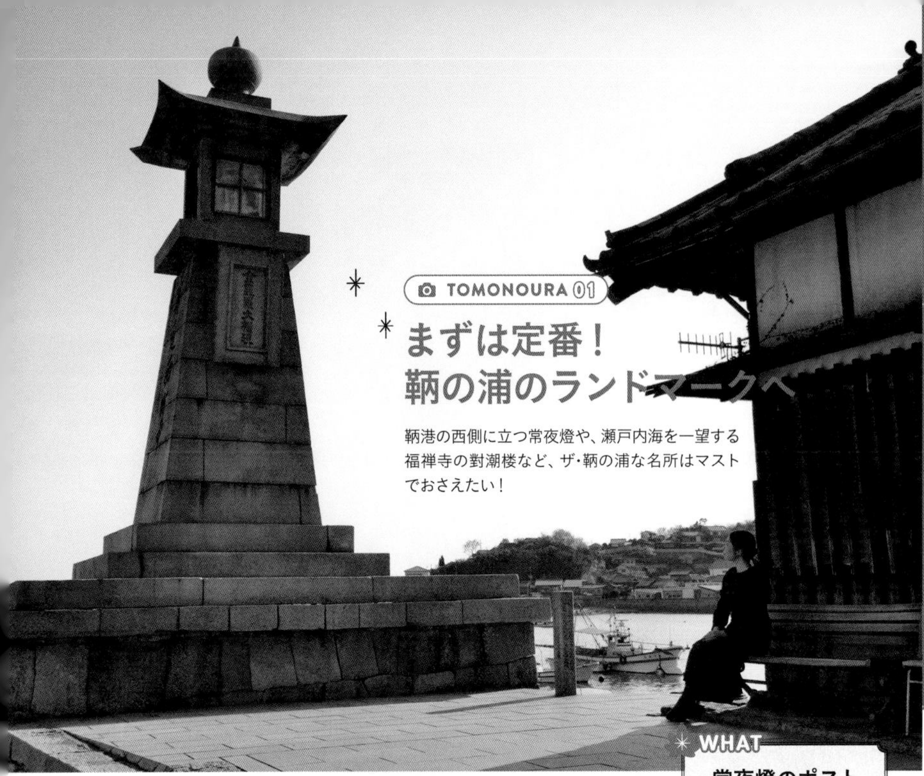

TOMONOURA 01

まずは定番！鞆の浦のランドマークへ

鞆港の西側に立つ常夜燈や、瀬戸内海を一望する福禅寺の對潮楼など、ザ・鞆の浦な名所はマストでおさえたい！

港を見守る鞆のシンボル

❶ 常夜燈

じょうやとう

安政6（1859）年、航海安全の願いを込めて建造された。海中の基礎から頂点までの高さは11mあり、港に現存する江戸時代の常夜燈としては最大級。

福山市鞆町鞆　☎084-928-1043（福山市観光戦略課）㊋㊡㊕散策自由　㊋バス停鞆港から徒歩3分　Pなし

鞆の浦 ▶MAP 別P.13 B-2

幻想的な夜景も要チェック！

WHAT

常夜燈のポスト

昔懐かしい円筒形のポスト。隣の鞆の浦 a cafe（→P.145）でハガキを買って投函する人も。

WOW!

目の前は弁天島！

絵画のような眺めに感動

對潮楼（福禅寺）

たいちょうろう（ふくぜんじ）

空也上人が建立したと伝わる古刹・福禅寺の客殿。景色は「日本第一の景勝」と称えられた。

福山市鞆町鞆2　☎084-982-2705
㊋9:00〜17:00（土・日曜、祝日は8:00〜）
㊡無休 ㊕200円
㊋バス停鞆港から徒歩5分　Pなし

鞆の浦 ▶MAP 別P.13 C-2

常夜燈の内部は立ち入りNG。ドラマなどで人が入った場面が描かれることがあるが、真似しないようにしよう。

TOMONOURA 02

龍馬に会いたい！幕末へタイムトリップ

幕末の雰囲気がそのまま♪

幕末のヒーロー・坂本龍馬も鞆の浦に滞在した一人。江戸時代のまま残る商家や街並みから、彼の足跡をたどってみよう。

龍馬が滞在した元商家

龍馬の隠れ部屋 桝屋清右衛門宅

りょうまのかくれべや ますやせいえもんたく

元廻船問屋の建物。慶応3(1867)年に起きたいろは丸事件をめぐる紀州藩との談判の際、龍馬が隠れた屋根裏部屋を公開している。

福山市鞆町鞆422 ☎084-982-3788 営9:00～16:30 休火～木曜(祝日の場合は開館) 料200円 交バス停鞆の浦からすぐ Pなし

鞆の浦 ▶MAP 別P.13 C-2

歴史を感じる佇まい

重要文化財の商家建築

太田家住宅

おおたけじゅうたく

江戸時代の保命酒の蔵元・中村家の住宅だった建物。幕末には、禁門の変で京都を追われた三条実美ら七卿が長州へ逃げる途中に滞在した。

福山市鞆町鞆842 ☎084-982-3553
営10:00～17:00(入館は～16:30)
休火曜(祝日の場合は翌日) 料400円
交バス停鞆港から徒歩3分 Pなし

鞆の浦 ▶MAP 別P.13 B-2

WHAT

いろは丸事件

龍馬率いる海援隊の蒸気船・いろは丸が、紀州藩の船と衝突し沈んだ事件。鞆の浦と長崎で談判が行われた。

蔵を利用したミュージアム

❷いろは丸展示館

いろはまるてんじかん

鞆沖で沈んだいろは丸に関するミュージアム。いろは丸からの引き揚げ品や、沈没時の状況を再現したジオラマなどを展示する。

福山市鞆町鞆843-1
☎084-982-1681 営10:00～最終入館16:30
休月～木曜 料200円 交バス停鞆港から徒歩3分 Pなし 鞆の浦 ▶MAP 別P.13 B-2

リアルな展示にワクワク！

TOMONOURA 03

ランチ&ティータイムは リノベカフェで！

趣のある古民家が数多く残る鞆の浦。ランチやお茶を楽しむなら、ノスタルジックなムードが魅力のリノベカフェがおすすめ！

瀬戸内レモンスカッシュ600円

地産地消の料理が人気

❸ 鞆の浦 a cafe

とものうら ア カフェ

幕末に建てられた古民家をリノベーション。料理やドリンクには、鞆の浦の名産品や瀬戸内海の海の幸をふんだんに使用している。

福山市鞆町鞆844-2 ☎084-982-0131 営11:00～17:00 休水曜（祝日の場合は翌日） 交バス停鞆港から徒歩3分 Pなし

鞆の浦 ▶MAP 別P.13 B-2

ハムとルッコラの瀬戸内レモンクリームソースピッツァ1540円

走島ちりめんと瀬戸のもち豚サルシッチャのペペロンチーノ1540円

TOMONOURA 04

絵になるスポットで 目の保養を♡

NICE

古き良き街並みと豊かな瀬戸内海が織りなす鞆の浦の景観。街を歩けば、心のカメラに収めたい風景や建物があちこちに！

摩訶不思議なアートの世界

1. 築約150年の蔵を改装したミュージアム
2. 随時開催する自主企画展や展覧会には、遠方から訪れるファンも

粋で斬新なアートに出合える

❻ 鞆の津ミュージアム

とものつミュージアム

作り手の立場や境遇にかかわらず、人生に根差した独学自己流の作品を中心に独創的な企画展を開催するミュージアム。

福山市鞆町鞆271-1 ☎084-970-5380 営10:00～17:00 休月・火曜（企画準備の休館あり）※要問い合わせ 料入館無料 交バス停鞆の浦から徒歩3分 Pなし 鞆の浦 ▶MAP 別P.13 B-1

弘法大師ゆかりの古刹

❹ 医王寺

いおうじ

天長3（826）年に開かれた真言宗寺院で、秘仏本尊の木造薬師如来立像は広島県の重要文化財。本堂や太子殿周辺から鞆の浦が一望できる。

福山市鞆町後地1396
☎084-982-3076
営休料参拝自由
交バス停鞆港から徒歩10分
Pなし
鞆の浦 ▶MAP 別P.13 A-2

龍馬はいろは丸事件の際、紀州藩を批判する歌を流行らせて世論を味方につけたと伝わる。

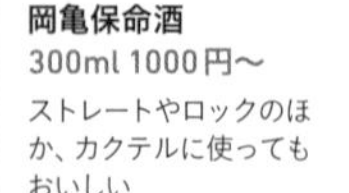

岡亀保命酒
300ml 1000円～
ストレートやロックのほか、カクテルに使ってもおいしい

ちりめん塩アイス
350円
塩バニラアイスにちりめんペーストを練り込んだ鞆の浦限定の味

鞆の浦の海の幸をお届け
けんちゃんのいりこ屋
けんちゃんのいりこや

いりこやちりめんじゃこなど、鞆の浦で水揚げされた小魚の干物を販売。オリジナルのサブレやアイスは売り切れ御免の人気商品。

福山市鞆町鞆848　☎084-982-0043　営10:00～16:00　休火曜　交バス停鞆港から徒歩3分　Pなし　鞆の浦 ▶MAP 別P.13 B-2

ヤミツキ必至の味土産はマストバイ

ペリーも飲んだという保命酒をはじめ、一度口にしたら忘れられない味土産が勢揃い。鞆の浦ならではの味覚をおうちでも楽しもう！

おじゃこサブレ　800円
ちりめんがたっぷり入ったサクサクのサブレ

純米仕込本味醂 岡本亀太郎
150ml 650円
保命酒造りの技を生かして造るみりん

生姜ノ助（生姜酒）
300ml 1350円
保命酒に高知県産の生姜を漬け込んだスパイシーなリキュール

Good!

創業約170年の老舗
5 岡本亀太郎本店
おかもとかめたろうほんてん

安政2（1855）年に清酒業を始め、明治時代から保命酒の醸造・販売を行っている。伝統的な製法で造る保命酒や、保命酒を使った果実酒や飴も販売。

福山市鞆町鞆927-1
☎084-982-2126
営9:00～17:00　休無休
交バス停鞆港から徒歩5分
P2台
鞆の浦 ▶MAP 別P.13 B-2

WHAT
保命酒

桂皮などの生薬が独特の甘みと香りを生み出す

16種類の生薬をみりん酒に漬け込んだ薬味酒。幕末には、ペリー一行をもてなす宴の席にも出されたとか。

まだある立ち寄りSPOT

沼名前神社
1時間
ぬなくまじんじゃ

日本三大火祭りの一つ「お手火神事」など、季節の行事が盛りだくさん

福山市鞆町後地1225　☎084-982-2050　営休料参拝自由　交バス停鞆の浦から徒歩10分　Pなし
鞆の浦 ▶MAP 別P.13 A-1

阿伏兎観音（磐台寺観音堂）
1時間
あぶとかんのん（ばんだいじかんのんどう）

航海安全や子授け・安産のご利益で親しまれる寺。朱塗りの観音堂が見事

福山市沼隈町能登原阿伏兎　☎084-987-3862　営8:00～17:00　休不定休　料拝観100円　交バス停阿伏兎観音入口から徒歩15分　Pなし
鞆の浦 ▶MAP 別P.3 D-2

仙酔島
2時間
せんすいじま

平成いろは丸で約5分の船旅

瀬戸内海国立公園きっての景勝地。大小200カ所の海食洞など、特色ある景観が楽しめる

福山市鞆町後地　☎084-928-1042（福山市観光戦略課）　営平成いろは丸は7:30～20:00に20～40分間隔で運航　休無休　料平成いろは丸での往復は240円　交バス停鞆の浦から徒歩10分　P35台
鞆の浦 ▶MAP 別P.13 C-3

TOMONOURA 06

雰囲気バツグン！リノベ宿がすごいんです

鞆の浦に泊まるなら、歴史ある建築をおしゃれに改装したリノベ宿へ。情緒に満ちた空間で過ごす一夜は特別な思い出になるはず！

非日常感いっぱい♪

龍馬ゆかりの町家が宿に

御舟宿いろは

おんふなやどいろは

坂本龍馬がいろは丸事件の談判に使用した築約220年の町家を改装。蔵を利用した「かけおちもの部屋」など、江戸時代の面影をとどめる客室が魅力。

福山市鞆町鞆670　☎084-982-1920　IN 15:00　OUT 10:00（昼食は11:00～14:00）　料 1泊2食付2万6400円～　交 バス停鞆港からすぐ　P3台

鞆の浦 ▶MAP 別P.13 B-2

1.宮崎駿監督がプロデュースを担当　2.ランチ営業の時間帯は1階で食事もできる　3.実家に帰ってきたようなほっとする空間

実家のようななつかしさ

港町の古民家で時を忘れる

NIPPONIA 鞆 港町

ニッポニア とも みなとまち

元保命酒問屋、元別荘など、鞆町内に点在する3棟の古民家を再生し宿として活用。客室にはテレビも時計もなく、日常のあわただしさを忘れて過ごすことができる。

福山市鞆町鞆595 鞆肥後屋（フロント）　☎070-1458-7743（受付時間10:00～18:00）　IN 14:00～17:00　OUT 10:00　料 1泊素泊まり4万9126円～　交 バス停鞆の浦から徒歩5分　P6台

鞆の浦 ▶MAP 別P.13 B-2

1.元総理大臣の別荘だった「ENOURA」
2.茶室のような佇まいの「MOTOMACHI」
3.山海の幸を盛り込んだ特別料理も楽しみ

鞆の浦では近年、古民家再生の取り組みがさかん。ホテルや飲食店などさまざまな施設が誕生している。

江戸時代から続く柳と白壁の街

倉敷

KURASHIKI

江戸幕府の天領（直轄地）として栄えた街。
白壁の蔵が立ち並ぶ美観地区は、
美術館やおしゃれなショップも集まる人気観光地。

新旧の名建築が集まる

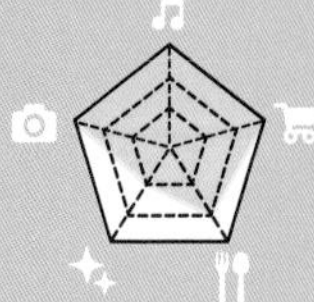

昼：◎　夜：○

昼間の景観はもちろん、
毎日22時まで行われる
ライトアップも必見

ACCESS

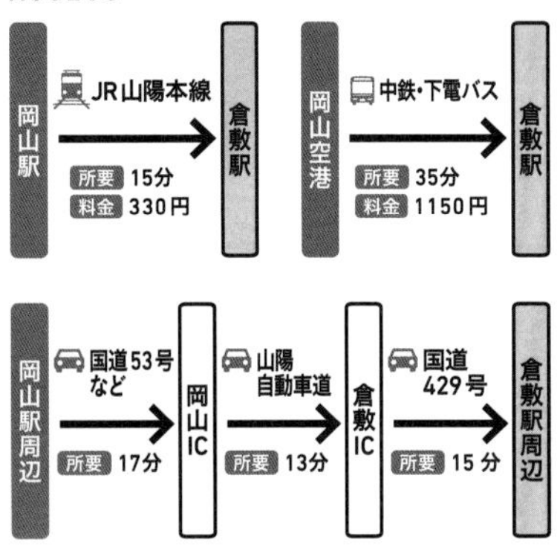

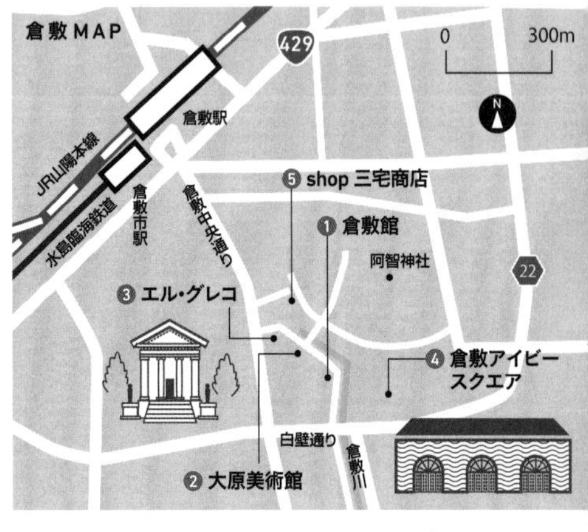

どう回る？

徒歩

倉敷美観地区のメインロードにあたる倉敷川沿いは、端から端まで歩いて10分程度。JR倉敷駅からも徒歩圏内なので、徒歩移動がおすすめ。車の場合は美観地区周辺の有料駐車場を利用しよう。

川舟

倉敷ならではの情緒を楽しむなら、倉敷川を運航する「くらしき川舟流し」を利用してみよう。人気が高いので、着いたらまず券を入手したい。

モデルコース ▷ 所要43分　約3km

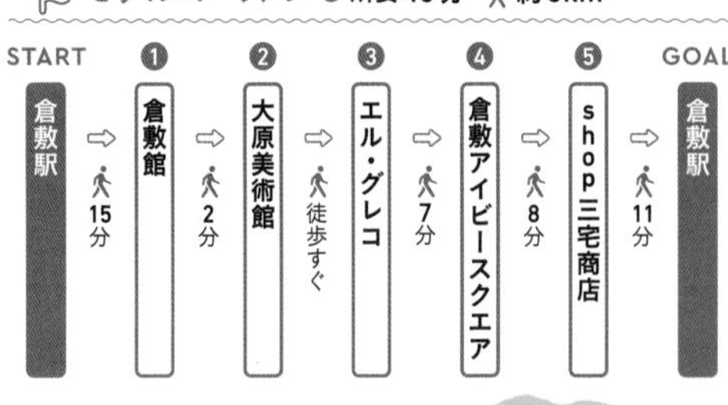

さらに裏ワザ！

月曜定休の施設が多い！

大原美術館や語らい座 大原本邸など、月曜定休の施設や店舗が多いので注意。月曜が祝日にあたる場合や連休中は、休みが変動することもある。

半日〜1日で満喫できる

倉敷川沿いの主要な観光スポットだけならば、半日ほどで回りきれる。ただし、大原美術館を観覧するなら、たっぷりと時間を確保したい。

ココに注意！

大原美術館をじっくり回るなら時間に余裕を！

世界の名画を数多く収蔵する大原美術館は、本館、工芸・東洋館、分館の3館で構成（分館は2024年4月現在休館中）。約3000件のコレクションのうち、およそ半数が展示されているので、じっくりと鑑賞するなら半日は確保しよう。

真っ白な壁がまぶしい!

KURASHIKI 01

歴史と文化が薫る美観地区をぶらり

白壁の蔵とレトロな洋館が共存する、倉敷の大本命エリアを散策しよう。

柳が揺れる情緒豊かな町並み

倉敷美観地区

くらしきびかんちく

エリアの大部分が国の重要伝統的建造物群保存地区に選定され、町家や白壁の蔵が残る。おしゃれなカフェなども多い。

⌂倉敷市本町・東町・中央 ☎086-422-0542(倉敷館観光案内所) (営)(休)(料)散策自由 (交)JR倉敷駅から徒歩10〜15分 🚗市営駐車場利用

倉敷 ▶MAP 別P.14 B-3

美観地区のランドマーク

❶倉敷館

くらしきかん

大正6(1917)年に町役場として建てられた木造の洋館。風格ある佇まいの白い外観、銅板葺きの屋根がレトロモダンな印象。

⌂倉敷市中央1-4-8 ☎086-422-0542(倉敷館観光案内所) (営)9:00〜18:00(12月29〜31日は10:00〜16:00) (休)無休 (料)無料 (交)JR倉敷駅から徒歩15分 🚗Pなし

倉敷 ▶MAP 別P.14 B-2

現在は観光案内所・無料休憩所となっている

黄緑色に光る屋根瓦が美しい

有隣荘

ゆうりんそう

大原美術館の創設者・大原孫三郎が昭和3(1928)年、家族で暮らす別邸兼迎賓館として建てたと伝わる。

⌂倉敷市中央1-3-18 ☎086-422-0005(大原美術館) (営)(休)(料)見学自由(内部は春・秋の大原美術館特別展示開催時のみ公開) (交)JR倉敷駅から徒歩12分 🚗Pなし

倉敷 ▶MAP 別P.14 B-2

洋風と和風、2棟の建物からなる

…もっと楽しむならコレ!…

倉敷美観地区 定期便ガイド

くらしきびかんちく ていきびんガイド

美観地区を一緒に歩きながら見どころを案内してくれるガイド。予約不要・無料で対応してくれる。

⌂倉敷市中央1-4-8(出発場所) ☎086-436-7734(倉敷地区ウエルカム観光ガイド連絡会) (営)9:30〜、13:30〜(1日2回) (休)無休 (料)参加無料 (交)JR倉敷駅から徒歩15分 🚗Pなし

倉敷 ▶MAP 別P.14 B-2

くらしき川舟流し

くらしきかわぶねながし

倉敷川の中橋近くの乗り場から、高砂橋〜今橋をめぐる観光舟。所要約20分、定員は1艘6名。

⌂倉敷市中央1-4-8 ☎086-422-0542(倉敷館観光案内所) (営)9:30〜17:00の30分ごとに運航 (休)3〜11月の第2月曜(祝日の場合は運航、臨時運休の場合あり)※12〜2月は土・日曜、祝日のみ運航 (料)乗船700円(チケットは出発時間ごとに販売、ペット乗船不可) (交)JR倉敷駅から徒歩15分 🚗Pなし

倉敷 ▶MAP 別P.14 B-3

倉敷川は昭和30年代初頭まで、この地域へ物資を運んでくるための運河として機能していた。

KURASHIKI 02

大原美術館で世界の名画に酔いしれる

神殿のような
非日常空間

国内外の美術工芸品約3000件を収蔵する大原美術館。じっくり鑑賞して感性を刺激しよう。

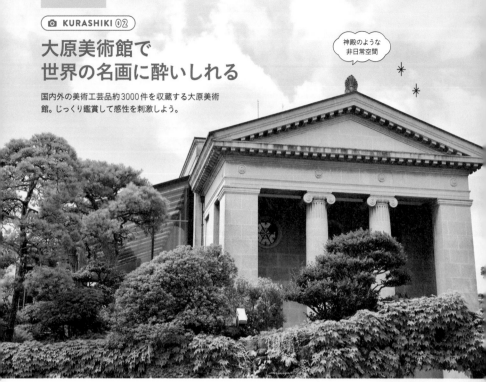

見逃せない名画はコレ！

《受胎告知》エル・グレコ
1590年頃〜1603年（写真提供／大原美術館）

神の使いである大天使ガブリエルがマリアのもとを訪れ、神の子を身ごもったことを告げた場面が、躍動感あふれる筆致で描かれている

1. 江戸時代の蔵を改装した工芸・東洋館は、染色工芸家の芹沢銈介が内外装をデザイン。陶芸作品や木版画、東洋の古代美術品などを展示する 2. 本館には、画家・児島虎次郎の収集品をはじめとする世界の名画が揃う

日本で最初の私立西洋美術館

❷ 大原美術館

おおはらびじゅつかん

倉敷の実業家・大原孫三郎が昭和5（1930）年に設立。エル・グレコ、クロード・モネらの作品をはじめとする西洋美術や、現代美術、工芸の名品を収蔵・展示する。

倉敷市中央1-1-15 ☎086-422-0005 ㊖9:00〜17:00（延長の場合あり）㊡月曜（祝日・振替休日、7月下旬〜8月は開館、冬期休館あり※詳細はHP）㊕2000円（全館共通）㊋JR倉敷駅から徒歩12分 Pなし
倉敷 ▶MAP 別P.14 B-2

明治生まれの
重厚な建物

KURASHIKI 03

アートな複合施設&ミュージアムを訪ねる

蔵や邸宅、工場など、名建築の多い倉敷ならではの絵になる施設はマストで訪れたい！

ツタとレンガの色彩にうっとり

④倉敷アイビースクエア

くらしきアイビースクエア

明治22(1889)年建設の倉敷紡績所本社工場を改修。ツタ(アイビー)に覆われたレンガ造りの建物に、ホテルやレストラン、体験工房などが入る。

倉敷市本町7-2 ☎086-422-0011 営休料施設により異なる 交JR倉敷駅から徒歩15分 P120台(有料)
倉敷 ▶MAP 別P.14 C-3

江戸時代の米蔵を改装

倉敷考古館

くらしきこうこかん

岡山県をはじめ、吉備地方の古墳や遺跡から出土した遺物を中心に展示する資料館。国の重要文化財に指定されている銅鐸は必見。

側面壁の
貼り瓦に注目！

倉敷市中央1-3-13 ☎086-422-1542 営10:00～15:00(入館は～14:45) 休月～木曜(祝日の場合は開館) 料500円 交JR倉敷駅から徒歩14分 Pなし
倉敷 ▶MAP 別P.14 B-2

美観地区を代表する建物の一つとして知られ、ポスターや切手にもたびたび登場する

總一郎の
書斎をイメージ

大原孫三郎の長男・總一郎の本が並ぶカフェ

重要文化財の邸宅でくつろぐ

語らい座 大原本邸

かたらいざ おおはらほんてい

寛政7(1795)年、大原家の邸宅として誕生。国の重要文化財でもある。

倉敷市中央1-2-1 ☎086-434-6277 営9:00～17:00(最終入館16:30) 休月曜(祝日の場合は開館) 料500円 交JR倉敷駅から徒歩12分 Pなし
倉敷 ▶MAP 別P.14 B-2

ランチ&カフェも建築美で選びたい！

ランチコース 2750円～

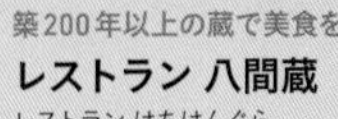

築200年以上の蔵で美食を

レストラン 八間蔵

レストラン はちけんぐら

重要文化財・大橋家住宅の米蔵を改装したフレンチレストラン。

倉敷市阿知3-21-19 ☎086-423-2122 営11:30～LO13:30、17:30～LO20:30 休月曜 交JR倉敷駅から徒歩10分 P30台
倉敷 ▶MAP 別P.14 B-2

大原美術館近くの老舗喫茶

③エル・グレコ

ツタに覆われた外観が印象的な、昭和34(1959)年創業の喫茶店。

倉敷市中央1-1-11 ☎086-422-0297 営10:00～17:00 休月曜(祝日の場合は営業) 交JR倉敷駅から徒歩12分 Pなし 倉敷 ▶MAP 別P.14 B-2

コーヒー 720円

レアチーズケーキ 660円

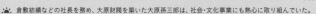

倉敷紡績などの社長を務め、大原財閥を築いた大原孫三郎は、社会・文化事業にも熱心に取り組んでいた。

レディース＆キッズ館など4エリアからなる

デニムラバー垂涎の一軒！
倉敷デニムストリート
くらしきデニムストリート

児島産のジーンズやデニムアイテムが約700種類揃う専門店。オリジナルブランド「和蔵」も人気。

倉敷市中央1-10-11 ヒルトップビル1F ☎086-435-9135 営9:30～17:30 休無休 交JR倉敷駅から徒歩16分 Pなし
倉敷 ▶MAP 別P.14 B-3

蔵を改装した倉敷らしい外観にも注目

KURASHIKI 04
一生使える岡山デニムを手に入れよう！

国産ジーンズ発祥の地でもある倉敷。おしゃれさんが集う街で、運命の一着を探そう！

デニムソフト 500円

デニムにちなんだフードもチェック

和蔵 Gジャン 2万350円

和蔵 レディース ボーイフレンド 2万2000円

デニムトートバッグ 縦 KURASHIKI 2200円

KURASHIKI 05
大人かわいいクラフト雑貨にひとめぼれ

ものづくりの伝統が残る倉敷には、思わずキュンとしてしまうこだわり雑貨が多数！

織物 3万3000円

猪口 5500円

デスク周りを華やかに！
如竹堂
にょちくどう

倉敷のブランドを含む1000種類以上のマスキングテープが揃う。

倉敷市本町14-5 ☎086-422-2666 営10:00～17:30 休無休 交JR倉敷駅から徒歩17分 Pなし
倉敷 ▶MAP 別P.14 C-2

なまこ壁 ブルー 297円
ももたろう 431円

生活を彩る民芸品
倉敷民藝館
くらしきみんげいかん

陶磁器や染織品など、国内外の民芸品約1万5000点を収蔵する資料館。

備中和紙 巻紙 2200円 ポチ袋5枚 500円

倉敷市中央1-4-11 ☎086-422-1637 営10:00～16:30 休月曜(祝日の場合は翌日) 料1200円(ショップスペースは無料) 交JR倉敷駅から徒歩15分 Pなし
倉敷 ▶MAP 別P.14 B-3

実用性もバツグン！
5 shop 三宅商店
ショップ みやけしょうてん

薬種商「林源十郎商店」の旧建物を活用した複合施設に入る。

倉敷市阿知2-23-10 林源十郎商店 倉敷生活デザインマーケット2F ☎086-423-6080 営10:00～18:00 休月曜(祝日の場合は翌日) 交JR倉敷駅から徒歩11分 Pなし
倉敷 ▶MAP 別P.14 B-2

KURASHIKI 06

ノスタルジックな古民家＆町家宿に泊まりたい！

倉敷での一夜には、町家や古民家をリノベーションした情緒あふれる宿をチョイス。

素朴な土壁

工芸品のギャラリーも！

町並みに溶け込む一軒家の宿

滔々 御崎 町家の宿

とうとう おんざき まちやのやど

築約100年の町家を改装した一棟貸しの宿。天井が吹き抜けとなった土間を中心に、和室やバスルーム、庭を備える。

倉敷市中央1-6-9 ☎086-422-7406（受付時間12:00～17:00） 営IN 15:00～17:00／OUT 10:00 料1棟2名4万4000円～（5名まで利用可。1名の場合も2名料金） 交JR倉敷駅から徒歩15分 Pなし

倉敷 ▶MAP 別P.14 B-3

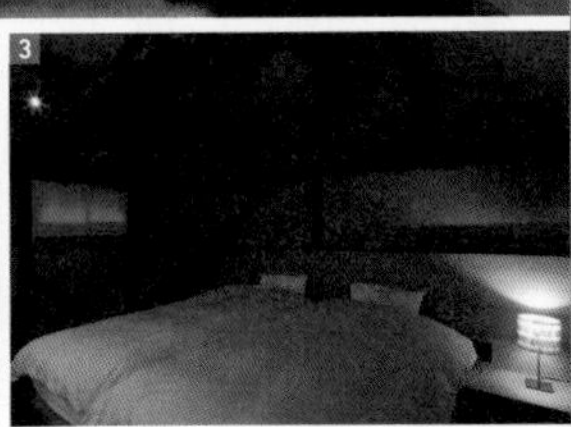

1.宿の中心となる土間には、広島県産の山桜材を使用したソファや北海道の木工作家が手掛けたチェストが 2.風情ある美観地区の町並みにしっくりとなじむ建物 3.2階にあるベッドルーム。温かみのある土壁が上質な眠りへ誘う

1.倉敷らしい3つの町家を改修。いずれの宿も懐かしさと新しさが共存 2.倉敷川畔を望む蔵宿「蔵」3.本町通りの宿「母屋北棟」

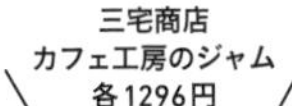

三宅商店
カフェ工房のジャム
各1296円

お土産にもぴったり♪

旧医院の邸宅が宿に！

土屋邸

つちやてい

明治時代から平成まで内科医院を営んでいた土屋家の邸宅を、2022年にリノベーション。母屋2棟と蔵が宿として生まれ変わり、かつて医院だった建物はショップとなっている。

倉敷市本町3-10 ☎086-435-0280（有限会社 くま、受付時間9:00～17:00※平日のみ） 営IN 15:00～17:00／OUT 10:00 料1棟2万8600円～（2名～利用） 交JR倉敷駅から徒歩14分 Pなし

倉敷 ▶MAP 別P.14 C-2

広島への行き方・巡り方をチェック

広島タウンや宮島はもちろん、呉や尾道、鞆の浦など、広範囲に見どころが点在する広島。旅をスムーズに楽しむため、各エリアへの行き方や巡り方を確認しておこう。

※掲載の情報は、2024年5月現在のものです。運賃、時間等はあくまで目安であり、シーズン、交通事情により異なる場合があります。

時間と予算を考えて

各エリアへのアクセス

観光の起点となるのは広島駅か岡山駅。
時間と予算に合わせて、飛行機やバスも活用しよう。

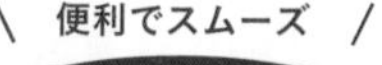

東京駅から広島駅までは約4時間。本数も多いので計画も立てやすい。尾道や鞆の浦方面に行くときは福山駅で降りよう。

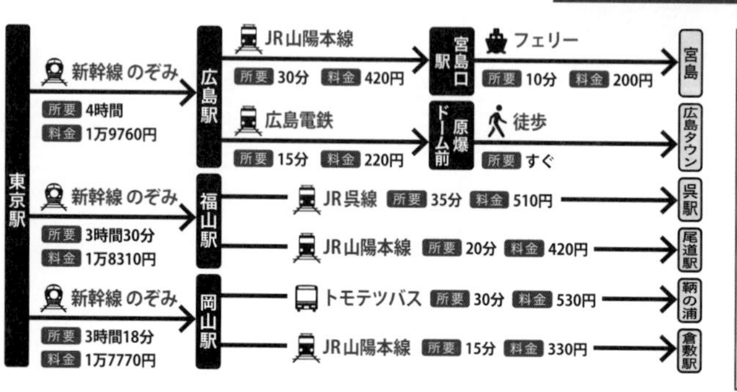

バッチリ

本数が多くて駅からのアクセスもいい

東京駅から広島駅へはのぞみが1時間に2〜5本と多め。広島駅に着けば宮島口へも楽々。

注意!

福山駅に停まるのぞみはほぼ1時間に1本

のぞみの本数が少ないので、岡山駅までのぞみで行き、ひかりや在来線を利用するのも手。

+α 大人気の寝台列車をCHECK!

「サンライズ瀬戸・出雲」

東京と山陰・四国を結ぶ寝台特急で、寝台はすべて個室。岡山で山陰方面(出雲)と四国方面(瀬戸)が分離される。

料金 運賃+特急料金+寝台料金
時間 毎日1往復
JR東京駅21:50発 JR高松駅21:26発

速さ重視なら!

とにかく移動時間を短縮したいときは飛行機が便利。広島空港、岡山空港それぞれに直通便がある。

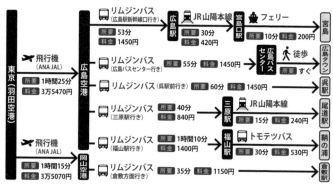

東京(羽田空港)
飛行機 (ANA JAL) 所要 1時間25分 料金 3万5470円 → 広島空港
- リムジンバス(広島駅新幹線口行き) 所要 53分 料金 1450円 → 広島駅 → JR山陽本線 所要 30分 料金 420円 → 宮島口駅 → フェリー 所要 10分 料金 200円 → 宮島
- リムジンバス(広島バスセンター行き) 所要 55分 料金 1450円 → 広島バスセンター → 徒歩 所要 すぐ → 広島タウン
- リムジンバス(呉駅前行き) 所要 60分 料金 1450円 → 呉駅
- リムジンバス(三原駅行き) 所要 40分 料金 840円 → 三原駅 → JR山陽本線 所要 15分 料金 240円 → 尾道駅
- リムジンバス(福山駅行き) 所要 1時間10分 料金 1400円 → 福山駅 → トモテツバス 所要 30分 料金 530円 → 鞆の浦

飛行機 (ANA JAL) 所要 1時間15分 料金 3万5070円 → 岡山空港
- リムジンバス(倉敷方面行き) 所要 35分 料金 1150円 → 倉敷駅

リーズナブル

3 バス
BUS

バスは駅周辺の乗り場と広島バスセンターから。

出発地	東京(バスタ新宿)		名古屋駅新幹線口	博多バスターミナル
行き先	広島駅北口	倉敷駅北口	広島駅	広島駅
バス会社	WILLER EXPRESS	WILLER EXPRESS	JR東海バス	JR九州バス
片道運賃	5900円〜	5280円〜	5890円〜8350円	4250円
所要時間	約12時間	約11時間40分	約9時間30分	約4時間44分

上手に組み合わせよう

各エリア間の主要アクセス

移動手段は車、鉄道、船、観光バスなど。目的のエリアによって上手に組み合わせよう。

【エリア間の距離・料金】

山陽自動車道 普通車通行料金（円）					区間距離（km）
4470	3860	2260	590	岡山	
4160	3540	1840	倉敷	15.6	
2870	2090	尾道	62	77.6	
950	広島	71.1	133.1	148.7	
廿日市	27.3	98.4	160.4	176	

＼広い範囲もスイスイ／

広島市内だけでなく広い範囲を移動するなら、断然レンタカーがおすすめ。時間に縛られずプランを考えられるのも魅力。

+α 乗り捨てOKの便利なプランも！

JR＆レンタカープラン

ツアーのオプショナルレンタカープランや、所定の条件を満たすと利用できるJRの割引きっぷ「レール＆レンタカー」をチェックして。そのほか、レンタカー店によっては乗り捨てプランを用意しているところもあるので利用しよう。

バッチリ

山陽自動車道で広島⇔倉敷は2時間

西端の広島から、東端の倉敷まで高速道路を利用して約2時間。料金も3000円台におさえられるので、グループ旅行の場合は電車で移動するよりもお得。

注意！

ハイシーズンは渋滞が多い

広島県の南側を横断する山陽自動車道は、山陽エリアの大動脈。大型連休やお盆、年末年始は渋滞することが多いので気をつけて。

+α 知っておきたいドライブ情報

1 宮島へは廿日市（はつかいち）ICから

目的地が宮島の場合、広島ICのさらに西の廿日市ICで降りると便利。車はフェリー乗り場の手前に停めるのがおすすめ。

2 しまなみ海道へは尾道から

しまなみ海道の入口は尾道。西瀬戸自動車道を南下してしまなみ海道へ。6つの島を巡って愛媛県今治市まで走ってみよう。

【エリア間ドライブMAP】

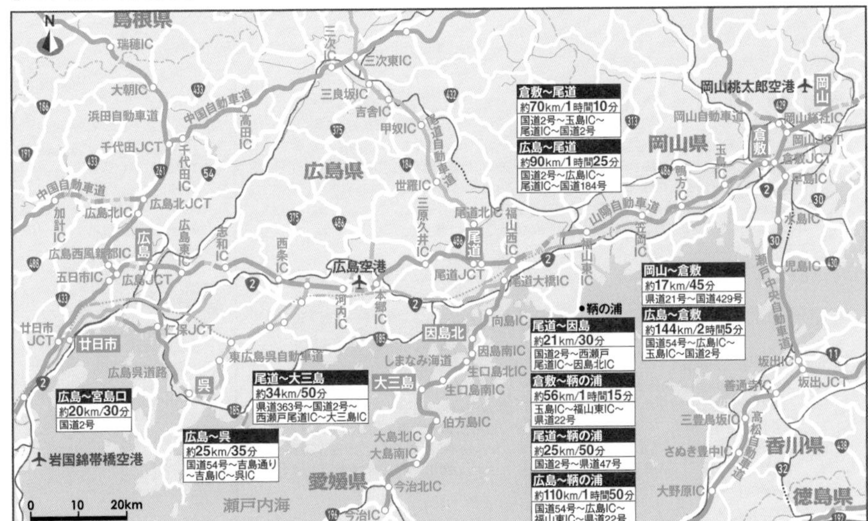

どのエリアも、エリア内の観光であれば車なしでも全く問題なし。特に広島市内は広電が大活躍！

＼移動の基本はコレ！／

新幹線やJR山陽本線が通っているので、主要スポットへは速くて便利な鉄道での移動が基本となる。観光列車を利用すれば、ひと味違った楽しみ方もできる。お得きっぷもチェック！

＋α お得なきっぷをCHECK

宮島・瀬戸内 tabiwaぐるりんパス

料金 3600円
区間 三原〜岩国

宮島・瀬戸内

詳しくはコチラ

JR普通列車普通車自由席と、観光施設の入場券などがセット。3日間有効。

【エリア間鉄道・航路MAP】

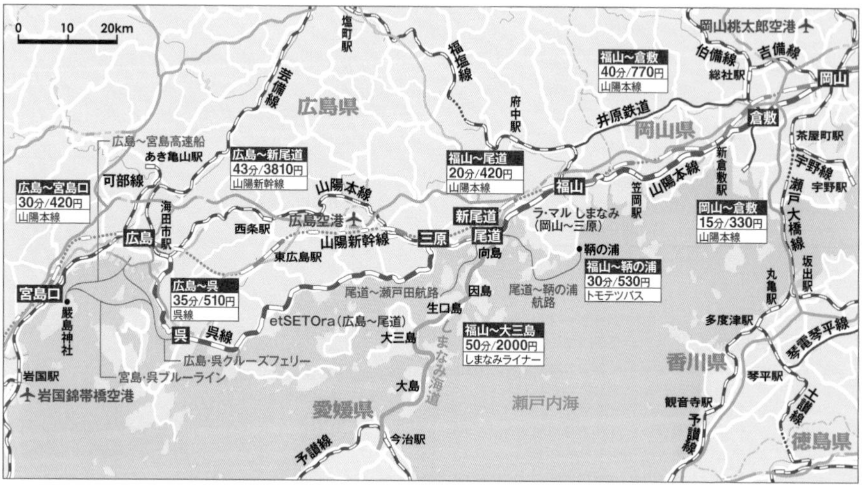

＋α 優雅な観光列車の旅を楽しもう

ラ・マル・ド・ボァ (岡山〜倉敷〜尾道〜三原)

料金 運賃＋事前に普通列車の指定席グリーン券の購入が必要

区間 土・日曜、祝日が中心（路線によって運行日が異なる）。ラ・マルせとうちは岡山駅下り10時11分発、宇野駅上り16時18分発。ラ・マルしまなみは岡山駅下り10時19分発、三原駅上り15時20分発。ラ・マルことひらは岡山駅下り10時11分発、琴平駅上り15時20分発

JR山陽本線岡山駅から三原駅（ラ・マルしまなみ）などの路線を1日1往復。列車をトランクに見立て、車内にはアート作品も展示。

etSETOra（エトセトラ）

広島〜尾道

料金 広島〜尾道2520円
※指定席グリーン券は事前に購入が必要
※問い合わせは全国主なみどりの窓口または「JRおでかけネット」で検索

区間 金〜月曜、祝日限定（年末年始を除く）
[往路] JR広島駅9:32発（JR呉駅10:23発）
[復路] JR尾道駅14:38発（JR三原駅14:54発）

→P.94

JR広島駅と尾道駅を結ぶ、金〜月曜・祝日限定の列車。呉線沿いに広がる、瀬戸内の多島美に注目。

バッチリ

広島駅を起点にアクセス便利で本数も多い

起点を広島駅にすれば、どのエリアにもアクセスが可能。電車の本数も多いので、スムーズに移動することができる。広島駅から一番遠い倉敷駅は、山陽新幹線とJR山陽本線を組み合わせよう。

注意！

しまなみ海道や鞆の浦へはバスで

エリアによっては、バスでしか移動できないところも。しまなみ海道はしまなみライナーなどのバスを、鞆の浦へはJR福山駅からトモテツバスを利用しよう。

＼美しい瀬戸内の海へ！／

3 船 SHIP

瀬戸内海に面した広島県内の移動は船も有効。宮島のようにフェリーで渡るのが一般的なエリアもある。

バッチリ

瀬戸内海の旅情を楽しめる

青い海や島々など、瀬戸内海ならではの美しい風景を眺められる。電車や車と比べると時間がかかる場合もあるが、のんびり時間をかけてゆっくり移動するのも船旅の大きな楽しみ。

注意！

航路や時間は事前に要チェック！

乗り遅れたり間違えたりしてもすぐには対処できないことが多いので、事前確認は念入りに。可能な場合は予約もしておこう。

【フェリー＆観光船 Information】

広島 → 宮島高速船

(瀬戸内海汽船) 32分／2100円

広島港と宮島を結ぶ。平日は1日片道6便、土日祝は1日片道8便（12〜2月は運休）。

宮島 → 呉ブルーライン

(瀬戸内海汽船) 45分／2200円

宮島と呉を結ぶ。1日片道2便で、2024年は4月6日〜12月1日の土日祝のみ運航。

尾道 → 鞆の浦航路

(瀬戸内クルージング) 55分／2500円

尾道駅前から鞆港へ。1日片道2便で、2024年は3月9日〜11月17日の土日祝のみ運航。

尾道 → 瀬戸田航路

(瀬戸内クルージング)
20分／650円（因島）
45分／1300円（生口島）

尾道からしまなみ海道へ。1日片道6便が基本。因島や生口島を巡ろう。

瀬戸内シーライン 1日フリーパス

料金 3800円
区間 宮島港〜広島港〜呉港

5航路の高速船やフェリーが1日乗り放題。宮島や呉の観光に便利。

広島ワイドパス

料金 4600円
区間 大門〜岩国

広島全域を観光するのに最適。JR（大門駅〜岩国駅）の自由周遊区間に、JR西日本宮島フェリーや瀬戸内クルージング、しまなみ海運などの航路が利用可能。JR西日本ネット予約で発売。

＼ピンポイントで移動！／

4 観光バス SIGHTSEEING BUS

行きたい場所が明確な場合、名所をつなぐ観光に特化したバスや、観光地に行くのに便利な高速バスがおすすめ。

【バス Information】

出発地	広島バスセンター				福山駅
行き先	呉駅前	尾道駅前	因島大橋	岡山駅	鞆の浦
バス会社	クレアライン（広島電鉄）	フラワーライナー（広島交通）	フラワーライナー（広島交通）	サンサンライナー（両備バス※1）	トモテツバス（鞆鉄道）
片道運賃	780円	2000円	2200円	3000円	530円
所要時間	45分	1時間33分	1時間55分	2時間37分	30分

※1 中国JRバス、広交観光と共同運行

バッチリ

広島から呉やしまなみ海道へもラクラク移動

高速バスや路線バスを使えば、呉、尾道、福山、しまなみ海道といった、広島中心街から離れた地へもラクラク移動が可能。ダイレクトに移動できて無駄がない。

注意！

広島バスセンターは広島駅から距離がある

広島バスセンターは、原爆ドームやひろしま美術館の近所。移動時間と手段は事前に確認しておこう。

+α 観光バスでスムーズな観光を楽しんで！

ひろしま観光ループバス ひろしま めいぷる〜ぷ

市内中心部の観光地や美術館を巡るループバス。オレンジ・グリーン・レモンの3ルートがありいずれも原爆ドームと平和記念公園を経由。

☎0570-010-666
（中国JRバスお客様センター）
料金 600円(1日乗車券)

はやまわり後楽園・倉敷

岡山後楽園、夢二郷土美術館、倉敷美観地区を巡るガイド付きのコース。所要約4時間50分で、帰りは倉敷駅か岡山駅で下車できる。

☎086-230-5281
（両備バス定期観光予約センター）
料金 4000円
※2024年6月まで運休

繁華街にある広島バスセンターは西日本で有数の規模を誇るバスターミナル。

INDEX

STAFF

編集制作
株式会社エディットプラス

取材・執筆
株式会社エディットプラス
(米田友海、安岡遥、吉田侑、武田百加、西出まり絵、山口春菜)、猫田しげる、小澤まみ

撮影
マツダナオキ、増田えみ、鈴木誠一、ハリー中西

写真協力
広島県、関係各市町村観光課、関係諸施設、朝日新聞社、PIXTA

表紙デザイン　菅谷真理子(マルサンカク)

本文デザイン
今井千恵子、大田幸奈(Róndine)
三並あかね

表紙イラスト　大川久志　深川優

本文イラスト　ナカオテッペイ

地図制作　s-map

地図イラスト　岡本倫幸

組版・印刷　大日本印刷株式会社

企画・編集　岡本咲、白方美樹
(朝日新聞出版)

ハレ旅　宮島・広島 呉・尾道

2024年 5 月30日　第1刷発行

編　著　朝日新聞出版

発行者　片桐圭子

発行所　朝日新聞出版
〒104-8011　東京都中央区築地5-3-2
(お問い合わせ) infojitsuyo@asahi.com

印刷所　大日本印刷株式会社

ISBN 978-4-02-334759-5

購入者限定 FREE

\ スマホやPCで!/

ハレ旅 宮島・広島 呉・尾道 電子版が無料!

① 「honto電子書籍リーダー」アプリをインストール

Android版 Playストア
iPhone/iPad版 AppStoreで
honto を検索

PCでの利用の場合はこちらから
https://honto.jp/ebook/dlinfo

右のQRコードからもアクセスできます

② 無料会員登録

インストールしたアプリのログイン画面から新規会員登録を行う

③ ブラウザからクーポンコード入力画面にアクセス

ブラウザを立ち上げ、下のURLを入力。電子書籍引き換えコード入力画面からクーポンコードを入力し、My本棚に登録

クーポンコード入力画面URL
https://honto.jp/sky

クーポンコード asa9635793007643
※2026年12月31日まで有効

右のQRコードからもクーポンコード入力画面にアクセスできます

④ アプリから電子書籍をダウンロード&閲覧

①でインストールしたアプリの「ライブラリ」画面から目的の本をタップして電子書籍をダウンロードし、閲覧してください
※ダウンロードの際には、各通信会社の通信料がかかります。ファイルサイズが大きいため、Wi-Fi環境でのダウンロードを推奨します。
※一部、電子版に掲載されていないコンテンツがあります。

ご不明な点、お問い合わせ先はこちら
hontoお客様センター
✉shp@honto.jp
☎0120-29-1815
IP電話からは☎03-6386-1622
※お問い合わせに正確にお答えするため、通話を録音させていただいております。予めご了承ください。